“双一流”背景下高校图书馆阅读推广服务研究

高玉洁　王景文　廉立军　著

北京工业大学出版社

图书在版编目（CIP）数据

“双一流”背景下高校图书馆阅读推广服务研究 / 高玉洁， 王景文， 廉立军著． — 北京 ： 北京工业大学出版社， 2019.10（2021.4 重印）
ISBN 978-7-5639-7173-2

Ⅰ．①双… Ⅱ．①高… ②王… ③廉… Ⅲ．①院校图书馆－图书馆服务－研究 Ⅳ．① G258.6

中国版本图书馆 CIP 数据核字（2019）第 263692 号

“双一流”背景下高校图书馆阅读推广服务研究

著　　者：高玉洁　王景文　廉立军
责任编辑：邓梅菡
封面设计：点墨轩阁
出版发行：北京工业大学出版社
（北京市朝阳区平乐园 100 号　邮编：100124）
010-67391722（传真）　bgdcbs@sina.com
经销单位：全国各地新华书店
承印单位：三河市嵩川印刷有限公司
开　　本：710 毫米 ×1000 毫米　1/16
印　　张：15
字　　数：250 千字
版　　次：2019 年 10 月第 1 版
印　　次：2021 年 4 月第 2 次印刷
标准书号：ISBN 978-7-5639-7173-2
定　　价：75.00 元

序　言

书籍是传承人类文明的重要载体。有书籍，就会有阅读，阅读兴趣的多寡、阅读水平的高低，通常代表了一个民族及其文化的竞争力。只有热爱阅读、崇尚知识的民族才有希望和未来。在当今的网络信息时代，“书籍”早已被广义化，相应地，阅读形式也变得多种多样，但无论科学技术如何发展，阅读的载体如何变化，阅读的基本价值却不会发生任何改变，阅读应当始终是社会公众的一种信仰。

随着时代的进步，人类逐渐迈入了知识型社会。我们今天所拥有的知识，很难满足明天的需求，这就要求我们必须终身学习，而读书就是其中的最佳途径之一。1995 年，联合国教科文组织做出决议，把每年的 4 月 23 日定为“世界图书与版权日”，其又称“世界读书日”。联合国提出：“让世界上每一个角落的每一个人都能读到书，让读书成为每个人日常生活不可或缺的一部分。”

高等学校是思想文化的重要阵地。除了辅助学习之外，高等学校的图书馆一直在促进大学生的广泛阅读方面发挥着重要的作用，包括开展展示点评活动、举办知识竞赛、创立读书讲坛等。随着时代的变迁，在新型的数字阅读环境越来越普及的条件下，如何更加有效地直接介入校园阅读，引导思维活跃、兴趣广泛的大学生爱上阅读，如何建设书香校园、让图书馆成为阅读推广的主阵地，已经成为高校图书馆阅读推广的重要使命。

本书以“双一流”建设背景下大学图书馆的阅读推广活动为切入点，重点介绍了大学图书馆阅读推广活动的意义和筹备策划工作。编者以理论与实践相结合的思路，融入十例成功的大学图书馆阅读推广案例，以便帮助广大读者朋友深入了解大学图书馆的阅读推广活动，使其在推动全民阅读，提高大学生思想道德素质和科学文化素质上，发挥出应有的作用。

目 录

第一章　我国开启“双一流”大学建设

第一节　“双一流”大学内涵

2015 年 11 月 5 日，国务院印发了《统筹推进世界一流大学和一流学科建设总体方案》，开启了我国高等教育进行世界一流大学和世界一流学科建设的新征程。在这几年的时间里，相关部委积极谋划推进，各省市区认真组织准备，各高校积极响应，专家学者大谈热议，这使得“双一流”建设几乎成为我国高等教育的头号话题。本节将通过问答的方式向读者介绍我们对“双一流”建设的初步思考，概括成一句话就是要建设“中国特色的世界一流大学，世界水平的中国一流学科”。

一、何为世界一流大学

何为世界一流大学？中国建设世界一流大学的价值和意义何在？

对于世界一流大学，国际上并没有统一的认识和明确的界定，英文通常表达为“World Class University”。世界级大学是一个模糊的概念，取决于人们的主观认识和评价指标的设定。主观认识中的世界级大学是指抽象意义上的好大学，特定指标的比较会带来自我形象价值的满足感，对大学在知识的责任和社会的进步方面的推动作用有限。一百年前，美国高等教育界同样讨论过如何办好大学，如何办成世界一流大学这两个问题。当时的哈佛大学校长查尔斯·埃利奥特（1869 年至 1909 年在任）有以下名言，可供我们今天的大学校长参考。“任何一个有价值的大学，都必须从种子开始成长，它不能完全地从英国或者德国移植或嫁接。……当美国大学出现时，它不会是外国大学的复制品，而是美国社会和政治习惯缓慢而自然的产物……美国大学是一个没有母版的大学，也绝对是原创的大学。”

世界一流大学是一个模糊的概念，更多地体现为举世公认的水平、地位和卓越成就，对世界范围的才子有巨大的吸引力。它不仅要有世界一流的办学实力、悠久的历史和文化，培养出对政治、经济和社会发展做出突出贡献的人才，还需要拥有在若干领域对科学和技术进步做出重大贡献的杰出教授，享有崇高的学术声誉。

世界一流大学是一个比较的概念，理论上的世界一流大学应该在各种指标方面都是一流的。但现实中显然没有绝对的世界一流大学。世界一流大学只能是在一定范围内与其他同类大学相比较而言的，是在一定评价指标下排名相对靠前而已。

判断一所大学是否为世界一流大学的一个简单标准为：其是否为全世界所公认。即外国学生是否愿意来该校学习。外国留学生数量是一个客观指标，如果一所大学正式注册读学位的外国留学生占到该校学生总数的20%以上，那么基本上可认定这是一所世界一流大学。

世界一流大学都是在该国高等教育发展中的精英教育阶段逐渐形成并沿袭保留下来的。在精英教育阶段，全社会集中人力、财力资源保重点，从而逐步造就了一些著名大学。在大众化教育阶段，大学不再被人们所仰望而成为多数人必需时，再集中资源为少数人办成几所大学，有违社会公平原则，会受到多数人的诟病。

大学的管理者要懂教育，知国情。世界一流大学对应的高等教育发展阶段为精英教育阶段，其宗旨是培养学术精英和领导者。我国已经进入高等教育大众化阶段，大学的标准具有多样性和综合性，公平和质量是两个重要指标。

大众化有利于公平，精英化有利于质量。我们要在高等教育大众化的基础上，不断孵化我们的世界级大学，以便为国家富强和民族昌盛服务。

美国前任总统奥巴马在其连任获胜演讲中把大学作为美国最自豪的三个例子之一。他说：“美国拥有比其他国家都多的财富，但真正让我们富有的并非金钱；美国拥有历史上最强大的军队，但真正让我们强大的并非武力；美国拥有让全世界艳羡的大学和文化，但真正吸引人们来美国的魅力也不在于此。”

二、“双一流”中的学科指什么

国务院《统筹推进世界一流大学和一流学科建设总体方案》发布后引起了全社会特别是教育界的广泛关注。普通老百姓认为，建设一流大学就是建设好大学，一流学科就是好学科，但学科具体指什么，他们好像并不十分清楚。学科是相对独立的知识体系，是指一定科学领域或一门科学的研究方向或分支，与我们平常所说的大学专业是有区别的。

早期的科学研究是不分学科的，学科分类是人类认识问题的局限性所造成的。为深入探寻问题的根源，我们不得不划分研究方向，这些研究方向逐渐形成了各种学科。学科是相对独立的知识体系。学科学术分类时，是指一定科学领域或一门科学的研究方向或研究分支，主要依据学科的派生来源、研究对象、研究特征、研究方法、研究目标等方面对学科进行分类；学科教学科目时，是指依据一定的教学理论组织起来的知识体系；学科还特指高校教学、科研等功能单位，是对教师教学、科研业务隶属范围的相对界定。

学科的划分遵循知识体系自身的逻辑，学科发展的核心是知识的发现和创新。学科是相对稳定发展的知识体系，即使是在一些学科分化与演变中形成的新的学科、交叉学科或综合性学科，也都有自身相对稳定的研究领域。学科分类本身就是一门科学。

现代科学发展呈现出两种基本方式：一种是学科的不断分化与深化，另一种是学科的综合与多学科交叉。学科分化和交叉是科学的深刻性与综合性发展的基本特征。随着科学知识的积累和科学研究手段的改进，在更细微、更深刻的层次上认识物质和现象成为可能，人类认识自然界的深度和广度，从来没有达到今天这样的程度。知识门类和数量呈现加速增长，大量新兴学科不断涌现，这促使人们对整个知识体系结构进行深入研究，世界各国都根据本国实际，研究、制定并调整本国的学科分类目录。

我国高校现行的学科分类分为三层：第一层是大的学科门类，共有 13 个，分别是哲学、经济学、法学、教育学、文学、历史学、理学、工学、农学、医学、军事学、管理学、艺术学；第二层是每个学科门类下设的一级学科，共有 111 个（不含军事学）；第三层是在一级学科下设立的二级学科，共有 375 个。

法定意义上的学科分类是 2009 年制定的《中华人民共和国学科分类与代码简表（国家标准 GBT13745-2009）》，该标准将学科分类分为一、二、三级，共设 62 个一级学科或学科群、676 个二级学科、2382 个三级学科。

学科和专业的概念经常被混淆，有些人把专业等同于二级学科或子学科。学科与专业的区别在于学科是就知识体系而言，而专业是就社会分工而言。一个专业可能要求多种学科的综合（例如，土木工程专业可能涉及工程力学、岩石力学、地质学、混凝土结构、计算机等学科），而一个学科可在不同专业领域中应用（例如，流体力学学科可能用于机械、土木、建筑、航空航天等专业）。

三、如何理解建设世界一流大学的战略意义

建设世界一流大学和一流学科是党中央的重大战略部署，是要建设与中华民族伟大复兴、从大国迈向强国地位相衬的世界级大学。按照经济社会发展的实际需求，结合高等教育的发展阶段，借鉴国际上高等教育发展的成功经验，适度超前布局我们的高等教育。国家是要通过世界一流大学建设使我国成为国际学术交流中心，从整体上促进我国向高等教育强国迈进，而绝不仅仅是使个别几所大学达到世界一流水平。

中国建设的世界一流大学，要紧密结合国家人才发展战略，充分重视信息技术与教育教学的融合发展，更新教育观念，创新教学模式和评价方法；要深化教育内容和培养机制改革，着重培养学生的创新精神和创新能力，按照人才成长规律，统筹考虑基础教育和高等教育对拔尖创新人才培养的综合作用，科教结合协同培养拔尖创新人才；要深入推进人才培养国际化，拓展国际视野，提高国际竞争力，促进高等教育整体质量的提高。

中国建设的世界一流大学，要加强与国家科技发展的衔接，加快提升自主创新和社会服务能力；要以国家重大需求和国际科学研究前沿为目标，紧密结合国家发展战略所确定的重点领域及优先发展主题、前沿技术、基础研究和重大专项；要面向国民经济建设和社会发展中的重大理论和现实问题，着力提高自主创新和成果转化能力、承接国家重大科研任务能力以及解决国民经济与社会发展重大技术问题的能力，争取取得一批有重大国际影响的原始创新研究、工程应用研究和哲学社会科学研究成果，并服务于创新驱动发展的国家战略。

建设世界一流大学和一流学科，自然绕不开“211 工程”和“985 工程”。起始于 1995 年的“211 工程”建设，是新中国成立以来国家在高等教育领域进行的规模最大的重点建设工程，曾引起国际高等教育界的广泛关注。随后，“985 工程”建设于 1999 年启动。这两项工程建设使中国的一批大学在国际上的影响力不断提高，一些大学已进入世界高水平大学的行列，从整体上提高了我国高等教育的发展水平。而“双一流”建设的实施，与国家五年规划同步规划，同期实施，体现了我国高度重视高等教育的体制机制建设。

四、怎么分解建设思路

“双一流”政策同时聚焦一流大学和一流学科建设，突出大学传播知识的责任和对社会进步的推动作用，通过分层和分类的建设思路，鼓励高校“差别化发展”。与以往的“985 工程”“211 工程”的建设思路截然不同，“双一流”更注重体制和机制建设。

“双一流”建设面向国家重大需求、面向世界、面向未来，以国际的眼光和目标水平，制定大学发展战略：到2020年，若干所大学和一批学科进入世界一流行列，若干学科进入世界一流学科前列；到2030年，更多的大学和学科进入世界一流行列，若干所大学进入世界一流大学前列，一批学科进入世界一流学科前列，高等教育整体实力显著提升；到21世纪中叶，一流大学和一流学科的数量和实力进入世界前列，基本建成高等教育强国。

建设思路主要有三种：一是拥有多个国内领先、国际前沿高水平学科的大学，要在多领域建设一流学科，形成一批相互支撑、协同发展的一流学科，全面提升综合实力和国际竞争力，进入世界一流大学行列或前列；二是拥有若干处于国内前列、在国际同类院校中居于优势地位的高水平学科的大学，要围绕主干学科，强化办学特色，建设若干一流学科，扩大国际影响力，带动学校进入世界同类高校前列；三是拥有某一高水平学科的大学，要突出学科优势，提升学科水平，使该学科进入本领域世界一流行列或前列。

五、如何体现中国特色

“中国特色，世界水平”是“双一流”建设要坚持的目标，即必须达到国际通用的评价准则所要求的一流水平，同时又要服务于国家重大需求。在中国特色高等教育方面，我们已经积累了几十年的办学经验，先后建设了一批学科特色鲜明的大学，如我们的地质、矿业、石油、电力、钢铁等独立制的大学，这些大学在国家发展中都发挥了重要作用。除了这些学科特色鲜明的大学之外，中国大学最鲜明的特色是把人才培养放在首位。西方的大学把知识的产生（科学研究）排在第一位，我们所熟悉的哈佛大学就是以培养研究生和从事科学研究为主的综合性大学，在其13个主要学院中，只有4个学院招收本科生，其他学院只招研究生。

再比如，美国大学协会中的60所美国大学培养了美国45%的博士研究生，2015年这60所大学获得的联邦政府所提供的科研经费的比例占全国的59%，而我们全部大学获得的国家财政支持的科研经费比例还不到10%。美国约有120所研究型大学基本上是以科学研究和研究生培养为主，而我们那些具备建设世界一流基础的大学，对国家的主要贡献还是在人才培养上，这就构成了我们中国建设世界一流大学特色的起点。

坚持立德树人和科技创新，立足服务于国家重大需求是实现“双流”建设目标的关键。高等教育现代化是社会现代化的一部分，是高等教育活动主动适应社会转型时期的各种客观要求。通过改革和体制创新，由传统的高等教育办学模式向适应信息社会发展的高等教育新模式转变，是“双一流”建设保持中国特色的关键所在。

“双一流”建设不能只关注少数几个学科领域的科研名次和学术论文的多少，更要关注提高人才培养的质量，并逐步影响、发展和形成更科学合理的世界一流大学的标准。所谓高影响因子期刊、高水平论文、高被引作者、自然指数等，主要集中在部分学科领域，仅仅反映基础研究领域的少数几个学科的进展情况，与我们国家的学科设置差别较大，用别人现有的评价指标并不能全面反映一所大学的科研整体水平，更不能代表一个国家的科技发展水平。论文不等于人才，论文不等于国家治理；论文不等于技术，技术也不等于产业。

六、有哪些核心任务

一流学科有两个标志：一是拥有一流科研，产出一流学术成果；二是拥有一流教学，培养出一流的人才。建设世界一流大学和一流学科的主要任务是，加强人才队伍建设和提高自主创新能力。要按照经济社会发展的实际需求，结合高等教育的发展阶段，借鉴国际上高等教育发展经验，适度超前布局；要按照国家发展战略总体规划，创新机制、突出改革、注重质量、加快建设。

（一）一流的人才培养

建设世界一流大学要继续保持我们人才培养在先的特色，教学和科研不可截然分开，不能只注重科研指标，还要注重考核教学和人才培养质量。大学既是教学中心又是科研中心，这是改革开放初期社会大讨论的结论。大学教师也要一岗双责，既要以良好的科研成就提高教学质量，又要用高质量的教学提升科研水平。

学生是国家的未来，高质量的教学和学生成才是大学的重要目标之。因而，对任何一类大学的评价，千万别忘了人才培养质量这一重要指标。大学的教学质量评估、学生选课和选专业的自主性、真正的学分制等在以往受到了很多限制，在“双一流”建设中则都要进行改革。

（二）一流的学者队伍

一流的学者队伍是打造一流科研和一流教学的依托。建设一流大学和一流学科不仅要有大楼，更需要有大师。中国的学者要积极参与国际学术合作，以提高学术水平。通过参与国际学术团体的活动，逐步提升中国学者在国际学术活动中的话语权，才能快速提升中国大学的影响力，逐步获得国际上对中国大学的认可。

建设一流的学者队伍取决于两个前提条件，一是充足而灵活的经费，二是有效的管理体制机制。这就要求加快现代大学制度建设，扩大学校办学自主权，完善学校内部治理结构。通过加强基础研究和追求学术卓越组建跨学科、综合交叉的科研团队，形成一批优势学科集群和高水平科技创新基地，全面提升人才培养、学科建设、科技研发三位一体创新水平，增强原始创新能力和服务经济社会发展能力。

（三）一流的育人环境

建设一流大学，不仅要有一流的教授，还要有一流的育人环境。“双一流”建设的出发点和落脚点是提高高等教育的质量。提高高等教育质量包括提高培养人才质量、提升科研水平和增强为社会服务的能力等。大学人才培养离不开科学研究，特别是基础科学研究。基础研究取得的成果通常是一般的或普遍的科学知识，表现为一般的原则、理论或规律，这些新成果可以及时转化到课堂，写进讲义，这有利于提高人才的质量。

在信息化、经济化的现代社会，新型的现代化大学校园将为建设一流大学目标的实现提供支撑条件。现代化校园主要表现在信息化水平上，近两年，在线开放课程快速发展，小型私人定制课程、大型分类课程、学位系列课程、翻转课堂等各种各样的课堂教学模式不断进入学生的视野。以现代化的技术手段作为支撑，有利于提升教学质量，培养出满足经济和社会发展需求的人才。

七、有什么关键标志

世界一流大学和一流学科的关键标志是高水平的高校科技创新能力和社会服务能力。世界一流大学和高水平大学与一般大学的区别，主要在于大学在国家创新体系中承担了什么样的职责，为解决经济和社会发展的重大问题做出了什么样的贡献。其中，高校科技成果转化能力就是最直接的体现。

加强高校科技成果转化，不仅是创新驱动发展的战略需求，也是建设世界一流大学和一流学科的必然要求。我国建设世界一流大学和一流学科，在所需建设经费方面，除了依靠政府加大投入力度外，更重要的是高校要在为国家经济和社会建设的服务过程中，通过为社会做出巨大贡献来寻求社会对高校的进一步支持。这是高校在政府投入不足的情况下，努力建设世界一流大学和高水平大学的一个重要的捷径。

大学必须服务于国家战略需求，积极面向国民经济建设主战场，大力促进科技成果转化，在获得巨大的社会效益的同时获得更大的经济效益，为学校发展筹集更多的经费，并争取社会各方面更多的支持。

高校通过在科技创新和为社会服务中搭建大平台、培育大团队、承接大项目、创造大成果，在原始性创新和关系国家战略利益的关键领域中取得重大突破、做出重大贡献。从这个意义上说，促进高校科技成果转化和产业化，既是大学服务于国家创新驱动发展战略，提高科技创新能力和进一步增强服务社会能力的迫切需要，也是大学提高自身综合办学实力的现实需要，因而也是建设世界一流大学和一流学科、实现高等教育快速发展的战略重点。

第二节 “双一流”大学保障机制

一、学科评估如何进行

经过长期的发展，我国很多大学已经形成了独具特色的办学理念和大学精神，塑造了自己独特的大学气质和风范，也形成了别人难以复制的学科优势。

在“双一流”目标指引下，未来的学科评估更应该体现对高校办学特色的保护性鼓励，以及对学科建设的方向性指导。如果政府部门管得过多过细，强调统一标准，很容易造成“千校一面”的同质化格局，这不利于我国高等教育综合实力和国际竞争力的提升。要针对不同类型的学校制定评价指标，委托第三方实行分类评估。政府主导的评估更适用于监管类的达标评估，如达不到最低标准，将取消其相应资格。政府部门不宜参与排名次优劣的评估，特别是与分配资源挂钩的评估。

基础研究以同行评价为主，重点评价科研诚信与学风、创新质量和学术贡献，大力加强国际同行评价。应用研究和产业化开发应建立主要由市场决定技术创新项目和经费分配、成果评价的机制，强调科研成果转化应用、技术转移推广、科学普及等科技产出在评价中的作用，由用户、市场和专家等相关第三方参与评价。充分利用信息化手段，提高科技评价工作效率和开放程度。要充分利用互联网等公开数据，引入公开数据占一定比例的权重评价方法。开放学术界公开参与评价办法，实行网络互动等占比例评价。

“双一流”建设的目标，对于高校内涵式发展和自主创新提出了更高的要求。未来学科评估的标准也应该与时俱进，要积极鼓励各高校在特色学科领域的创新努力，要全面反映各高校学科发展的“绩效”。

学科评估不能只评基础研究论文和引用数量，科技成果转化特别是人才培养质量要成为重要指标。课堂教学效果的好坏，学生最有发言权。

事实上，如今的学生已是真正的数字原住民。未来教师与学生，学生与学生，均互为师生。但在目前的学科评估过程中，学生群体的参与度不高，对学生真正的关注也不够。未来一个大学或一个学科的好与差，或许并不能由政府部门的评估来体现，而是由学生在网上的评估互动说了算、由学生就业大数据的分析结果说了算，只有这样才能真正体现评估的力量。

二、管理机制如何保障

为了使大学能够规范和科学发展，国家已经出台了《中华人民共和国高等教育法》，明确了大学的管理机制和运行机制。教育部还组织各大学制定了《大学章程》，进一步规范大学的运行模式，使大学的发展步入科学发展的轨道。要建立、健全高校章程落实机制，加快形成以章程为统领的完善、规范、科学的制度体系。“双一流”建设要坚持和完善党委领导下的校长负责制，建立、健全党委统一领导、党政分工合作、协调运行的工作机制，不断改革和完善高校体制机制，进一步加强和改进新形势下高校宣传思想工作，牢牢把握高校意识形态工作的领导权。

建设一流大学要依据《中华人民共和国高等教育法》理顺大学与政府的关系，加强学术组织建设，健全以学术委员会为核心的学术管理体系与组织架构，充分发挥其在学科建设、学术评价、学术发展和学风建设等方面的重要作用。在政府指导下充分发挥大学自主办学的积极性；依据《中华人民共和国高等教育法》和《大学章程》理顺大学党委与行政的关系，真正落实党委领导下的校长负责制；主要依据《大学章程》处理好学术权力与行政权力的关系，实现大学由行政主导向服务学术发展的回归；依据《大学章程》规定大学内部制度建设与各机构之间运行的关系，实现科学高效管理。

大学的党委书记和校长对大学的发展至关重要。建设世界一流大学离不开大学管理的科学性。书记和校长要全面承担起本校的教学、科学研究和行政管理工作的责任，勇于担当。大学的书记和校长要认识到，“双一流”建设不是争排名。教育家不能把它理解成实现个人事业辉煌，争取相应政策和资源的理由。

社会的监督机制也是办好大学的重要因素。大学是为国家和社会的发展服务的，因此大学管理离不开外部机制的监督，唯有通过立法建立起科学的社会监督机制，才能使大学的管理和运行步入健康科学的发展轨道，培养出国家和社会急需的高端人才。

三、如何提升国际影响

我们已经积累了几十年的中国特色的高等教育办学经验，建设了一批具有中国特色的大学。当前，我们要认真吸收世界上先进的办学和治学经验，遵循高等教育规律，扎根中国大地办世界一流大学，服务于国家重大需求，努力提高中国大学的国际学术影响力。大学的国际学术影响力主要体现在四个方面：国际一流的学科，一流的科研成果，一流的教育质量和一流的师资水平，其核心是国际一流的师资水平。人力资源是学术影响力的创造主体，学科实力（包括有形和无形资产）是学术影响力的重要载体，高水平科研成果、高质量的毕业生是学术影响力的主要表现形式。

世界一流大学的教授在国际会议上不光要有声音，还要能做特邀报告、主旨发言；在国际期刊上不光要有文章，还要能当编委、主编、编委会主任；在国际学术组织中不只是会员、理事，还要能担任轮值主席、理事长、会长；在国际奖项中，不仅要有名次，还要是科技成果的主要完成人。

我们要坚持一流大学教授的四条评价标准。只有通过一流的教授，我们的大学才能够建立起广泛的国际联系，提高国际话语权，参与国际学术指标的制定，提高人才培养的质量。国际合作是有效提高我国大学国际影响力和学术水平的重要途径，是我们建设世界一流大学的重要抓手。

四、信息技术如何支撑

互联网几乎是一场颠覆性的革命，随着信息技术和互联网技术的不断发展，这场革命已经波及我们生产和生活的每个角落。互联网不仅仅是个伟大的技术发明，它还给我们人类带来了一种伟大的精神力量，这就是合作共赢、共建共享的精神。

“双一流”建设要紧密结合国家发展和国家人才战略，充分重视信息技术与教育教学融合的发展，同时高等教育要发挥引领作用和前瞻性，包括人才储备、国民信息化水平的提高等。互联网正在改变着人们的生活习惯和观念，资源共享的时代已经来临，有形的物质资源共享正在起步，教育资源的开放共享是教育和信息技术融合发展的必然，信息技术的进步使新技术、新设备、新模式不断涌现，从而推动了传统教育理念、模式与方法的变革，推动了学习方式和形态的转变，也推动了高校科研方式的改变。

第一，学习模式的改变。在“互联网 +”时代的屏幕化和碎片化特征下，人们的学习模式也呈现屏幕化和碎片化发展，学习者通过互联网可以随时随地获取名校、名师的教学课程，学习突破了时间和空间的限制，选择性和自主性更强。

第二，教育方式的变革。学习者的学习模式发生改变，原有的课堂形态、课程结构以及考核形式开始难以满足学习者的需求，教学方式从传统的单向知识的传授向“影响式”和“互动式”教育转变。

第三，教育观念的转变。翻转课堂、可汗学院、大规模在线开放课程、云端学习平台等的出现，使现有的师生关系、管理模式、教学方式发生了改变，进而促进了学校存在方式的重构。

第四，科研方式的改变。信息技术已经渗透到各个学科领域，它促进了各学科之间的交叉、融合和发展。信息技术的飞速发展，特别是大数据、物联网、高性能计算、超大容量存储、高速互联网等信息技术和产品的快速发展，为科学研究提供了新动力和更为广阔的发展空间，极大改变了传统科研的方式方法。

互联网颠覆了信息传播“中央复杂，末端简单”的基本规律，从根本上打破了知识垄断的局面。无论人们是否愿意，随着信息技术与教育教学和科学研究的深度融合，大学的功能正在发生着根本性的变化，“双一流”建设要主动适应这些变化。

五、怎么做到与时俱进

教育形式和形态是随着社会发展而不断演变的，因而，“双一流”的概念和标准也在不断改变。人类社会从原始社会进入农业社会，教育形式也从原始的口耳相传发展成了适应农耕时代的教育；农业社会的教育要素和教育实施主要集中在教师个人身上，知识是垄断的，师傅带徒弟，名师出高徒。工业社会的教育要素和教育实施主要集中在学校上，知识是半垄断的，学生和家长追逐名校的现象比较普遍；今天的大学组织形式是适应工业社会发展而形成的班级、课堂、校园，以及教学形式、教学管理、科研管理等。

人类正在进入信息社会，大学的组织形式将会改变。信息社会的教育要素将集中在网络平台上，教育实施将以个人选择为主，知识将无法垄断，教育公平和个性化学习将得以实现，“双一流”的概念和标准也将随之而变。

在人类迈向信息时代、我国跻身世界强国的今天，“双一流”建设是国家的战略部署，也是时代的必然要求。这对我国高等教育来说，是机遇更是挑战。唯有与时俱进，才能完成这一重要历史任务。

第一，以开放的心态迎接改变。如今的学生已经是与网络共生的一代，是地地道道的互联网原居民，他们可以熟练地借助网络生活，本能地通过屏幕学习。他们认为屏幕学习效率高，而“50后”“60后”习惯借助书本学习。思想观念的差异和数字鸿沟很难在短时间内弥补，由此对“互联网+教育”的影响不能小视，我们要以开放的心态改变原有不合时宜的政策和管理模式等。

第二，以灵活的机制应对挑战。如果学生不能自由选择学习科目和讲课教师，如果学分不能互认、学位不能等价衔接，“互联网+教育”很难发挥其最大效益，很难跟上国际高等教育发展的步伐。我们需要尽快研究和制定教学资源的上网认证标准，要针对经过认证的教学类资源制定网上学习效果评价标准，要制定课程微证书发放办法，等等。当然，机制的转变还包括顶层设计和信息治理创新等，但我们应该鼓励一流大学开展先行先试。

第三，以高远的眼界拥抱未来。远古的人类从石器时代走到青铜器时代，并不是因为我们的祖先把石头用完了。今天的人们用数码相机替代了胶片相机，也不是因为柯达公司的胶片技术不够先进。今后某一天我们的学生不到学校上课，可能也不是因为我们的学校排名不够靠前、院士和专家的数量不够多，仅仅是因为技术要促进人类文明迈上新的台阶。

大学要在社会化建设中发挥引领作用，“双一流”建设更要发挥对高等教育的导向和引领作用。在今天的文明转折时期，如果我们不能引领人类文明发展的步伐，我们至少应该紧跟人类文明走过的脚步。“双一流”建设要与时俱进，主动迎接信息社会的到来，适应大学新的形态变化。

第二章　关于阅读学的基础理论

阅读作为人类发展的一种文化传播方式，自有文字记载以来便伴随着人类文化的全部历史与所有活动。特别是在知识信息大爆炸的当今时代，高等教育迅速扩张的黄金时代，阅读的重要性、多样性、差异性与多元性更是凸显出来。

阅读的基本概念、阅读的功能与特征、阅读的目的与意义、阅读的类型与方法、不同人群的阅读行为特征等，成为我们首先要讨论和解决的基础理论问题。

第一节　阅读的基本概念

一、阅读的含义

什么是阅读？这是一个看起来简单实则非常复杂的概念。说它简单，是因为在现代社会，阅读现象随处可见，阅读如同呼吸一般，成为人们一个近乎本能的行为。一个人只要识字，就能读路标广告、报纸杂志、电视新闻等最基本的东西。说它复杂，是因为每个人阅读起来的情况会大不相同，阅读是一个复杂的心理过程，阅读的能力、方式与习惯更是因人而异。就像有人说话得体，有人则词不达意；有人能听出话语的弦外之音，有人就连基本的语意也会理解错误。那么，究竟什么是阅读呢？我们又该如何理解人类的阅读行为？还是让我们先来看看古今中外文献中一些有代表性的观点吧。

“阅读乃是从文本中提取意义的过程。”（吉布森，1970）

“阅读是一种从书面语言中获得意义的心理过程。”（《中国大百科全书·教育卷》，1985）

“阅读是一种积极的过程，阅读是读者与文章（或作者）的交流过程，成功的阅读是一个创造过程，读者和阅读材料相互交流创造意义。”（维德森，1978）

“阅读是指个体从印刷文字、图画、图解、图表等书面材料获取信息或意义的过程。个体在阅读时，通过把文字等符号的视觉信息与头脑中已有的知识经验不断进行比较、预测、判断、推理和整合，从而理解文字等符号所表达的意义。”（杨治良，《简明心理学辞典》，2007）

“阅读是理解图文、阐释意义、产生共鸣或启迪思想的复杂的脑力活动。”（约翰·凯里）

“阅读是从信息符号中获取意义的一种复杂的智力活动。”（胡继武，《现代阅读学》，1991）

“阅文者披文以入情，缀文者情动而辞发。”（刘勰，《文心雕龙》）

以上定义大致可以分为“过程说”与“活动说”两大类。“过程说”与“活动说”大体相同，却又稍有出入。“活动”是有一定目的的行动，由目的、动机和动作构成；“过程”则是指事物发展所经过的程序或阶段。两者又是相通的，任何一项活动都有一个发生、发展的过程。因此，王余光和徐雁在编写《中国阅读大辞典》时，对“阅读”进行了如下界定，阅读是“一种从书面语言和其他书面符号中获得意义的社会行为、实践活动和心理过程，阅读首先是作为一种特殊的交际方式而存在的社会现象，具有行为的社会性，它是以书面材料作为社会交际的中介的”。“作者—文本—读者—世界”是构成一个完整的书面交际过程的四个基本要素。

无疑，此阅读概念综合了“活动说”与“过程说”的要义，并进行了拓展延伸，将“阅读”作为一种社会现象而不仅仅是一个单独的个体行为来看待。这一阅读概念显然更具全面性，也得到了业内学者的认可。王波在《阅读疗法》一书中提到，“学术上的阅读指的是‘一种从书面语言和其他书面符号中获得意义的社会行为、实践活动和心理过程’”。可见，王余光、徐雁的“阅读”定义是正统的、严肃的。随着知识经济与信息社会的到来，人类阅读的文本发生了巨大的变化，阅读的概念也变得更为宽泛。胡继武在《现代阅读学》中对阅读所下的定义（“阅读是从信息符号中获取意义的一种复杂的智力活动”）更符合当前实际。

二、阅读的内涵

内涵，是指一个概念所反映的事物的本质属性的总和。遵循“作者—文本—读者—世界”这四个阅读要素，我们从阅读的客体、主体和过程三个方面来认识阅读的本质。

（一）阅读客体

阅读客体又称阅读对象，有广义和狭义之分。广义的阅读对象包括自然和人类社会的一切。鲁迅将“社会”看成读物，提出要留心世事，“用自己的眼睛去读世间这部活书”这一观点。陶行知将“活书”阐释为“活的知识之宝库”，并举例说，“花草是活书，树木是活书，飞禽走兽微生物都是活书。山川湖海风云雨雷，天体运行都是活书。活的人，活的问题，活的文化，活的武功，活的世界，活的宇宙，活的变化，都是活的知识之宝库，便都是活的书”。人们也常常将这样的“活书”称为“无字书”，以便与书籍、报纸、杂志这样的“有字书”相对应。阿尔维托·曼古埃尔在《阅读史》一书中对人类的阅读行为做了形象生动的描述：“阅读书页上的字母只是它（指阅读）的诸多面相之天文学家阅读一张不复存在的星星图；日本的建筑师阅读准备盖房子的土地，以保护它免受邪恶势力侵袭；动物学家阅读森林中动物的臭迹；玩纸牌者阅读伙伴的手势，以打出获胜之牌；舞者阅读编舞者的记号法，而观众则阅读舞者在舞台上的动作；织者阅读一张待编织的地毯的错综复杂的设计图；弹奏管风琴的乐手阅读谱上编成管弦乐的各种同时性的串串音符；双亲阅读婴孩的表情，以察觉喜悦或惊骇或好奇的讯息；中国的算命者阅读古代龟壳上的标记；精神科医生帮助病人阅读他们自己饱受困扰的梦；夏威夷渔夫将手插入海中以阅读海流；农民阅读天空以测天气；这一切阅读都和书本的读者共享辨读与翻译符号的技巧。”实乃“天地阅览室，万物皆书卷”（叶圣陶《读书二首》），广义的阅读对象包括人类目之所及的一切事物。

狭义的阅读对象是一种精神产品，这种精神产品既不同于自然事物和自然现象那种“自然客体”，也不同于社会存在和社会关系那种“社会客体”，亦不同于社会思潮和个人心态那种“主观的精神客体”，而是一种“客观的精神客体”，一种“可供传播的精神外化物”。曾祥芹根据马克思的“对象的主体占有性”理论对此概念进行了补充说明：没有和读者建立阅读关系的潜在读物，还不能称其为阅读对象；只有与读者建立了阅读关系，并已被读者认识和把握了的读物，才可称其为现实的阅读对象。内容的思想观念性、形式的语言符号性和物质载体性，以及阅读主体的占有性是读物的四种基本属性。只有四者兼备，才能构成阅读对象的本质特征。此观点中的阅读对象似乎过于窄化。朱永新在引用此概念时便做了适当的修改：“狭义的阅读对象，是种精神产品，如书本、报纸、杂志等。这种精神产品既不同于自然事物和自然现象那种‘自然客体’，也不同于社会存在和社会关系那种‘社会客体’，而是一种‘可供传播精神的外化物'。"事实上，"对象"一词在《现代汉语词典》中的释义为"行动或思考时作为目标的人或事物"，可见作为"对象"的人或事物并不一定要处在行为发生的过程中，尚处于思考中的人或事物亦可被称为对象。因此，我们认为，不如将"阅读主体的占有性"这条忽略，将狭义的阅读对象定义为"一种以书面语言为主体符号的、固化在物质载体内的作者的精神产品"，即通常意义上的"文本"，这比较符合人们的认知习惯。

由于阅读对象有广义和狭义之分，于是便有了广义与狭义的"阅读"概念，有了不同的阅读方法和途径，有了不一样的阅读效果，最终形成了人们或开阔或狭隘的阅读视野。

（二）阅读主体

王余光、徐雁认为，阅读主体通常指具体阅读过程中从事阅读活动的人，阅读者是阅读行为的发动者和操作者，而且自始至终决定着阅读的目的、任务、方式和效果。读物也因此成为认识和把握的对象，并在阅读展开的过程中逐渐获得意义。曾祥芹将阅读主体定义为，"与阅读客体发生阅读关系的那一部分阅读者，即在具体阅读过程中从事阅读活动的人，因为读者在阅读过程中始终处在一个积极的主动的地位，所以称'阅读主体'"。他们都把"阅读主体"进行了严格限定，即只有正处于阅读过程中的人才称得上是阅读主体，似乎离开了具体的阅读过程，就是学富五车的科学家也不能被称为阅读主体。这给人一种"钻牛角尖"的感觉。李长喜等在其主编的《中国大学生百科全书》中指出："一个人成为阅读主体应该具有三方面的条件：一是有阅读欲望；二是具备一定阅读能力；三是从事阅读活动。三者兼备，才是真正意义上的阅读主体。"此观点将阅读主体从牛角尖中解放出来，因为"从事阅读活动"是一种带有职业性的描述，具有长期性，而"具体的阅读过程"是一种行为描述，具有短暂性。所以只要喜欢阅读并做过阅读活动的所有人都可以被称为阅读主体。同时可以看出，并不是每一个人都能成为阅读主体，如不识字的婴幼儿和成年文盲。

由于个体在性格气质、兴趣爱好、知识经验、思维方式等方面存在一定差异，因此阅读主体也是千差万别的。这种差别主要表现在读物选择、阅读效应、阅读能力等方面。人们常说的"一千个读者眼中有一千个哈姆雷特"就是对阅读主体差异性的形象描述。

（三）阅读过程

如果把阅读看作是一个从信息符号中获取意义的过程，那么就可以用申农的"信息论"来分析作者、文本、读者、世界这四个要素及它们之间的相互关系。

根据申农的通信模式，如图 2-1 所示。

图 2-1　申农的通信模式

通信过程是一个通过信源发出信息，经过编码变成信号，通过信道进行传递，再经过译码到达信宿的过程。虽然这个通信模式及他的整个信息论着眼于工程技术领域，但对传播学的孕育和创立都产生了至关重要的影响。著名的传播学家施拉姆就曾效仿申农的通信模式提出了一个传播模式，如图 2-2 所示。

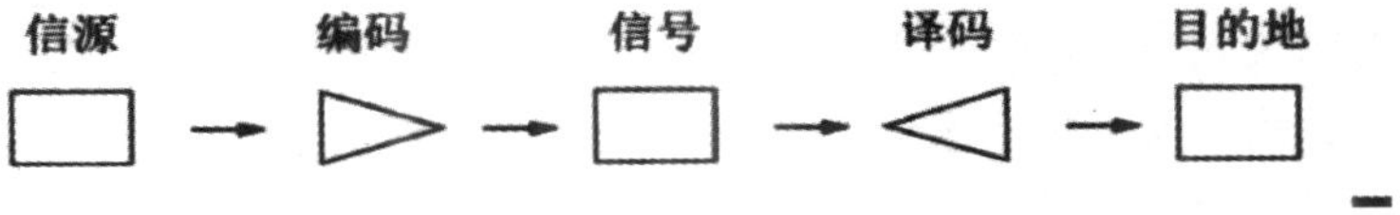

图 2-2　施拉姆的传播模式

世界、作者、文本、读者四者之间的联系图示如下。

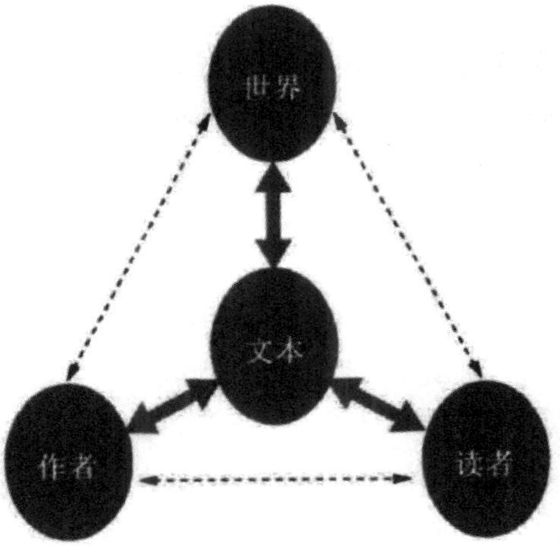

图 2-3　世界、作者、文本、读者联系图

图 2-3 中，作者的写作过程就是一个编码过程，作者通过认识世界，将储存在头脑中的信息编码成文字符号，形成文本。读者的阅读过程则是一个译码过程，读者以认识世界为前提，通过阅读文本，将文字符号还原成作者意图传播的信息。所不同的是，在编码过程中，作者是编码行为的发起者和承担者，文本是编码的产品；在译码过程中，读者是译码行为的发起者和承担者，文本

是译码的对象。虽然文本是作者和读者交际过程的中介，但这个中介始终处于被动静止的状态，作者在读者的译码过程中不会直接发挥作用，他是静止的，远离的，非参与的。读者通过了解世界与文本，间接地和作者对话。作者通过世界与文本，间接地影响读者。世界是一个显性的存在，它通过影响作者与读者，而间接地影响文本的创作与文本的解读。所以，在传统的阅读理论中只考虑“作者—文本—读者”的三角关系，而忽视“世界”的重要一极，因而忽视了“作者—文本—世界”“读者—文本—世界”“作者—世界—读者”这三个同样不可忽视的三角关系。所以，在阅读中，读者的世界观以及对世界的认识是他读懂文本、理解作者的前提。根据阅读的信息加工理论，上述译码过程即读者的阅读过程可以分为阅读前期、阅读中期、阅读后期三个阶段。阅读前期即阅读的准备阶段，读者需要选择读物，并对读物进行初步感知和识别，以确定将要阅读的是哪个文本，此行为可称作选码和识码。阅读中期即阅读进行阶段分为两个步骤，一是读者需要理解和阐释文本语言代码的意义，并组织编制新的认知结构，此行为可称作解码和编码（读者对文本意义重新编码）；二是读者对文本表述的对象进行欣赏和评价，此行为可称作赏码和评码。阅读后期即阅读的结束阶段，读者需要把自己从文本中提取的信息进行储存并应用，以实现知识的增值和创新效应，此行为可称作储码和用码。由此可见，读者的阅读过程就是一个读者对信息进行选码、识码、解码、重新编码、赏码、评码、储码、用码的过程，分别对应认知心理学的感知、理解、评价、应用等不同阶段，最终达到知识迁移的目的。

三、阅读的外延

所谓外延，是指一个概念所确指的对象的数量或范围，相对于概念的内涵而存在，并与内涵一起构成概念的两个基本逻辑特征。明确概念内涵的逻辑方法是给概念下定义，而明确概念外延的逻辑方法是对概念进行划分，即根据一定的标准把一个属概念划分成若干种概念。例如，生物可以分为动物、植物、微生物，那么动物、植物与微生物三者合在一起便构成了“生物”这个概念的外延。要想明确“阅读”的外延，首先必须选择合适的标准以便对“阅读”类型进行划分。朱永新在《我的阅读观》一书中对阅读类型进行了如下划分。

第一，根据读者的阅读目的，可以把阅读分为功利性阅读和非功利性阅读。

第二，根据阅读内容的经典性，可以把阅读分为一般阅读和经典阅读。

第三，根据信息载体的不同，可以把阅读分为电子阅读和文本阅读。

第四，根据阅读过程中参与人数的多少，可以把阅读分为个别阅读和共同阅读。

第五，根据阅读过程中思维参与的程度，可以把阅读分为浅层阅读和深层阅读。

阅读的外延图示如下。

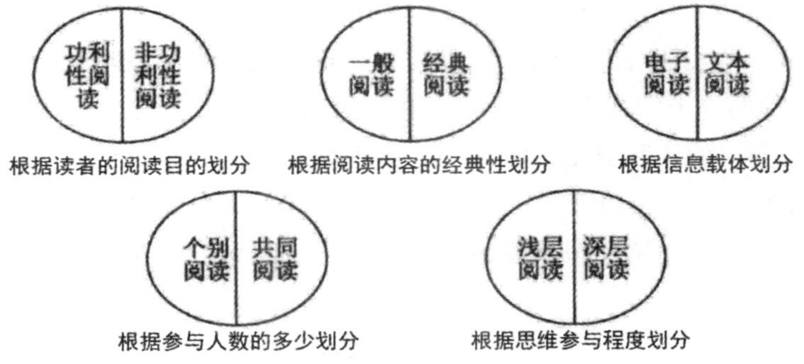

图 2-4　“阅读”的外延图

以上对阅读类型的划分属于二分法，即将一个属概念划分为矛盾关系的两个种概念，其优点在于使思维简洁明快，把注意力集中于主要对象上。其缺点是母项的外延比较模糊。

一般来说，概念越具体，越容易指出其外延；概念越抽象，越难辨别其外延。事实上，要想把一个概念的全部外延揭示出来，有时是不可能的，有时却是不必要的。这也是许多阅读学著作中只谈“阅读”的内涵，而很少涉及其外延的原因。

第二节　阅读的目的与意义

要想明确阅读的目的和意义，首先就要清楚“目的”与“意义”的概念。目的是指想要达到的任务和境地，亦指想要得到的结果，它是努力的方向和目标。意义是指价值和作用的实现，是付出努力后得到的回报和收益，更是主体对需求满足的一种评价。目的与意义既有联系，又有区别。联系在于两者辩证统一于同一事物，都含有要达成某一种效果的意思；区别在于对这种效果分析的层面不同。“目的”是客观预设，从蓝图层面考量做一件事情想要达到的明确的、具体的、直接的效果；而意义则是主体评价，从满足需求视角考察目的达成后所产生的潜在的、长远的以及主观心理效果。

一、阅读目的概说

阅读目的是指从事阅读活动所期望达到的预期，由阅读主体在阅读活动前人为设定，会因人的需求不同而不同。

美国心理学家马斯洛将人的需要由低到高分为生理需要、安全需要、社会需要、自尊需要和自我实现的需要五个层次。生理需要是人最原始、最基本的需要，包括衣、食、住、行和性等方面的需要；当生理需要满足后，人就会产生安全需要；当人处在安全的环境中时，很自然地就会萌发对社交、归属、友谊、情感和爱的渴求即社会需要，并进一步对名誉、地位、成就、利益产生欲望，希望得到社会的承认和尊重，实现个人的理想和抱负，即尊重需要和自我实现的需要。显然，人的阅读需要应该是在社会需要、尊重需要和自我实现的需要三个层次上发生的。黄鸣奋从逻辑的角度对人的需求进行了更加细致的划分，如下表所示。

表 2-1　个人需要划分

个人需要	自向性需要	他向性需要	交互性需要
生存性需要	自存需要	他存需要	制约需要
生理性需要	储备需要	供给需要	交换需要
信息性需要	认识需要	传播需要	交流需要
心理性需要	自亲需要	他亲需要	联络需要
实践性需要	审美需要	劳动需要	归属需要
成就性需要	自立需要	他立需要	评价需要

在表 2-1 中，我们可以明确地看到，在个人的一般需要里，已经客观地存在着认识的需要（求知、求善、求真）、审美的需要（求美和娱乐）、交往的需要（沟通和交流）、评价的需要（欣赏和评价）。与此相对应，一般地，人们阅读的目的大体可以分为四类：求知目的、审美目的、交往目的和评价目的。

（一）阅读的求知目的

子曰：“我非生而知之者，好古敏以求之者也。”（《论语·述而》）孔子是我国古代最伟大的思想家和教育家，被后人奉为“至圣先师”。他否认自己是“生而知之者”，而是一个爱好古代书籍并勤奋敏捷地去求得知识的人。胡适先生曾这样回答“为什么读书”这个问题：“因为书是过去已经知道的知识学问和经验的一种记录，我们读书便是要接受这人类的遗产，以此为基础，可以继续发扬光大，更在这基础之上建立更高深更伟大的知识。”即站在前人的肩膀上进步。英国哲学家弗朗西斯·培根的名言“知识就是力量”不知激励着多少人去掌握人类已有的知识，探索新的知识，开拓未知的领域，正因为如此，我们才有了今天的现代文明与科技。由此可见，求知是人们发出阅读行为的一个最基本、最原始的目的，也是最普通、最常见的目的，伴随着人成长的整个过程，即所谓“活到老，学到老”。

（二）阅读的审美目的

马克思指出，社会的进步就是人类对美的追求的结晶。达尔文曾告诉我们，不要因为长期埋头科学而失去对生活、对美、对诗意的感受能力。所谓“爱美之心，人皆有之”。美是一种客观存在，爱美并不等于懂美，更不等于能够正确审美。那么，什么是审美呢？《现代汉语词典》将“审美”释义为“领会事物或艺术品的美”。如何“领会”美呢？这就涉及美的标准、美的判断、审美的主体、审美的对象等一系列美学理论问题。因此，美学上的审美是指人们根据一定的美学理论，通过自己的感官去感受、评价美的事物或现象的复杂的心理活动，具有直观性、情感性、愉悦性和差异性，带有明显的主观色彩。同时，审美又是人类认识世界、改造世界不可缺少的一种独特的思想情感方式，对人的全面和谐发展、事业的成功和生活的幸福都有重要的影响。所以，人都有审美需求。正是在这个意义上，人类需要文学。因为文学是情感的，文学作品以情感人。文学阅读以文学作品为对象，目的是从中获得美感信息和审美愉悦。比起其他学科的书籍，人们在阅读文学作品时，其审美需求更加容易得到满足。这便是图书馆文学类书籍馆藏外借量排名靠前的主要原因，也是人们从事阅读活动的第二大目的。

（三）阅读的交往目的

交往即互相来往。哈贝马斯认为，交往是两个有语言和行为能力的主体进行的对话，在人类的所有行为中，“交往”行为是最合理的行为。交往需要是人的一种社会需要，在黄鸣奋的“个人需要划分表”中，交互性需要也是个人需要的一个重要类型。事实上，人是群居的动物，每个人都是在“社会”中存在的，没有谁能够脱离群体而单独存在。因此，阅读的交往目的是指阅读作为一种社会交往行为，读者期望通过阅读了解作者本人、通过阅读了解文本以及文本中的文本、通过阅读了解世界和社会、通过阅读了解自己以及同时阅读的读者的现象。

我们知道，世界、作者、文本和读者组成一个密不可分的交往网络。作者和读者是世界中的人，作者创作的文本反映着世界，读者在文本的阅读中与作者相遇并触摸世界。这四个要素相互关联，以作者与读者各自在现实中的交往为基础，形成了一个循环的交往系统。

阅读的交往目的首先表现在读者与作者的交往层面。读者的阅读是主动与作者进行的交往，读者以文本为媒介，窥视作者的内心世界，希望通过与作者的交往来实现对世界的了解。

其次，读者在阅读文本时，也与文本及文本中的文本构成了一种交往关系。作者在创作文本时，在语言文字中留下了许多“未定点”和“空白”，以此“召唤”读者去阅读，即文本本身包含了与读者进行交往的内在动机；同时，作者在创作文本时，必然会借鉴他人的作品，通过对他人作品的分析与吸收来建构自己的作品，这样呈现出来的作品必然带有其他文本的印记。在论文写作中的“引用”便是这种印记的具体表征。读者阅读文本时自然也连带着与文本中的文本进行了交往。

再次，读者通过阅读了解世界，展开社会交往。一般认为，“作品总得有一个直接或间接导源于现实事物的主题——总会涉及、表现、反映某种客观状态或者与此相关联的东西……便可以认为是由人物和行动、思想和情感、物质和事件或者超越感觉的本质构成”。即世界构成了文本的一维，文本表现的世界是作者在现实的交往中看到的世界，而且，不同文化背景下的作家在创作时表现的世界也是不一样的。读者在阅读时窥探的世界也就不同。在这样的传达与接受中，便实现了人与人、人与世界交往的目的。世界作为一个背景，起着沟通作者与读者、读者与读者、读者与世界的桥梁作用。

最后，读者通过阅读了解自己以及同时阅读的读者。当读者的认知语境与作者的认知语境趋于相同时，就产生了认知语境的重叠，即“共鸣”，共鸣越多、越强烈，读者通过阅读了解的自己就越全面和深刻，与作者的交往效果也就越好；阅读也让读者与其他读者进行交往，当两个以上的读者在阅读同一个文本时，文本中呈现的形式与内容，使不同的读者在感悟中实现了交往。特别是当多个读者在同一时空中阅读同一文本时，阅读的这种交往效应不可低估。这便是共同阅读成为当下的时尚和潮流的一个主要原因。

（四）阅读的评价目的

“评价”一词在《现代汉语词典》中的解释是“评定价值的高低”。评价活动在日常生活中随处可见。从一般的意义来看，人的视觉系统对外部事物进行扫描和接受时，本身就带有评价和取舍。这些评价和取舍，既是人们面对外部世界的态度，也是体现人们与外部世界的关系的一个重要因素，更是人的精神主体得以社会化和对象化的基本形式和方式。虽然这种评价和取舍会因个体的不同而具有不同的标准和内容，但它作为人的心理活动的一种特殊现象，必然成为人的个性需要的一个有机组成部分。在黄鸣奋的个人需要划分表中，评价需要属于成就性需要中的交互性需要，是人的个性需要的最高层次。在马斯洛的需要层次理论中，评价需要应该属于人的自我实现的需要。换句话说，人作为社会人，既是社会权利的享有者，也是社会义务的承担者。人的任何社会实践行为，都必须估计或预见他人可能产生的反应或者自己应该给予对方的回报。相应地，便产生了交互性需要。这一需要是双向的，它既要求他者的反应和评价，也是对他者的反应和评价。

对于阅读者来说，阅读对象既有表实性，又有表义性。两者分别体现了阅读者和阅读对象之间的认识关系和价值关系。一方面，任何一种阅读活动都无法回避文本（尤其是文学作品）中的世界对阅读者的诱惑和冲击，也都无法回避对文本中的世界的感受和认同，当然要具有对文本世界的某种利害判断，甚至这种判断会常常走出文本而进入现实世界。另一方面，一般意义上的阅读行为的发生，常常依从于一定的阅读评价要求，这一评价要求有时来自现实的个人阅读的好恶选择，这种选择既有受动的感触和反应，又有主动的审视和评价。因而有学者将阅读主体的评价能力（指选择文献的能力）视为阅读能力的基础。对于研究性阅读来说，阅读过程更多的是一个分析、判断的过程，阅读评价因而也成为阅读者的一种必需的态度与重要的目的。

总的来说，阅读活动的发生，既有着鲜明的现实目的，又有着复杂的心理动机；既有着功利性的个人目的，又有着审美性的社会需求；既因人们求知的目的而体现阅读特有的认识价值，也因情感的愉悦和心灵的净化而表现文本的审美功能，同时还使得阅读在对象化的过程中还原着人的自我和本质。上述阅读目的在实际阅读中并不是独立存在的，而是相互联系和相互作用的，共同决定和影响着人们在阅读活动中的取向与感受，以及收获和评价。

二、阅读的意义归类

阅读的功能决定了阅读的意义。阅读的特点影响着阅读功能的发挥。不论是何种阅读，都具有共同的功能特征：主体建构性、文化增殖性、再创造性以及解读差异性。

所谓“阅读意义”指的是阅读主体对被阅读的客体对象满足主体需要大小的一种评价。一般来说，满足需求越大、越充分，意义就越大。但意义的评价还具有某种主观性特点，尽管被阅读的对象并不具有太大的客观价值，却会得到阅读者的高度评价。

朱永新对于阅读的意义和价值有这样几个基本观点：一个人的精神发育史就是他的阅读史；一个民族的精神境界取决于这个民族的阅读水平；一个没有

阅读的学校永远不可能有真正的教育；一个书香充盈的城市必然是一个美丽的城市；共读共写共同生活。作为推动“全民阅读”成为国家战略的一个有力倡导者，朱先生的这五句话可谓家喻户晓，概括起来，阅读的重要意义无外乎两个方面：个体意义与社会意义。

（一）阅读满足发展的个体意义

英国思想家培根说过：“读书造就丰富充实的人。”我国民间也流传着这样一句话：“万般皆下品，唯有读书高。”又说：“家无读书子，官从何处来。”阅读的个人意义可以从个体成长与家族昌盛两个层面来分析。

1. 阅读是实现个体精神成长的重要途径

众所周知，人的成长过程都是从自然人向社会人转变的过程。只要不断地摄入食物，生命就会慢慢成长，这是人类的本能，与动物没有任何区别。个人即使不做出任何主观的努力，生命也会自然生长，这是人的物质成长过程。只是单纯靠这样长成的一个“自然成人”是不能适应人类世界的生活的，也是不被人类社会所接纳的。狼孩、熊孩的故事就充分说明了这一点，他们充其量只是“人形动物”而已。

个体要想成为一个真正意义上的人，就必须进行“社会化”。所谓“社会化”，是指个体在社会影响下，通过学习社会知识，掌握社会技能，建立社会经验，并通过不断选择和建构，形成一定社会所认可的“心理—行为”模式，成为社会成员的过程，这是人的精神成长过程。这个过程离不开个人的学习和阅读，可以是个体积极主动的学习，如自觉接受一系列正规的学校教育，自觉阅读各种各样的书籍；也可以是无意识的潜移默化的学习，如口耳相传的社会经验的传递，许多从未上过学的人就是用“口耳相传”的阅读方式实现了自己的“社会化”。正是在此意义上，我们可以说，阅读是实现个体精神成长的重要途径。

2. 阅读是实现家族持续昌盛的不竭动力

中国自古以来便有“学而优则仕”的传统，民间也流传着“家无读书子，官从何处来”的俗语。可见教育对于家庭，具有荫泽后代、荣耀门庭的意义，于是有了孔母督课、孟母三迁、欧母画荻的典故。在当今社会，尽管教育之光宗耀祖的功能日益退化，但家长们还是不约而同地知道，在一个家庭的所有投资中，在子女教育上的投资回报率最高。浙西一位老农曾声情并茂地说：“父亲是梁，房子没有梁要塌；母亲是墙，墙可以挡风雨；孩子是窗，那是一家人的希望所在。即使砸锅卖铁，倾家荡产，也要供孩子上学。”老农的这番话可谓道出了中国大部分父母的心声，也从一个侧面反映出家庭对子女教育的重视。的确，一个欣欣向荣的家族首先必须有一批学而不厌、孜孜以求的子孙后代。所谓“富不过三代”，没有良好家庭教育、严格家风家训的家族，即使祖辈因为某种机遇而发家致富，也是不可能长久昌盛的。而阅读作为一种文化传承与知识习得的方式，历来受到所有家庭的重视。人们常说“言教不如身教”，在全民阅读的今天，越来越多的家庭开始接受亲子阅读并付诸实践。

（二）阅读满足和谐的社会意义

阅读不仅是个体完善自我、增长智慧的重要途径，而且是国家提高国民素质、推动社会进步的有效工具。建设社会主义和谐社会是中国共产党执政的战略目标。和谐社会的构建离不开和谐的社会环境与共同的价值体系。

1. 阅读是协调社会行为与心理的重要手段

每一个社会都有维护社会秩序、协调人际关系的行为规范。现代社会生活中的社会实践活动大都是群体性活动，人只有掌握禁忌、风俗、习惯、规矩、伦理、道德、法律、宗教、制度、礼节、价值观、态度行为模式等社会行为规范，才能正确处理个人与社会、个人与集体以及同事、同行之间的关系，才有可能获得个人事业的成功。社会也必须依靠这些行为规范来协调人类的社会实践活动，因而需要对每一个社会公民进行社会化教育，使每一个人都理解它的含义和生效机制，并内化为个体的自觉行为。毫无疑问，倡导阅读是实现这一过程的重要手段。同时，社会中的人是一个既有个性、又有共性的矛盾统一体。人的共性主要表现为人的民族性、阶级性、国民性和时代性；人的个性是人与人之间的差异。我们既要张扬个性，但也不能缺失共性。只有当人的个性和共性有机融合、协调发展时，人才称得上是一个和谐的个体，其社会实践活动和行为方式才能符合社会规范。当人的个性和共性发生矛盾时，就需要一个协调机制来使个体的心理与行为符合社会规范，这个协调机制就是人类自己创造和制定的各种规章制度。而对于这些规章制度的了解和掌握无一例外都离不开阅读这一重要手段。和谐的社会不仅要人与人和谐、人与自然和谐，还要人内心和谐。阅读是通往人内心和谐的桥梁，只有每个人都拥有和谐的内心，整个社会才能构建出一种和谐的生态。

2. 阅读是培育世界观与价值观的重要途径

价值观是人们对价值问题的根本看法，包括对价值的实质、构成以及标准的认识。这些不同的认识形成了人们不同的价值观。每个人都在各自价值观的引领下，形成不同的价值取向，追寻着各自认为最有价值的东西。尽管现代社会是一个价值多元的社会，可对于一个国家或民族来说，如果没有核心的价值体系与共同的思想基础，这个国家或民族就没有团结力和凝聚力，生活在这个国家的人们就像一盘散沙、一群乌合之众，这个国家或民族就会面临着消亡的危险。而这些共同的思想和价值，就藏在国家和民族自己的文化里。文化需要传承，传承需要教育，教育又离不开阅读。因此，古今中外的阅读学家一致强调“读书立德”的效用。孔子高度重视“六经”的“德治”功能：“其为人也，温柔敦厚，诗教也；疏通知远，书教也；广博易良，乐教也；洁静精微，易教也；恭俭庄敬，礼教也；属辞比事，春秋教也。”（《礼记·经解》）正是这些文化经典把我们的祖先紧紧地团结在一起，也是在对这些经典的共同解读中，才逐渐形成了“仁、义、礼、智、信、温良、恭、俭、让、忠、孝、勇、恭、廉”等共同的价值体系。培根也十分重视阅读对于塑造人的性格的作用：“读史使人明智，读诗使人聪慧，演算使人精密，哲理使人深刻，伦理学使人有修养，逻辑修辞使人善辩。”诚如学者所言：“书的力量，就在于作者通过物质的书这个载体传导给读者，并在读者心中唤起那种崭新的意象或精神。书就是这样把精神传给每个读者，或是群体集团物，它往往会转化为一种推动历史变革的巨大力量。”正是因为阅读才使得书的力量得以传导和实现。古语云：“古之欲明明德于天下者，先治其国。欲治其国者，先齐其家。欲齐其家者，先修其身。欲修其身者，先正其心。欲正其心者，先诚其意。欲诚其意者，先致其知。致知在格物。”可见，源于《礼记·大学》的八目——格物、致知、诚意、正心、修身、齐家、治国、平天下，其逻辑起点是“格物”，即探究事物原理。无疑，阅读学习是格物、致知的重要途径，诚意正心、修身齐家是格物、致知的个人意义与基础功能，治国平天下是格物、致知的社会理想与派生功能。于是便有了“一家之教化，即朝廷之教化”（《寒松堂集·奏疏》），有了“家国同构”，有了“为中华之崛起而读书”，有了终身教育之命题，有了学习型社会建设，有了“全民阅读”国家战略。阅读之于经济发展、文化传承、政治文明、社会和谐、民族复兴的重要意义，由此可见一斑。

苏霍姆林斯基说：“无限相信书籍的力量。”“书籍的力量首先就意味着阅读的力量，知识的力量要通过阅读的力量才能实现。”如此，我们可以说：

阅读滋养心灵；阅读改变人生；阅读改良社会；阅读创造世界；阅读能力也是“生产力”。看来，阅读之于个人和社会的重要意义怎么强调都不过分。

第三节　阅读的类型与特点

对阅读划分类型是明确阅读概念外延的最佳方式。要想阅读分类科学合理，选择划分标准是关键。通常人们根据读者的阅读目的来划分阅读类型。

例如，西方学者吉尔将阅读分为情报型阅读、逃避型阅读（以摆脱生活为目的）、求知型阅读、文艺型阅读四种。鲍贝尔格提出了 10 种阅读类型：浏览阅读、情报阅读、消遣阅读、记忆阅读、实用性选择阅读、分析阅读、批判阅读、扩展性阅读、创造性阅读、校对阅读。因为人的目的是极其复杂的，从目的角度划分阅读类型，可能会导致类型的交叉和兼容。如分析、批判型阅读可能是创造型阅读也可能是实用型阅读，消遣阅读很可能是浏览阅读，情报阅读也会掺杂记忆的成分，校对阅读也不能排除其实用性。因此，国内学者探索多维度分析阅读类型。蒋成禹较早从读者需求层次角度将阅读分为积累性阅读、理解性阅读、鉴赏性阅读、评论性阅读四种类型。曾祥芹、韩雪屏在其主编的《阅读学原理》一书中，专辟“阅读分类论”一章，除了按阅读目的划分类型外，还按阅读对象把阅读划分为白话文阅读与文言文阅读（据语体分）、文章阅读与文学阅读（据文体分）、哲学社会科学阅读与自然科学阅读（据内容分）；按阅读方式把阅读分为朗读与默读（据是否出声分）、精读与略读（据读的粗略精细分）、慢读与快读（据速度分）、全读与跳读（据读的整体与部分分）、个体阅读与群体阅读（据参与人数分）；按阅读素质把阅读分为幼儿阅读、青少年阅读、成人阅读（据读者年龄层次分）；按阅读需要及文化程度把阅读划分为基础阅读、职业阅读、专家阅读。这样的分类全面细致，有利于分层次有针对性地开展阅读指导活动。在这里，我们不再给阅读做一些新的分类，而是对一些阅读现象特别是 21 世纪以来大学生中普遍存在的功利性阅读、数字阅读、浅阅读、经典阅读、共同阅读五种阅读类型做深入分析，以便读者对阅读有更深刻的认识。之所以选择这五种阅读类型做分析，是因为前三种常常成为人们批判的对象，而经典阅读日渐式微却又必须大力提倡，共同阅读正逐渐成为时尚。

一、功利性阅读及其特点

根据读者的阅读目的，采用二分法可以将阅读分为功利性阅读和非功利性阅读。功利性阅读主要指读者为了实现一些现实的外在目标而进行的阅读活动，阅读动机以实际功效或利益为准则。如为了求职、晋升、升学、考证、竞赛以及获得别人称赞、争取社会地位和名誉等而进行的阅读，大都属于功利性阅读的范畴。现实目的性、短期时效性是功利性阅读的两个主要特点。人总是生活在现实世界中，需要面对衣食住行、生老病死等诸多现实问题，这些问题的解决大都需要通过功利性阅读才能实现。当今社会需要应用型人才，大学生就业形势日益严峻，功利性阅读在大学生中大行其道也就不足为怪。有些人读书的目的就是考上研究生，谋求一份更好的工作，挣钱养活自己和家庭……诸如此类，生存压力让一些大学生将阅读的短期功效和利益摆在了第一位，忽略了非功利性阅读在提高修养、完善人格、净化心灵方面的作用。

然而，换个视角思考，大学生作为未来社会的精英，修身、齐家、治国平天下是他们必须具备的个体素质与社会担当，阅读作为大学生获取知识、提高技能、获得成功的重要手段，其功利性自然也应包容。翻开中国几千年的阅读历史，读书为考取功名的思想可谓根深蒂固，流传至今的名言"书中自有黄金屋，书中自有颜如玉，书中自有千钟粟，""学而优则仕"就是阅读功利性的真实写照。所谓存在的就是合理的，功利性阅读自然有其合理性与必然性，我们也大可不必看到"功利"二字就"捧杀"。需要提醒的是，大学生不能"唯功利"而读，错把功利性阅读当成阅读的全部，忘却了有益于人生观、价值观、世界观形成的非功利性阅读，这是万万不可取的。如果阅读沦为了解决现实外在问题的手段，那么阅读对我们来说则更多的是一种负担，读者也无法享受阅读本身带来的真正乐趣，久而久之，甚至会引起阅读厌恶问题。

因此，理想的状态是功利性阅读与非功利性阅读相互结合，让阅读既能解决现实问题，也能满足精神需求。让阅读从现实走向理想，从外在走向内在，从功利走向非功利，这是我们应该秉持的阅读态度。

二、数字阅读及其特点

1971 年，随着伊利诺伊大学学生迈克尔·哈特将《美国独立宣言》录入计算机，并将其以文本格式存储，世界上第一本免费电子书便诞生了。也是在同年，哈特发起了"古腾堡计划"，致力于将传统纸本书以电子档案格式存储于数据库中，供社会成员查询、下载和使用。此后，伴随着信息生产、传播和使用方式的变革，智能手机、平板电脑的更新换代，数字阅读日渐走入人们的视野，并成为主流的阅读形态。那么，什么是数字阅读呢？一般认为，数字阅读是相对于纸本阅读而言的，其分类标准是信息载体的不同。学界对于数字阅读的定义也有狭义和广义之分。狭义的数字阅读指阅读的数字化，即使用数字设备阅读以语言符号为主的数字文本内容。广义的数字阅读是以数字化形式获取或传递认知的过程，不论载体、场合、形式，可以是任何数字化终端（如网络、浏览器、电子阅读器、电子纸或音视频设备），可以是任何格式（各种文本、图像、音视频），可以通过任何技术手段（脱机的、联网的），可以是交互的、跨越时空的社会阅读，也可以是私密的个人阅读。为了避免定义内容的无限扩张，从图书馆信息资源建设与阅读推广的角度来看，数字阅读包含两层含义：一是阅读对象的数字化，即阅读内容以数字化方式呈现，如电子书、网络小说、电子地图、数码照片、博客网页等；二是阅读方式的数字化，即阅读载体、终端不是平面的纸张而是带屏幕显示的电子仪器，如Pad、MP3、MP4、电脑、手机、阅读器等。此定义在数字阅读的对象上既不像狭义数字阅读那样限制于以语言符号为主的文本，也不像广义数字阅读那样发散到包括音视频等立体、动态媒体，因而比较符合当下图书馆工作的实际。

与传统的纸本阅读相比，数字阅读具有以下特征。第一，阅读形态多元化。阅读形态多元化主要表现在阅读设备的多选择与阅读对象的多形态两个方面。读者可根据自己的阅读习惯和喜好自由选择如计算机、平板电脑、手机、电子书阅读器、MP3、PSP、MP4 等阅读设备中的任何一种进行阅读；也可选择各种格式、各种长度及各种体量的文本、声音、图像、动画等数字内容形态来阅读。第二，阅读模式多样化。读者可以根据自己的阅读偏好自主调整字体、字号、背景颜色、高度等；根据阅读环境或习惯选择在线浏览或离线阅读、翻页或滑动阅读、横屏或竖屏阅读、默读或听读、顺读或跳读，甚至通过检索内容来进行查询式阅读。此外，除主动获取感兴趣的内容外，还可接受阅读推送。第三，阅读内容交互融合。读者在线上阅读的认知过程中通过阅读社会化交互，如内容分享、转发、评议、回复等，实现互动参与和社会交往。在此过程中，用户既是数字内容的创建者也是读者；数字化内容之间相互引证、内外链接，读者可根据需要拓展阅读内容。此外，传统的以文本为主的平面静态阅读逐渐发展为文、图、声、像结合的动态、多维、立体式阅读；数字化阅读设备通过对阅读内容、阅读标记、用户评价、浏览痕迹等的记录和计算，向读者推荐其可能感兴趣的内容。第四，读者对象成群集聚。

在数字环境中，相同阅读兴趣的用户可以通过主动被推荐方式快速结识，从而将个人阅读行为变成公共阅读行为，用户可以在小团体内交流心得，分享体会，共同参与团体发起或组织的活动，并将线上交往延伸到现实生活，如豆瓣小组 QQ 群、微信群等。此外，数字化设备能通过记录读者个人或阅读内容的相关信息，对用户进行包括性别、年龄、职业、阅读兴趣、阅读习惯等在内的多维度分类、分组，并针对不同类别的用户群开展个性化服务。数字阅读一方面有着纸质阅读无可比拟的诸多优势，如使用便捷、检索快速、储存海量、价格低廉、跨平台交互以及参与内容创建等；另一方面，数字阅读在无形中消解了传统阅读的专注、思索与深刻，使人们在无意识中养成了喧嚣、浮躁的阅读心态。尽管数字阅读生态百相，然而人们也不必过分担忧其负面影响，毕竟阅读行为的发起者是具有主观能动性的人。

三、浅阅读及其特点

在数字环境下，人们的阅读行为、偏好和习惯悄然改变。美国剧作家理查德·福尔曼曾这样形容："鼠标一击，人人都联上那个巨大的信息网络，结果大伙都成了泛而薄的'面饼人'（Pancake People）。"的确，在网络时代，快餐化、碎片化、浅显化的阅读方式正逐渐成为主流。浅阅读现象曾一度成为社会关注的焦点。学界关于浅阅读的定义也有很多，如"浅阅读是指不需要思考的、图文的、跳跃式的阅读""浅阅读是一种浅层次的、以简单轻松甚至娱乐性为终极追求的阅读形式""浅阅读是指阅读不需要思考而采取跳跃式的阅读方式，所追求的是短暂的视觉快感和心理的愉悦"。这些定义大多是从阅读动作（跳跃式）、阅读感受（愉悦）等非本质属性来界定浅阅读概念，显然是不太科学的，甚至还有"浅阅读过程中不需要思考"的错误观点。

例如，一个经验丰富的人到书店或图书馆找书，只要浏览一下题名、目录、前言、后记、正文，便可判断该书是否值得购买或借阅，你能说此过程中没有思维活动吗？你又能说此种阅读是深阅读吗？看来，要想准确地给浅阅读下定义，首先得仔细推敲"深""浅"二字的含义。《现代汉语词典》标注"浅"具有以下语义。

①从上到下或从外到里的距离小：浅滩 / 水浅 / 屋子的进深浅。

②浅显：浅易 / 这些读物内容浅，容易懂。

③浅薄：功夫浅。

④（感情）不深厚：交情浅。

⑤（颜色）淡：浅红 / 浅绿。

⑥（时间）短：年代浅 / 相处的日子还浅。

再来看看"浅"的反义词"深"的相对语义。

①从上到下或从外到里的距离大：深耕 / 深山 / 这院子很深。

②深奥：由浅入深 / 这本书很深，初学的人不容易看懂。

③深刻、深入：影响很深 / 深谈。

④（感情）厚、（关系）密切：深厚情谊 / 两人的关系很深。

⑤（颜色）浓：深红 / 深绿 / 颜色太深。

⑥距离开始的时间很久：深秋 / 夜已经很深了。

从上述内容可以看出，汉语空间维度的“深”和“浅”是两个典型的多义形容词，语义是它们的基本义，即从上到下或从外到里的距离大小；语义是它们的非空间义在情感、颜色、时间上的用法；语义指思维产物（即阅读对象）的深奥程度；语义指思维参与的深入程度。显然，阅读作为大脑的一种智力活动，修饰“阅读”行为的“深”与“浅”，应该释义为语义。

据此，我们可以根据读者在阅读过程中思维参与的程度，把阅读分为浅阅读和深阅读。浅阅读是指在阅读过程中读者的思维参与较少、对于语言和符号的理解和掌握程度不高、仅停留在了解层面的阅读。思维参与程度少、阅读效果不佳是浅阅读的两个本质特征。如此，我们可以做出如下判断。

①浅阅读不是不思考的阅读，而是思考深度不够的阅读。

②快速阅读不等于浅阅读。因为快速并不一定影响阅读效果。所谓“目所一见，辄诵于口”，东汉学问家张衡就有这样的本领，不仅阅读快速，而且效果很好。

③功利性阅读不等于浅阅读。这是显而易见的。若想通过阅读实现功利的目的，很多情况下还非得做深阅读不可。

④传统阅读不一定是深阅读，网络阅读不一定是浅阅读。尽管浅阅读是近些年使用的一个新鲜概念，但浅阅读现象古已有之，只不过互联网的崛起与新媒体的出现促进了浅阅读现象的普遍化。浅阅读并非一个新生事物。

因此，浅阅读是相对于深阅读而言的，它们之间的界限并不明显，外人也很难从某人阅读的外在形式上对其加以区分，只有阅读主体自身才能真切地感觉到自己所做的阅读是“深阅读”还是“浅阅读”。我们提倡深阅读，但也需要浅阅读，在出版业、传播业高度发达的今天，尤其如此。

四、经典阅读及其特点

根据阅读内容的经典性，可以把阅读分为一般阅读和经典阅读。人们很难给“一般阅读”下定义，对“经典”却能如数家珍。如柏拉图的《理想国》、亚里士多德的《形而上学》、卢梭的《社会契约论》、马克思的《资本论》、亚当·斯密的《国富论》、孔子的《论语》、老子的《道德经》，这些都是经得起考验的、被时间证明了的、对人类文明有着重要影响的著作，可谓经典中的经典。因此，凡是以这样的经典著作作为阅读对象的阅读无疑是经典阅读。可是，现代意义上的“经典”被赋予了更广的含义。一般认为只要具备以下五个要素之一，便可称之为“好书”，并在一定程度上赋予其“经典”之意：一是核心价值不会随时间流逝而改变的作品；二是经久不衰的传世之作，后人尊敬它，称之为经典；三是具有典范性、权威性的著作；四是历史选择出来的“最有价值的书”；五是被主流文化所承认的著作。以上要素中的第二、三、四条无疑是国学经典、权威经典、历史经典的主要特征，这是传统意义上的经典。要素一和五则是广义上的经典，即“时代经典”。由于社会的核心价值观念是不断变化的，主流文化也被打上了鲜明的时代印记。因此，经典并不见得是永恒的。但只要某本书在人类历史长河的某个时空领域产生过重要影响，就值得我们去阅读，因此我们不要错过与它对话的机会。基于经典著作的以上五个要素，相应地，经典阅读具有以下几个特点。

一是超时空性。即读者在阅读经典时要有大的时空观，视野要宽广，要联系古代和现代，要对文本有新的阐释。

二是文化传承性。关于经典阅读的文化传承性，领悟深刻的莫过于公元前3世纪末的国王托勒密。为了提高古亚历山大图书馆藏书的利用率，托勒密想出了一个妙招：邀请当时许多国家的名流学者，如欧几里得、阿基米德等人，请他们住在亚历山大里亚，付给他们可观的费用，只要他们好好使用图书馆的财富就行。这一创举的直接结果就是新的书籍和注解不断诞生。加拿大享誉盛名的作家阿尔维托·曼古埃尔说：“现代的读者阅读过去的书，书在阅读的过程中就变成新的了；每一个读者都使某一本书获得了一定程度的不朽。”在这个意义上，阅读就是使书籍复生的仪式。我国学者朱自清在《经典常谈》中说：“经典训练的价值不在实用，而在文化。”现代学人也说：“人们拒绝阅读经典，无异于斩断历史传承，自绝文脉。”经典阅读的文化传承性由此可见一斑。

三是审美体悟性。经典阅读要求读者潜入经典著作中，可以“成为”大师本人，去关心属于他们那个时代的问题，给出自己对这个问题的见解和看法；也可以成为大师们的“对手”，去分析他们的观点是否有价值，去判定他们的认证是否严谨。所谓站在巨人的肩膀上进行科学研究，对经典文本的这种感悟—理解—建构的过程就是一个审美体悟的过程。

四是限制性。经典文本中的内容、形式存在着一定的规定性，其中的人、事、物、景具有相对稳定性。我们可以突破权威的理解，可以有自己独到的见解，但却不能离谱。我们常说，一千个读者眼中有一千个“哈姆雷特”，但一千个读者心目中的形象毕竟还是“哈姆雷特”，而不是其他什么人物。这也就是说，阅读离不开阅读对象的规范和制约，经典阅读更是如此。我们不能曲解大师，更不能误读经典，篡改经典。

尽管阅读经典，就是向大师学习，这个道理人人都懂，可做起来却不是那么容易。广西师范大学出版社于 2013 年 6 月通过对近 3000 名读者吐槽最多的读不下去的书进行统计分析后，发布了一个“死活读不下去排行榜”，位列榜单前 10 名的图书分别是:《红楼梦》《百年孤独》《三国演义》《追忆似水年华》《瓦尔登湖》《水浒传》《不能承受的生命之轻》《西游记》《钢铁是怎样炼成的》《尤利西斯》。从中可以看出，不仅中国古代四大文学名著位列其中，就是其余 6 本书也全都是世界名著。也许人们并不知道作者是谁，出自哪国，但作品名称却如雷贯耳。这些人尽皆知的经典之作，不仅历年来被列入各种推荐书目，很多还被节选入大中小学语文课本。然而，名著却并不受当下国人青睐。究其原因，除了名著因人名太长、厚如砖头、晦涩难懂等自身缺陷外，还与当下流行的“浅阅读”“快阅读”“碎片化阅读”不无关系。

电视、网络、智能手机的广覆盖与高普及培养了人们对大众娱乐文化的兴趣，无形中又强化了人们拈轻怕重、避重就轻的本能选择，而且还剥夺了人们的阅读时间。读图、读网之风盛行正是阅读“去经典化”的罪魁祸首。

基于此，有识之士纷纷倡导经典阅读。王余光呼吁“阅读，与经典同行”；徐雁将经典名著比喻为温补人类心神的“十全大补丸”；朱永新回首自己的阅读历程时发现，自己的阅读始终追随着伟大的灵魂；解玺璋建议读书人要多读经典，要有“通古今、达中外、能为世益者”的抱负。如此，大学教育在强调专业教育的同时，不要忽视人文教育，应该倡导经典阅读。

五、共同阅读及其特点

1998 年，美国西雅图公共图书馆举办了“假如西雅图民众共读一本书”活动，主办方希望通过阅读同一本书，给社区居民提供共同讨论的话题，使其交流思想，从而促进认识，融洽社区关系。活动吸引了社区公民的广泛参与，收效明显。此后，这种“一城一书”的阅读活动模式在美国图书馆协会公共计划部门的大力倡导下，迅速覆盖了美国 51 个州的 383 个社区，并发展到加拿大、英国、澳大利亚等国。该活动还催生了美国大学的“新生共同阅读计划”，该计划又称“新生暑期阅读计划”，即在每年新生正式入学前的暑期，学校给新生指定一本阅读书目，要求新生在暑期阅读并思考。新生入校后，学校将围绕这本书展开一系列的活动，如小组讨论、作者见面会等，以引导学生批判地思考问题，建立学习共同体。近年来，国内一些高校也相继开展了共同阅读活动。如中央民族大学外国语学院 2009—2012 年连续四年开展“同读一本书”活动，旨在倡导大学生养成多读书、会读书、读好书的良好习惯，为其提供了一个交流思想、互相学习的平台。湖南省高校图工委于 2013 年起，组织开展“一校一书”阅读活动，参加学校已从最初的本科院校扩展至独立学院与高职院校，并构建了协同阅读推广体系与评价激励机制。该活动倡导经典阅读与精细阅读，强调阅读的经世致用功能，受到了大学生的欢迎，逐渐发展成为一项区域性协同阅读推广活动。此外，亲子阅读作为共同阅读的另一种形式也日益受到家长的重视。

综观以上国内外开展的共同阅读活动，我们可以给“共同阅读”做如下定义。

根据在阅读一本书过程中参与人数的多少，可以把阅读分为个别阅读和共同阅读。共同阅读是指两个或两个以上的人在同一时间段内都读同一本书，并互相交流对该书的感受、困惑和心得，以期借助群体的智慧对该书有更深入的理解，同时也通过交流加深彼此之间的关系。

从该定义中不难看出，“共同阅读”具有以下四个特点。

一是阅读主体的群体性。群体是相对于个体而言的。两个或两个以上有着共同点的个体组成的整体，即可称为群体。大家同读一本书，通常是在学校教育的课堂上，以语文教材为读物，按照教学大纲的规定，在老师的指导下，有步骤、有计划、有目的地进行。毫无疑问时这是典型的共同阅读。当阅读离开课堂时，大都是以个人阅读的形式存在，遇到疑问时难免会有孤单无助之感。新媒体环境下，“新浪微博”“微信”“脸书”“推特”等社交网络的兴起，使人们可以便捷地分享阅读内容，给共同阅读从“熟人群”向“生人群”扩散创造了条件。

二是阅读客体的同一性。只有群体阅读同一本书，大家才会有共同的话题，才可以通过互相切磋来增加对知识的理解；个体才可以从与他人的阅读中获取灵感，才可以借助群体的力量培养良好的阅读习惯。

三是阅读时间的统一性。尽管处于共同阅读群中的个体在阅读同一本书时，阅读时间通常会有先后之分、耗时也会有长短之分，但整体上必须在同一时间段内，可以是同一天、同一月、同数月，却不太可能是同数年。因为人的记忆会随时间而遗忘，时间越长，遗忘越多，进而影响阅读交流的广度和深度。

四是阅读过程的交互性。共同阅读是集体智慧的碰撞，是团队精神的体现。俗话说，三个臭皮匠，抵个诸葛亮；又说，三人行，必有吾师。共同阅读就是要发挥“臭皮匠精神”，发挥不耻下问的精神，让个体学会在分享和合作中更充分地从阅读中汲取营养，从而更具智慧。换言之，只有两个以上的人在同一时间段内阅读同一本书，并围绕着这本书展开互动交流，才能称得上共同阅读，四者缺一不可。

第四节　不同人群的阅读行为特征

根据人的年龄成长阶段，结合公共图书馆与高校图书馆的服务对象，本节重点介绍少年儿童、青年大学生、职场成年人、赋闲老年人四类人群的阅读行为特征。

一、少年儿童的阅读行为特征

“少年儿童”实际上并不是一个很严谨的概念。联合国《儿童权利公约》规定：儿童是指 18 岁以下的任何人，除非对其适用的法律规定成年年龄低于 18 岁。在我国，关于儿童的称呼有多种，如少年儿童、青少年、未成年人等。由于独立自主的阅读必须以识字为前提，根据我国规定的儿童法定入学年龄，本节中的少年儿童特指 6 ～ 18 周岁的中小学生，儿童期是长身体、长知识的关键期。这一时期的阅读常常是在一定指导下进行的，它强调的往往是思想品德的教育、基础知识的学习和掌握、智力能力的培养与开发以及阅读技能的获得，因而，它常常是一种积累性、学习性阅读。少年儿童的阅读行为相应地呈现出以下几个特征。

（一）阅读兴趣随年龄而变化

阅读兴趣随年龄变化主要表现在两个方面。一方面，不同年龄阶段儿童的读书兴趣有其各自的特点，大致可以分为 6 个阶段。

第一阶段（4 ～ 6 岁）：绘画兴趣期。

第二阶段（6 ～ 8 岁）：传说兴趣期。

第三阶段（8 ～ 10 岁）：童话兴趣期。

第四阶段（10 ～ 15 岁）：故事兴趣期。

第五阶段（15 ～ 17 岁）：文学兴趣期。

第六阶段（17 ～ 24 岁）：思想兴趣期。

另一方面，少年儿童到了一定的年龄阶段，其阅读兴趣会显示出性别差异。研究表明，小学低年级学生阅读书目的类别尚无男女差别，从小学高年级起，逐渐显露出阅读兴趣的性别和分化趋势。美国一项对 3000 名 10 ～ 15 岁儿童阅读兴趣的调查结果显示：男孩比女孩更喜欢科学、发明、运动和冒险等方面的故事，女孩喜欢家庭生活故事、浪漫文学作品、学校活动故事、童话和动物故事。我国童话作家郑渊洁在自己的童话创作中也有意纳入青少年的性别意识，常常在人物、故事乃至封面设计等方面考虑男女小读者的不同趣味和爱好。此外，男孩的阅读意愿普遍比女孩低。英国国家素养基金会2005年调查了英国8000个5～18岁孩子的阅读习惯和偏好，结果显示出男孩不如女孩热爱阅读，并且男孩大多对阅读报以消极的态度。因此，在国外出现了很多专门针对男孩的阅读推广项目，如英超俱乐部的“阅读之星”项目，加拿大的“男孩与文学”项目等。男孩与女孩的这种阅读兴趣差异是由其生理发育差异所决定的。

（二）阅读注意具有不稳定性

读者对读物进行感知、记忆、思维时，都离不开注意的参加。高尔基说：“我扑在书籍上，好像饥饿的人扑在面包上一样。”普希金常用“忘记了世界”来形容自己读书时注意的程度。事实上，阅读效果的取得，在很大程度上依赖于读者的注意力。注意力集中是阅读成功的必要条件之一。阅读注意的稳定性是指注意力集中于读物上所持续的时间，如果持续时间长，就说注意的稳定性好；如果持续时间短，或者很容易发生注意转移，就说稳定性差或者具有不稳定性。一般来说，年龄越小，注意越不稳定。少年儿童活泼爱动，具有强烈的好奇心和求知欲，这既是他们读书学习的优点，又是引起他们注意力分散的一个重要原因。表现在阅读中，一是注意不能长时间专注于同读物，容易疲劳和受外界干扰；二是注意集中的强度不够，容易分心，引发无意注意。因而，少年儿童大多喜欢阅读浅显易懂的读物。

（三）阅读能力发展具有阶段性

阅读能力是指读者运用已有的知识经验，顺利而有效地完成阅读活动的能力。个体的阅读能力，是在一般能力发展的基础上，通过阅读实践而形成的多层次、多侧面的结构。从书面语言的理解层次分析，阅读能力包括字词认读能力、语言理解能力、语言吸收能力和语言自学技能四个方面。学校教育中的语文阅读教学显然符合这种从低级到高级、从基础到综合、从简单到复杂的阅读能力层级结构。从驾驭文献的角度思考，阅读能力包括文献选择能力、内容理解能力、知识运用能力与批判创新能力。少年儿童阅读能力发展的阶段性主要表现在文献选择能力的阶段性与阅读思维发展的阶段性两个方面。小学低年级学生，在阅读兴趣上没有选择性和分化性，在阅读材料的选择上也没有明确的指向性；由于识字量非常有限，读物基本以标注有汉语拼音的童话故事、图文并茂、浅显易懂的连环画为主。到了小学高年级，随着字词认读能力的提高，儿童初步具备选择读物的能力，并表现出一定的学科兴趣。升入中学后，阅读兴趣开始分化，选择读物的能力进一步加强，开始形成阅读偏好。

在阅读思维的发展上，小学阶段的儿童以直观形象思维为主，对事物的认知停留在感性认识阶段，阅读缺乏深刻性。中学生的抽象逻辑思维能力逐渐增强，喜欢动脑筋思考问题，阅读理解能力不断提高，开始有自己的见解，但阅读评判能力还较低，还分辨不出文献的好坏，容易受不良读物的影响。儿童阅读能力发展的阶段性特征与儿童受教育程度的阶段性以及生理发育的阶段性相匹配，进而决定了少年儿童阅读的阶梯性。

二、青年大学生的阅读行为特征

青年大学生是未来社会的精英，是高级知识分子，同时也是构建学习型社会的主力军。他们有着渴望阅读的心理、较高的阅读能力、充分的阅读时间，能够接触到最新的阅读媒介和方式，对社会文化环境和阅读氛围较敏感，他们的阅读行为具有以下特征。

（一）阅读量大

大学阶段的教育已不再像中学阶段那样主要依靠学校进行教学，依靠老师进行督促。大学学习相对开放，更多的是通过学生自主学习的方式获取知识，而自主学习的一个主要途径便是大量阅读各类书籍文献。国外的大学教育大多采用“阅读 + 讨论 + 报告”的教学模式，阅读是整个教学的基础环节，美国大学生平均每周的阅读量是 500 ～ 800 页。正因为阅读量是大学生的基本功，所以作为文献信息中心的大学图书馆成了大学的地标和象征，同时也是大学精神的重要守护者，与教师、实验室一起并称为高校的三大支柱。有学者用“读老师、读同学、读图书馆”来回答“上大学，读什么”的问题，可谓睿智。概言之，即为“读人”和“读书”。所谓“三人行，必有吾师”，每个人的经历都是一本书，从他人身上汲取精神力量，吸取经验教训，以激发自己的斗志，把握人生的方向。在高校颇为流行的“真人图书馆”活动便是这样一个读“人”平台。图书馆是书籍的藏身之所，其拥有的丰富纸本资源与各类电子数据库，在满足大学生学习和科研需求的同时，也能基本满足他们的其他阅读需求，因而成为大学生获取阅读资源的主要途径。有学子不无感慨地说：“大学读得好不好，关键是看你有没有经过图书馆的浸泡。”此话是富有哲理的，也得到越来越多的大学生的认同，并促使他们付诸实践。

（二）阅读方式多

随着大学生阅读量的增大，阅读方式也需要多样化。因为没有任何一种阅读方式是适用于一切阅读的，每种阅读方式都有其不可替代的作用。常用的阅读方式主要有朗读、默读、略读、精读、慢读、快读、连读、跳读等，与中小学经常使用的朗读方式相比，默读在大学生中的运用更广泛，阅读速度也明显快于有声阅读。对于专业的经典文献，大学生则需要逐字逐句、逐章逐段地进行精读、慢读；对于只需了解的书籍，适宜做翻阅浏览式的略读、快读。

此外，大学生对新媒体技术的接受程度更高，其阅读方式也由传统的图书、报刊等纸质媒介拓展到网络、手机等数字媒介，在给大学生带来即时互动等全新阅读体验的同时，也对大学生的阅读提出了更高的要求。首先，要求他们掌握阅读的基本技巧，即要善于根据不同的读物和不同的阅读目的去选择不同的阅读方式；其次，要求他们在阅读实践过程中，主动驾驭各种阅读方式，并根据自己阅读的主客观条件，将多样的阅读方式科学配伍，力争取得最佳的阅读效果。谁能辩证地运用各种阅读技术和方法，谁就能成为阅读的赢家。大学生作为未来社会的知识精英，既具有"精""深""古""奥""钻"的传统古典式读书法，又具有"轻""浅""泛"的信息时代的阅读特征。

（三）阅读目的性强

阅读是一种自觉的意志行为，这种自觉意志决定了阅读都有其目的，或为求知考试，或为审美娱乐，或为评价欣赏，所谓"志不立，天下无可成之事"，没有目的的阅读是不会产生比较好的效果的。青年大学生担负着修身齐家治国平天下的责任，他们的阅读具有明确的目的。第一，为完成学业而阅读。如围绕课堂教学阅读教辅资料，围绕各种比赛做研究性阅读，围绕考级、考证阅读各种考试用书，等等。第二，为修身养性而读。大学时期是大学生人生观、价值观、世界观形成的关键时期，各种文学类、综合类图书，形式活泼、时效性强的报纸杂志，融知识性、趣味性于一体的科技图书都是他们喜爱的读物，可以满足其人文素养提升的需求。第三，为关注社会而读。青年大学生在关注自身发展的同时，也把目光投向社会。为了适应社会需要，实现自身价值，他们的阅读也会融入时代潮流，紧跟社会热点、焦点问题，追求知识更新，具有新观点、新思想、新方法的图书备受其青睐。求新求异的创新心理成了青年大学生自主阅读的又一动机。

然而，任何事物都具有两面性。网络化的阅读环境、追求实用的阅读心理、关注时尚、喜欢轻松活泼的青年特征，无疑也在一定程度上造成了大学生阅读的功利化、消遣化与浅表化。

三、职场成年人的阅读行为特征

《中华人民共和国民法通则》规定，18 周岁以上的公民是成年人。我国的法定退休年龄根据工龄和性别略有不同，其上限为年满 60 周岁。据此，我们可以将职场成年人界定为在社会中从事一定职业、年龄在 18 ～ 60 周岁的公民，根据马斯洛的需要层次理论，人在衣、食、住、行和性等方面的生理需要是最基本的需要。家庭成员的这种基本生存需要总是由已经走入社会的成年人来提供，因而，绝大部分成年人都处在职场中，承受着来自家庭和社会的较大压力，谋生是他们的第一要务，属于较高层次的个体阅读需要往往被忽视，且呈现出不一样的特点。

（一）阅读时间少

职场成年人是社会建设和家庭建设的中坚力量。一方面，在“时间就是金钱”的工业社会里，面对激烈的职场竞争，成年人需要马不停蹄地努力工作。另一方面，在家庭生活中，购房压力、医疗压力、子女教育压力都叠加在成年人的肩上，迫使他们更加重视经济利益。较重的生存压力直接影响了人们的阅读时间。

根据统计，职场成年人一天 24 小时的时间是按工作时间、生理需要时间和闲暇时间三种形态分配的。其中工作时间属硬性时间，生理需要时间亦不能随便支配，而闲暇时间既可满足各种需要，又可自由支配。资料表明，家务劳动时间、上下班往返时间、意外占用时间（如来客、生病等）几乎占去闲暇时间的 2/3，所剩自由时间还不能全部用于阅读，加上智化劳动程度不高，工作时间相对较长，传统的慢节奏习惯难改，多种因素使得我国的职场成年人阅读时间的数量和质量都赶不上发达国家。2011—2015 年连续五次全国国民阅读状况调查显示：18 ～ 70 周岁的成年国民认为自己的阅读数量很少或比较少的依次为 50.7%、53.1%、52.8%、44.1%、45.0%；对个人总体阅读情况表示满意（包括非常满意或比较满意）的比率依次为 21.2%、19.1%、21%、25.8%、20.8%。调查结果同时显示：超过七成的成年国民认为当今社会阅读对于个人的生存和发展来说“非常重要”或“比较重要”，认为阅读不重要的仅在 5% 左右。这就说明绝大部分成年国民已认识到阅读的重要性，却又只有少数成年国民对自己的阅读情况表示满意，“工作忙，没时间”是造成此种反差的最主要原因。

（二）深度阅读被忽视

职场成年人在有限的自由时间内，即使阅读，也大都只有两个目的。

一是为了考证而阅读。我国从 1995 年开始推行国家职业资格证书制度，各种职业资格证书如教师证、医师证、律师证、会计证、技师证等成了劳动者求职、任职、开业的资格凭证，也是用人单位招聘、录用劳动者的主要依据。成年人要想谋求一份高收入的体面工作，首先就必须在各种证书考试中过五关斩六将，各种考试用书成了成年人阅读的主要对象。据统计，当代中国社会48.7%的识字人口中，大多数人是考什么、读什么，怎么考、怎么读。阅读成了追求眼前利益的活动。

二是为消遣娱乐而读。据国际电信联盟报告，全球互联网人数2018年已达40亿，中国网民达8.29亿，是全球网民人数最多的国家。网民每天平均上网时间约为6小时，浏览新闻、查询信息、聊天交友、观看视频、在线听歌是网民上网的主要活动类型。仅有19.5%的网民将“阅读网络书籍、报刊”作为主要网上活动之一，那种需要细嚼慢咽的深度阅读正日益淡出职场成年人的视野。

四、赋闲老年人的阅读行为特征

1996年《中华人民共和国老年人权益保障法》规定：“老年人是指60周岁以上的公民。”我国现行的法定退休年龄上限为年满60周岁。因此，60周岁以上的老年人基本已退出职场，赋闲在家，且子女已成人，他们无须再背负来自社会和家庭的双重压力，属于自己的自由时间大量增加，他们逐渐回归书本，阅读成了丰富老年人精神生活的一种重要手段。他们的阅读行为呈现出以下特征。

（一）休闲消遣是老年人从事阅读的第一大目的

国外研究资料表明：阅读是老年人最常被提起的休闲活动，他们平均每天的阅读时间超过2小时，阅读的主要目的是消遣和获得信息。国内学者对老年人的阅读行为进行了研究分类：边振玉将其分为消遣型、养生型和写作型；牛丽将其分为消遣型、学习型和应用型；姚海燕则将其划分为学习消费型、学习进取型和参与奉献型；冯长美将农村老年读者划分为娱乐休闲型、农时型、实用型和学习研究型。尽管以上划分类型不同，然而消遣型却是老年人阅读的主要类型。肖雪对城乡老年人的阅读状况进行了调查。结果显示：休闲消遣是城乡老年人共同的阅读目的，排在第一位，其次是增加知识，工作或农业需要排在第三位。

事实上，随着职场的退出，一些老年人大量的闲暇时间不知如何打发，且寂寞和孤独成了部分老年人的共同感受，具有娱乐休闲功能的消遣性阅读自然受到了老年人的青睐。

（二）传统媒体是老年人获取知识的主要渠道

当前，随着我国信息化程度的不断提高，电信、电视、互联网三网融合的快速推进以及智能手机价格的平民化，网络已走进寻常百姓家，通过手机终端上网已十分便利。尽管我国网民已突破 8 亿，是世界上网民最多的国家，然而，在网络这一新兴媒体的运用上，老年群体总的使用率和接受度都比较低，属于数字低端群体。报刊、电视、书籍等传统媒体是老年人获取知识的主要渠道，电视的影响力尤其突出。《北京市数字鸿沟研究报告》显示，电视是老年人获取信息的主要渠道，老年人对电视的依赖性高达 91.9%，55 岁以上的老年人平均每天花在看电视上的时间长达230分钟; 在互联网的使用上，老年群体的2.7%与白领的 63.8%、大学生的 69.2%相比，数值微乎其微。对北京市老年人与竹山县老年人的阅读状况进行调查时也发现，城乡老年人通过电视获取知识的比率分别为 79.5%与 83%。这些数据都表明，老年人获取知识过多依赖于声像媒体，呈现出无指向性、单一性和被动性的特点。

（三）老年人阅读具有固定的阅读习惯

在长期的阅读实践中，老年人已经形成了比较固定的阅读习惯。这种固定性主要表现在四个方面。一是阅读载体形式的固定。老年群体普遍习惯于传统的阅读媒介，纸质的书籍、报纸和杂志是他们的主要读物，对新兴的网络阅读、电子阅读等数字阅读形式接触不多。二是阅读内容固定。老年人阅读倾向于自己熟悉的内容，时事政治、健康娱乐、实用技术是老年人普遍关注的阅读主题。三是阅读频率和时间固定。老年人会根据自己对阅读的热爱程度，选择经常阅读、偶尔阅读或不阅读等固定的频次，并在固定的时间段内阅读，且每次阅读持续时长大体相同。四是阅读场所固定。传统的居家养老方式延续至今，家也自然地成了绝大多数老年人阅读的主要场所。此外，社区图书馆与农家书屋也是老年人常去的阅读场所。

第三章 阅读推广理论概说

阅读推广作为人类特有的社会活动与行为，属于社会科学的学科范畴，是由阅读学与推广学的领域交叉而成的边缘性新兴学科。从其推广的目的性而言，则属于非营利性的“服务型推广”与“教育型推广”相融的理论范畴。

从其推广的内容与对象而言，包括语言、文字、符号、图像等所负载的知识、技术、情报、信息、数据以及人类所有文化艺术的总和。本章将论述阅读推广的基本概念、阅读推广的目的与功能、阅读推广的类型与特点以及阅读推广的现代理念。

第一节 推广的概念及内涵

随着近现代工业和科学技术的发展，农业也逐渐走上了现代化的道路，农业推广成为一种社会制度。推广科学也应运而生。

一、推广的含义

推广首先产生于农业领域，技术是推广的首要内容。直到现在，一说起推广，人们首先想到的是农业推广或技术推广，学界关于推广学的研究和成果主要集中在农业领域，对推广的定义、术语和应用也众说纷纭。

尽管推广活动早在原始农业阶段就有了，然而“推广”一词的使用最早起源于1866年的英格兰。当时的剑桥大学和牛津大学首先采用“大学推广”系统。“推广教育”一词是剑桥大学于1873年首先使用的，用来描述当时大学面向社会，到校外进行农业教育活动的教育创新。后来，“农业推广”一词在美国得到广泛使用。范登班指出：在英国、德国和斯堪的纳维亚地区，“推广”即“咨询”，注重解决特定的具体问题；在美国的传统中，“推广”即“教育”，强调教给人民用扩延信息的方法解决问题；荷兰使用“Voorlichting”这个术语，意思是在人们前面保持着亮光以使他或她能够找到道路；法国使用“Vulgarisation”这个术语，表示推广是一个简化信息的问题，以使“大众”或普通人能够明白。

二、推广的内涵特征

推广的内涵受时间、地点的制约，随着社会经济、科技的历史发展而演进。尽管上述对推广含义的理解各不相同，然而我们还是可以从中解读出“推广”具有的几种共同属性：干预性、沟通性、自愿性、公益性、机构部署性。

（一）干预性

推广是一种干预。几乎所有的推广定义都强调推广是经预先考虑的、有计划的、循序渐进的、系统设计的、有目标指导的目的性活动。制定目标、设计、检验策略、资源配置、执行和评价是推广干预性的具体表现。“干预”在《现代汉语词典》中的释义是“过问（别人的事）”，推广的干预性往往超越“过问”的层级，充当“推广员”角色的人常常直接参与目标群体的行为变革过程，因为推广员本身就是一种以执行干预为目的的职业。事实上，医生、教师、推销员以及其他专业工作者在平常的工作中都部分地扮演着“干预者”的角色。正是由于这个原因，国外的许多大学生都以“农村推广”作为选修课，即使他们根本不打算成为专职的推广人员，他们也觉得通过沟通进行干预的原则，是许多工作所要求的职业技巧之一。

（二）沟通性

推广以沟通作为其引导变革的手段。沟通贯穿于推广的全过程，是推广培训和信息传播的基础，是推广工作中的一项重要的、必不可少的活动。早期的推广工作被看成是一种简单的干预手段，忽视了沟通在推广中的重要作用，认为推广就像投掷标枪一样，把知识和动力投向目标用户便大功告成。

后来，人们发现这种把目标用户当成“靶子”的推广工作，收效甚微。即使目标群体相信自己会从行为变革中获益，可仍然会因为缺乏变革的资源和条件而没有引发自愿行为的改变。沟通的重要性由此得到认可。沟通需要相互理解，推广的效果取决于干预团体与目标群体之间互相理解的程度。在推广之前，若能了解受众的期望，倾听他们的意见并加以理解，与他们一起对新的建议进行预试，并注意使用他们已有的知识，让变革行为者（推广员）与目标用户共同解决问题，推广的效果会好很多。

（三）自愿性

推广只有通过自愿变革才能产生效力。尽管推广的影响力来自策略地运用沟通这一手段，然而在引起人们行为自愿变革方面，这种影响力还是相当有限的，除非有其他途径以权力迫使人们依从。可是我们不能利用推广来强迫人们去做违背自身意愿的事情，推广的逻辑也要求变革行为者必须寻求引导目标用户自愿变革的手段和方式。自愿的行为不能由命令或指令产生，它需要利用说服、传递信息和其他沟通形式来引导目标客户在知识、认识动机、理解或反馈上的改变，让他们相信行为改变是为了他们自身的利益。霍加特曾提出自愿行为改变的三个条件：一是必须知道怎样做，二是必须想要做，三是必须有能力做。显然，推广对知识（知道怎样做）和动机（想要做）的影响比对能力的影响要大得多。因为人的能力的养成是一个复杂而长期的过程。正因为如此，现实的推广工作常常在改变人的知识和动机方面着力，在改变能力方面望而却步，从而造成推而不广的情况发生。若背离自愿性原则强制推广，即使是好心，往往也会办成坏事。

（四）公益性

用户都是理性经济人。如果推广纯粹只是为了推广者的个人利益，那么推广行为必然会受到用户的抵制，更不用说会有什么好的推广效果了。因此，无论是农业领域的技术推广、商业领域的产品推广还是服务业的服务推广都在一定程度上具有利他性，而且这种利他性成分越高，推广工作越容易开展，效果也越好。对目标用户来说，具有收益外溢的项目必须采用补偿机制才能得到有效推广。如此，在很多国家和地区，推广常常被用来作为一种政策工具。如在保护自然资源、预防公害、保证对于环境资源的适度使用、解放思想、主持公道、防止破坏公物的行为、能源保护、保证更好地使用娱乐设施、保证坚持公共利益的政策、交通安全等方面，推广的目的更加强调公共和集体的利益，而不是某些私人利益，因而具有显著的公益性。

（五）机构部署性

推广需要资金，它是一项职业活动。不管是专职的推广还是兼职的推广都需要经费。我们需要保持推广工作的连续性，但其经费开销非个人所能承担。因此，推广工作通常是由某些机构组织开展的，这些机构可以是政府机构、志愿机构、商业公司和会员协会等。例如，在许多国家特别是发展中国家，农业推广服务机构是国家行政机构的组成部分，推广工作经费和人员大都由政府行政体系安排，常常采用技术、政策、物资三结合的运行机制开展工作；大专院校与科研院所等教育科研机构开展的推广工作，其资金来自教育经费或科研项目经费，通常采用科研、教学、推广三结合的运行机制，以助力科技成果的转化，即使是在当下的大学教育中，仍然强调生产、教学、科研相结合，面向市场培养人才的理念；企业或公司设置的推广机构以增加企业的经济利益为工作目标，以产品消费者为服务对象，由企业划拨推广经费，一般采用企业、基地、用户三结合的运行机制，以调动企业和用户的生产积极性，达到双赢的效果；会员协会合作形成的自助推广机构以会员为推广对象，以经营、咨询、推广相结合的方式开展资源传递服务。由此，推广的机构部署性便不言而喻。

根据推广的以上属性，我们可以给推广做出如下定义。推广是一种由机构部署的职业性的有组织的沟通干预活动，以引导具有变革行为者（推广者）所认为的公共或集体效用的自愿行为的改变。

第二节　阅读推广的基本概念

一、阅读推广的定义

“阅读推广”一词译自英文“Reading Promotion”，“Promotion”除可译为“推广”外，还有“促进、提升”的意思，所以也有人将“Reading Promotor”翻译为“阅读促进者”。

自联合国教科文组织于1995年确定每年的4月23日为“世界图书与版权日”以来，“ Reading Promotion”一词频频出现在联合国教科文组织、美国国会图书馆、国际图书馆协会联合会、美国国家艺术基金会的“大阅读”项目等倡导全民阅读的组织、机构的网站和工作报告中。1997年后，“阅读推广”逐渐成为国内图书馆界、出版界的一个常用词和高频词。然而，无论是国内还是国外，关于阅读推广，都没有特别明确的定义。如国内学者李超平的专著《公共图书馆宣传推广与阅读促进》中没有定义，教育部的《阅读推广手册》中也没有阐释。究其原因，也许是因为阅读推广的字面意思很简单清楚，就是对阅读进行推广或促进，因而无须再做具体的定义。可是往往越简单的东西越复杂。近年来，学界开始关注阅读推广的定义，并试图给出周全的答案。如张怀涛综合各家观点，给阅读推广做出定义：“‘阅读推广’顾名思义就是推广阅读。简言之就是社会组织或个人为促进人们阅读而开展的相关活动，也就是将有益于个人和社会的阅读活动推而广之；详言之就是社会组织和个人，为促进阅读这一人类独有的活动，采用相应的途径和方式，扩展阅读的作用范围，增强阅读的影响力度，使人们更有意愿、更有条件参与阅读的文化活动和事业。”

王波从国家战略的高度给“阅读推广”做了一个国际化的定义：“阅读推广，就是为了推动人人阅读，以提高人类文化素质、提升各民族软实力、加快各国富强和民族振兴的进程和战略目标，而由各国的机构和个人开展的旨在培养民众的阅读兴趣、阅读习惯，提高民众的阅读质量、阅读能力、阅读效果的活动。”

以上两个具有代表性的相对全面的“阅读推广”定义，其共通之处在于两者都认为“阅读推广”是一种关于阅读的文化活动，并且可以做反向理解，即“推广阅读”。

既然“阅读推广”可以理解成“推广阅读”，那么，“阅读”就成了推广的内容，它就与技术推广、产品推广、成果推广、经验推广一样，都属于推广学的范畴。于是，我们就可以从推广学的视角给阅读推广下定义。

根据“推广”的定义“推广是一种由机构部署的职业性的有组织的沟通干预活动，以引导具有变革行为者（推广者）所认为的公共或集体效用的自愿行为的改变”，我们认为，阅读推广是一种由机构部署的职业性的有组织的文化型沟通干预活动，以引导具有变革行为者所认为的阅读效用的自愿行为的改变。“文化性”是阅读推广区别于技术推广、产品推广等商务型推广的标志属性。这个全新的定义，乍一看，似乎有点有悖常识，其悖论点聚焦于“机构部署”与“职业性”两个关键词。我们必须回答这样两个具体而常见的问题。

①如果阅读推广是一种由机构部署的活动，那么“个人将自己阅读过的好书向他人推荐，并鼓励其阅读”算不算阅读推广？

②如果阅读推广是一种职业性的行为，那么“医生向抑郁症患者推荐其阅读《生命的重建》（露易丝·海著）、《人性的优点》（卡耐基著）、《生之礼赞》（朗费罗著）等书籍以辅助治疗抑郁症”算不算阅读推广？

下面，就让我们来仔细分析。

第一个问题：个人向他人推荐好书，毫无疑问是一种阅读推广行为，但却是一种零星的、散落的、偶发的阅读推广行为，其推广力度几乎可以忽略不计，特别是在“阅读”尚需推广的国家和社会。也许有人会说，星星之火，可以燎原！可是，点点星火必须在同一时间段内同时点燃才有可能酿成燎原之势；即使是“明星”也必须聚集“粉丝”的力量才有可能发生明星效应。因此，只有当许多个体聚在一起组成团体，并建立组织机构时，团体推广阅读的行为才有力度可言，才可以上升到“推广学”的概念范畴。

第二个问题：医生的职责是治病救人，当其用推荐阅读的方式辅助治疗疾病时，其行为具有职业性，但却属于医生职业的范畴，而不属于推广职业的范畴，其推荐阅读的目的是治病而不是推广阅读。只有当医院承担阅读推广的责任和义务（如美国医疗领域实施的“触手可读”项目）时，医生推荐阅读的行为才有可能是出于培养阅读兴趣和习惯、提高阅读质量和能力的目的，才属于推广职业的范畴。

据此，我们可以认为，个体无意识的偶发的零星的非职业性的推广阅读的行为，其力度还够不上推广学的概念范畴；如果从国家战略的高度看，阅读推广一定具有机构部署性，因为只有机构部署，阅读推广经费才有保障，阅读推广行为才能持续，阅读推广活动才有规模，才有可能谈及阅读推广效益。如此，从推广学角度给阅读推广下的定义便具有了合理性。

二、阅读推广的特征

根据推广学视角的“阅读推广”定义，阅读推广除了具有干预性、沟通性、自愿性、公益性、机构部署性等“推广”属性外，还具有推广主体的多元性、推广客体的丰富性、推广对象的明确性、推广服务的活动性、推广效果的滞后性等特有属性。

（一）阅读推广主体的多元性

阅读的重要性决定了阅读推广的重要性，阅读推广的重要性决定了阅读推广主体的多元性。阅读推广主体是特定阅读推广项目的策划者、组织者、实施者和管理者。凡是涉及提高国民素质的机构、企业、团体都有开展阅读推广活动的责任。近年来，从国际组织到各国政府、图书馆界、出版界、非营利机构、教育机构、医疗机构、大众传媒机构等均推出了相应的阅读推广项目，因而都是阅读推广主体。其中阅读推广的国际组织主要有联合国教科文组织、国际图书馆联合会、国际阅读协会、国际儿童读物联盟等；阅读推广的非营利机构包括基金会（如韬奋基金会）、志愿团体（如网络公益小书房）、民间组织（如万木草堂读书会）、行业协会（如中国图书馆学会）等。不同阅读推广主体对个体阅读引导的效果也会不同。当前全民阅读推广工作的长期性、艰巨性决定了多元阅读推广主体之间长期共存、合作共赢的关系格局。

（二）阅读推广客体的丰富性

阅读推广客体指阅读推广的内容，主要包括阅读读物、阅读能力和阅读兴趣三个部分。图书、报纸、期刊等文献资源是阅读推广的基础。从全球范围看，阅读推广的读物不只限于纸质资源等传统出版物，电影、音乐、游戏、网页等都属于推广的范畴。提升阅读能力是阅读推广的主要目标，可通过识字能力、内容理解能力、阐释能力、批判分析能力和创新能力等多个方面体现，较容易通过量化的指标和方式进行评估和测试。阅读兴趣则是一种持久的阅读意愿和欲望，增强阅读意愿是阅读推广较难达到的目标。阅读读物的海量性、阅读能力的参差性、阅读兴趣的内隐性成就了阅读推广客体的丰富性。

（三）阅读推广对象的明确性

阅读推广对象是指阅读推广项目的目标群体。在阅读中，人是主体；而在阅读推广中，全体国民是社会阅读推广的对象。从微观个体的阅读推广项目看，都有一个共同的特点，那就是目标群体明确。比如，在英国“阅读之星”项目面向的是不爱阅读却喜欢足球的 5 ～ 6 年级小学生和 7 ～ 8 年级初中生，“夏季阅读挑战”项目鼓励 4 ～ 12 岁的儿童在暑假期间到图书馆阅读 6 本书，而其“阅读六本图书”项目则主要针对不爱读书或者阅读方面不自信的成年人，“信箱俱乐部”面向 7 ～ 13 岁的家庭寄养儿童邮寄装有书籍、数学游戏以及其他一些学习材料的包裹，“Book Up”项目面向所有 7 年级学生发放免费图书；美国的“触手可读”项目面向 6 个月至 5 岁的儿童进行阅读推广，“力量午餐”项目通过志愿者利用午餐时间到附近的小学给来自低收入家庭的小学生进行一个小时的志愿阅读；挪威推出了面向 13 ～ 16 岁孩子的 AksjontXt 项目、面向 16 ～ 19 岁高中生的阅读推广项目以及面向运动员的“运动和阅读”项目；新加坡的“读吧，新加坡”每年都有明确的推广对象，如出租车、美容师等。总体来看，各国都十分注重以未成年人为对象的阅读推广。此外，低收入人群、进城务工人员、老年人、残疾人等弱势群体也是重点关注的阅读推广对象。

（四）阅读推广服务的活动性

阅读推广是一种关于阅读的文化活动。阅读推广服务通常是以活动的形式提供的。每一个阅读推广项目都离不开阅读活动的开展，且项目规模越大，活动就越丰富多彩。例如，2012 年澳大利亚国家阅读年项目邀请了 43 位宣传大使，与 20 多家企业合作，开展了 4000 多项活动，其分布在从首都到中部山区的广大区域，面向各种不同年龄段的群体，这些活动包括“我们的故事”“我们到了吗”“什么时候开始读都不晚”“读这本”“描写工作中的人”“保存土著文化”“加入图书馆”“读书时间”等；美国的“一城一书”阅读推广项目以一本书作为活动的基点，发展相关活动，如读书讨论会、学术研讨会、作者访谈、作者见面会、作品展览、电影放映、演讲、游览、作者演唱会等，以贴近生活的形式，促进人们之间的交流。我国的全民阅读活动的形式更多样，如“源远流长的中华典籍”大型广场活动、“书香中国”电视特别节目、图书馆阅读服务宣传周、高校图书馆的读书月，以及图书银行、送书活动、读书知识竞赛、微书评、读图、真人图书馆等常用阅读推广形式。因此，与图书外借阅览等传统服务相比，阅读推广是一种活动化的服务，而且是一种受益读者相对较少、服务成本相对较高的活动化服务。

（五）阅读推广效果的滞后性

阅读推广效果是指开展阅读推广产生的影响和结果。阅读推广主体开展阅读推广活动，不能只满足于完成计划，阅读推广的质量如何更为重要。阅读推广的效果通过阅读推广对象的变化体现出来，这些变化主要表现在个体的知觉、态度、行为、习惯等方面。张怀涛认为：阅读推广的知觉效果是指通过阅读推广是否使人们对“阅读”有了初步认知和感觉，是否增加了有关“阅读”的知识量，这是一种浅层效果；阅读推广的态度效果是指阅读推广是否激发了人们对于“阅读”的热情，是否使人们产生了热爱阅读的主动态度，这是一种中层效果；阅读推广的行为效果是指阅读推广是否使人们在行动上有所实施，人们是否能够理性地将一定精力和时间投入到阅读之中，使自己的阅读能力和文化素养不断提高，这属于深层效果；阅读推广的习惯效果是指阅读推广是否让人们养成了良好的阅读习惯，使阅读生活化、常态化，这属于最佳效果。由于个体的知觉、态度、行为变化的渐进性与内隐性，以及习惯养成的长期性，使得阅读推广效果具有了滞后性，且难以观测和量化。

第三节　阅读推广的目的与功能

一、阅读推广的目的

阅读推广目的是指开展阅读推广所期冀的各种教育作用和社会价值。事物的作用和价值实际上是人们对这种事物的情感赋予，因而凡是“目的”都具有引导性和主观性。阅读推广目的也不例外，它会因阅读推广主体的不同而不同。比如，联合国教科文组织、国际图书馆联合会、国际阅读协会、国际儿童读物联盟等国际组织开展阅读推广的目的是提高全人类的文化素质与阅读水平；国家和政府倡导阅读推广的目的是提升国家的文化软实力，加快国家富强和民族振兴的进程，很多国家甚至将阅读推广作为国家战略和国家工程来开展；出版机构和书店开展阅读推广的主要目的是提高图书的销售量；图书馆开展阅读推广活动的目的则是提高馆藏资源的利用率。

由此可见，不同的阅读推广主体因其社会职能、专门对象、资源拥有情况的不同，其阅读推广目的也会有微观和宏观之分。出版机构、书店、图书馆开展阅读推广的目的属于微观目的，也是直接目的，国际组织、国家政府开展阅读推广的目的则属于宏观目的。对于具体的阅读推广项目来说，宏观目的只能作为间接目的和长远目的，它需要通过一系列的直接目的才能实现。

无论是宏观目的还是微观目的，都有培养读者阅读兴趣与阅读习惯，提高读者阅读质量、阅读能力、阅读效果的作用。

从推广学的视角看，推广的最终目的是引导人们的行为自愿变革，因此，阅读推广的最终目的是要引导人们的阅读行为自愿变革。对于“引导人们阅读行为自愿变革”的理解，可以用范并思简洁而富有感染力的表述来阐释：“通过阅读提升公民素养，使不爱阅读的人爱上阅读；使不会阅读的人学会阅读；使阅读有困难的人跨越阅读的障碍。”这是开展阅读推广的终极目标。

从阅读与推广的双重视角观察，其目的在于：传播科学知识，培育人文精神；指导阅读路径，掌握阅读方法；激发兴趣，培养习惯，发展阅读能力；扩大阅读交往，加强社会协作；等等。

二、阅读推广的功能

功能，即功用和效能。阅读推广的功能来源于阅读的功能。人类阅读带来的积极影响涵盖政治、经济、文化、社会等各个方面。对个体而言，阅读的基础功能是增进知识、提升智慧、愉悦身心、修养品行、成就事业，即古人所说的致知、诚意、正心、修身。人作为社会的成员，个体的进步最终必然促进社会整体的发展，其表现出来的功用和效能就是传承文化、教化民众、促进创新、助力生产。阅读推广作为机构部署的一种推广阅读的文化活动，其功能也主要表现在传承文化、教化民众、促进创新、助力生产四个方面。

（一）传承文化

阅读是传承文化的重要手段。书籍是人类文化的主要承载物，无论其保存在个体还是群体手中，如果没有阅读，书就会成为“死”书，文化也不会自动传承。正如阿尔贝托·曼古埃尔在其著作《夜晚的书斋》中所言：“保存在图书馆里的各种各样的图书，无论稀有或者普通，古书或者新书，它们的性质和品质都没有它们的在场和流通重要。现代的读者阅读过去的书，书在阅读的过程中就变成了新的；每一个读者都使某一本书获得了一定程度的不朽。在这个意义上，阅读就是使书籍复生的仪式。”

对于曼古埃尔的观点，领悟最早也最为深刻的恐怕要数古代国王托勒密了。他不仅建立了当时世界上藏书量最大的古亚历山大图书馆，而且为了提高藏书的利用率，托勒密还想出了一个妙招：邀请当时许多国家的名流学者（如欧几里得、阿基米德等人），请他们住在亚历山大里亚，付给他们可观的费用，只要他们好好使用图书馆的藏书就行。这一创举的直接结果就是新的图书和注解不断诞生，古亚历山大图书馆因此而成为全世界智慧和学问的储藏室，引领风骚长达700年。无独有偶，20世纪二三十年代，曾任江苏省立国学图书馆馆长的柳诒徵先生开创了"住馆读书"制度。在他主持制定的图书馆章程中，列有住馆读书规程：凡有志研究国学之士，经学术家之介绍，视本馆空屋容额，由馆长主任认可者，得住馆读书。因此，阅读之传承文化的功能也就顺其自然地植入到了阅读推广中。

（二）教化民众

书是用来读的。从古至今，图书的最大功能莫过于它的教化功能了，而这种教化功能却只有通过读者的阅读才能实现。古代先哲、伟大的科学家和教育家亚里士多德曾经希望无论是官府藏书还是私家藏书，都能用于教学并对其弟子们开放。我国近代思想家、改革家、教育家梁启超先生在图书馆这一新生事物还未传入中国之时，就与康有为等维新派人士于1895年在北京成立了强学会，其目的是"群中外之图书器艺，群南北之通仁志士，讲习其间，推行于直省"，并建立了新型的图书机构——强学会书藏，采取对广大民众开放之姿态，以普及新学、启迪民智为己任。但由于当时的国民还不懂得利用图书馆，强学会成员便四处求人来看书。《梁任公先生年谱长编》中记载：强学会书藏成立后，"备置图书仪器，邀人来观，冀输入世界之智识于我国民。该书藏中有一世界地图，会中同人视如拱璧，日出求人来观。偶得一人来观，即欣喜无量"。这种传输知识、开发民智的热忱，令人感动。强学会诸公之行为，与今日之阅读推广无异，阅读推广之教化民众的功能由此可见一斑。

（三）促进创新

创新是推动人类进步和社会发展的不竭动力，阅读则是创新的摇篮。所谓"站在巨人的肩膀上前进"，指的就是人类的创新需要基础，这个基础就是前人的知识和智慧；只有先继承前人成果，并在此基础上发展和提高，创新才可能实现；那种无源之水、无本之木、凭空捏造的创新是不存在的。此外，创新成果的推广也离不开阅读。"任何一种思想、理论、方法、技术、发现、创造等，问世后若被禁闭于其发明人、发明地，那么，它的作用几乎可以忽略不计。

只有记录于载体，推广于社会，其价值才能得以实现。”正如有识之士所言：“阅读习惯和阅读能力的欠缺将极大地损害人们的想象力和创造力，而想象力和创造力是一个国家一个民族永葆活力的源泉。有个严峻的事实我们不得不面对：当代世界的知识创新、科技创新、文化创新乃至生活方式创新的源头大多不在中国，我们更多的是扮演了一个学习者和追赶者的角色。在此背景下，全民阅读的重要性怎么强调都不过分。”（张贺：《涵养一个书香中国》，载《人民日报》，2009 年 4 月 22 日）按此逻辑，在“大众创业，万众创新”的时代背景下，阅读推广之促进创新的功能也就不言自明了。

（四）助力生产

知识经济时代，科学技术是第一生产力，而且是先进生产力的集中体现和主要标志。科学的本质是创新，创新的关键在人才，人才的成长靠教育，而教育离不开阅读。因此，阅读对生产的促进作用主要体现在通过阅读文献来获取先进的技术、提高劳动者的素质上。曾任国家新闻出版总署署长的柳斌杰先生指出：“只有通过广泛的阅读，才能在继承前人经验和了解最新科学技术资料的基础上有所创造、有所前进。只有站在巨人的肩膀上，才能够以更加高远的立意，找到改革和创新的途径，掌握改革和创新的能力或技术，解放和发展生产力。发展经济的关键是生产力，而作为生产力最核心要素的人必须是有知识有能力的人。这就决定了阅读直接关系到生产力的发展水平和人的素质的高低。”可以这么说，一国国民的阅读能力强，则科学技术普及程度高，则生产力强；一国国民的阅读能力差，则科学技术普及程度低，则生产力弱。

英国女王曾经说过：“宁愿失去 10 个印度（曾经是英殖民地），也不愿意失去一个莎士比亚。”可见，优秀作品的力量有多大！然而，书籍的力量要通过阅读的力量才能体现。因此，个体可以通过阅读优秀作品走向卓越，国家可以通过阅读推广倡导国民阅读优秀作品来间接提升国力。阅读能力作为一种被忽视已久的特殊“生产力”，需要我们高度重视，积极养成。

第四节 阅读推广的类型与特点

一、阅读推广的类型概说

阅读推广服务主要以活动的方式提供。活动化的服务种类繁多，不同类型的阅读推广对资源的需求也有很大的差异。因此，需要对阅读推广的类型和特点进行研究，以便科学地管理，有效地服务。

关于阅读推广的类型，不同的划分标准会得出不一样的分类结果。赵俊玲等在编写《阅读推广：理念·方法·案例》一书时以推广对象为标准将阅读推广分为面向青少年的阅读推广、面向成年人的阅读推广与面向老年人的阅读推广三大类。王利人根据阅读推广对阅读前、阅读过程、阅读结果的关注程度，将推广活动分为教学型、展示型、体验型、引导型四种类型。张怀涛根据阅读推广活动规模及覆盖区域将阅读推广分为微推广、小推广、中推广、大推广、巨推广、宏推广六种类型，根据阅读推广客体的不同将阅读推广分为阅读文本推广、阅读工具推广、阅读方略推广、阅读理念推广、阅读文化推广五大类。张先生还在其《阅读推广方式的维度观察》一文中，以读者、读物、环境为切入点，将阅读推广分成了 51 个小类，并对每个小类进行了定义和举例分析，如根据读者特征形成方式将阅读推广分为行业型推广、学科型推广、层级型推广、年龄型推广、性别型推广、时间型推广、地域型推广 7 类；根据读者水平形成方式分为养成型推广、训练型推广、帮助型推广、服务型推广 4 类；根据读者需求形成方式将阅读推广分为导向型推广、导读型推广、导用型推广 3 类；根据读者群集形成方式将阅读推广分为个别型推广、群体型推广、普适型推广 3 类；根据活动运作形式将阅读推广分为对话式推广、沙龙式推广、授课式推广参与式推广、展示式推广、集会式推广、参观式推广、评介式推广、游戏式推广 9 类；根据推广力度形成方式将阅读推广分为指令性推广、倡导性推广、感染性推广、疗愈性推广 4 类；根据活动周期形成方式将阅读推广分为常态性推广、策划性推广、随机性推广 3 类；根据效果范围形成方式将阅读推广分为单项性推广、系列性推广、氛围性推广 3 类……如此分类，可谓全面细致。

我们认为阅读推广的分类，从形式到内容、从现象到逻辑都不外乎以下五种：阅读文本推广、阅读工具推广、阅读方略推广、阅读理念推广和阅读文化推广。所以，我们不再对阅读推广做新的分类，也不再做进一步的分析阐述。

本节只对几种常用的阅读推广类型及其特点进行分析。我们重点分析儿童阅读推广、数字阅读推广、经典阅读推广、时尚阅读推广四种类型。

二、阅读推广的特点概说

（一）社会公益性

阅读能力的高低直接影响着一个国家和民族的未来。阅读对于个人，是一个内省、自我反观、实现精神追求的过程；对于社会，是普及知识、继承学校教育的途径，从而实现个人与社会的融合与接轨。正是基于阅读对个人和社会的重要作用，推进全民阅读成为社会发展的需要，阅读推广具有了显著的社会公益性。综观全球的阅读推广工作，我们不难发现，国际组织、各国政府、出版与传媒机构、图书馆界、民间阅读组织甚至是一些热衷于分享阅读的个人均参与其中。在这些阅读推广主体中，出版与传媒机构作为阅读产品的制造者和销售者，主观上出于自身利益驱动而开展阅读推广活动，但在客观上还是起到了丰富阅读读物、营造阅读氛围、促进阅读交流、扩大阅读影响等公益性作用。与此相比，国际组织、各国政府、图书馆界的阅读推广活动更具中立性、公益性和客观性。联合国教科文组织、国际图书馆协会联合会、国际阅读协会、国际儿童读物联盟等作为全球性的文化机构，组织发起世界性的阅读推广活动，旨在提高全人类的文化素养。各国政府开展国家范围的阅读推广活动，其是国家阅读政策的制定者，阅读经费的提供者，阅读活动的倡导者、组织者甚至实施者，更是阅读文化强有力的推动者。图书馆作为社会文化传播的重要机构，在推动全民阅读上具有绝对优势，是全民阅读推广的中坚力量。民间阅读推广组织则在儿童教育、扫盲识字、促进社会公平、维护社会和谐等方面做出了卓越的贡献。

（二）参与自愿性

推广必须遵循自愿性原则，阅读推广也不例外。尽管阅读推广具有一定成分的干预性，但都必须以读者的自愿参与为前提，“自愿参与”的理论支撑可以追溯至《世界人权宣言》（以下简称《宣言》）。该《宣言》第一条写道，“人人生而自由，在尊严和权利上一律平等”；第三条写道，“人人有权享有生命、自由和人身安全”。

国际图联宣称，“利用各种表达的知识、创造性思维和智力活动，以及公开表达观点，是人类的基本权利”，并声称“对知识自由的承诺是图书馆和信息职业的核心职责”。由此可见，人类的基本价值在图书馆领域的具体体现就是自由平等地利用信息资源，就是知识自由，就是图书馆权利。具体到阅读领域，阅读还是不阅读，读什么，怎么读都应该由读者说了算，任何人不得干预和强迫。任何主体举办的任何阅读推广活动，参与还是不参与，也应该由读者自行决定，他人无权过问和干涉。即使是“阅读推广需要介入式服务”的专家观点也主要是针对特殊人群而言，对大多数普通读者来说，阅读推广主体应该尊重他们阅读时对安静环境与保护隐私的需求，更多地设计服务型而非干扰型的阅读推广项目。这就要求阅读推广活动的组织者必须遵循“以人为本”的理念，精确了解用户需求，依靠新颖的形式、感兴趣的内容、多渠道的宣传以及优良的空间和氛围来吸引读者自愿参与，而不是命令和强迫。

（三）服务专业性

阅读推广是近年来兴起的一种新型图书馆服务，它既需要专业理论的支撑，也需要专业人员来付诸实践。首先，在理论层面，以往的图书馆学理论对这一服务的关注与研究不多，难以形成对阅读推广的理论支撑。在经典图书馆学理论框架中，我们很难找到阅读推广的理论位置。这就要求从事图书馆学教育的专家学者对阅读推广的基础理论问题、实践操作问题给予高度关注和研究。其次，在实践层面，由于阅读推广服务大都是以活动的形式提供的，而每一个活动项目的推出都包含着前期调研、内容策划、项目宣传、组织实施、效益评估等步骤，每一步的科学推进都需要有专业技能的人员才能完成。如前期调研时要求阅读推广人掌握调查方法、问卷制作、数据统计等基本技能，项目宣传时要求阅读推广人知晓宣传品的制作以及宣传渠道等常识，组织实施时涉及团队组建、任务分解、进度安排、过程控制等专业技能，效益评估时则需要阅读推广人具备资料收集整理、数据挖掘分析等专业能力。正如学者所言：“一位优秀的阅读推广人至少应该具备三方面的素质：一是工作的主动性，二是创新能力，三是具有调动社会资源的能力。”（范并思：《阅读推广的管理自觉》，载《图书馆论坛》，2015 年，第 10 期）通常来说，工作主动性是每个具有职业精神的人都应该具备的，创新能力和调动社会资源的能力可不是一般人都具有的。因此，针对阅读推广服务的专业性，管理者们需要更加关注阅读推广人的培养、选派、评估与激励，通过组建具有创造力和执行力的阅读推广团队来促进阅读推广服务。中国图书馆学会发起的“阅读推广人培育”行动也正好说明阅读推广服务是一项专业性很强的服务。

（四）人文价值性

“人文”即人性文化，“以人为本”就是以人性为本，阅读推广的人文价值性是指任何阅读推广主体开展的任何阅读推广活动都必须尊重以人性为本的价值理念。人的阅读主体性决定了阅读推广的一切工作都必须围绕着人的需求展开。阅读推广要以人为本，以导为主。实践中，并非所有被称为阅读推广的活动都符合现代社会的人文价值性。例如，有些图书馆的阅读推广材料中包括“郭巨埋儿”的二十四孝故事，完全忽视这类故事与现代社会核心价值的冲突；有些图书馆设计的阅读项目朝优势人群倾斜，如参加者需要支付较大置装费用的儿童阅读剧表演，低收入人群的孩子很难有条件参与。对这些违背图书馆核心价值的阅读推广项目，不论其效果看上去有多么好，都不是图书馆人应追求的。因此，我们认为，阅读推广的人文价值性主要表现在三个方面。第一，关注人，要培养人人爱阅读的习惯。纵观世界各国，凡是崇尚读书的民族，大多崇尚人文精神，且生命力顽强。第二，发展人，要培养人人会阅读的能力。信息时代的阅读面临着三大挑战：一是无限的读物对有限的阅读时间的挑战，二是激增的知识信息对人们原有的阅读能力的挑战，三是大量新知识对人们传统观念及策略的挑战。为此，全民阅读推广活动需要进行分众阅读推广和分类读物推荐。儿童时期多读古今文学佳作，青壮年时期多读中外人物传记，构建以文学作品阅读，尤其是经典名著和好书佳作阅读为基础的读物结构。第三，尊重人，要保障特殊人群的阅读权益。《公共图书馆宣言》明文规定："公共图书馆的服务以平等利用为基础，不分年龄、种族、性别、宗教、国籍、语言或社会地位，为所有人提供。公共图书馆须为那些因任何原因不能利用常规服务和资料的用户，如小语种民族、残障人士、住院人员或被监禁人员，提供特殊服务和资料。"具有干预性的阅读推广服务正是对普遍均等服务的一种有益补充，是对特殊用户平等利用特殊服务的基本权利的一种保障。鉴于此，传播人道主义精神，培养终身读书乐学的人文习惯是全民阅读推广活动必须秉持的价值理性。

三、阅读推广的特点分析

（一）儿童阅读推广及其特点

如今，全民阅读理念已深入人心，儿童阅读越来越受到政府、社会及家庭的重视，儿童阅读推广活动在全国各地如火如荼地展开，儿童阅读推广研究日益成为学界热点。可是，关于儿童阅读推广概念的界定在许多高被引频次的论文中都未涉及，如《少儿图书馆在儿童阅读推广中的使命与担当》《图书馆儿童阅读推广活动评估指标体系构建研究》等文章中均没有关于儿童阅读推广定义的内容。仅在《基于绘本的公共图书馆儿童阅读推广研究》硕士论文中，陈蔚将儿童阅读推广简要描述成"缓解儿童阅读危机、培养儿童阅读习惯的活动"。陆晓红在其博士论文《我国公共图书馆儿童阅读推广模式研究》中提出："儿童阅读推广是指推广主体为达到普及儿童对阅读的认知、激发儿童阅读兴趣、培养儿童阅读习惯、提高儿童阅读能力的目的，以儿童及其阅读活动相关人为对象，采取的提供阅读资源、创造阅读环境、推荐阅读服务、传播阅读理念、开展阅读指导、鼓励阅读交流等一切活动和工作的总和。"朱淑华在《儿童阅读推广系统概述》中给儿童阅读推广做了相对全面的概念界定：所谓儿童阅读推广是指基于阅读对儿童所产生的巨大影响，在儿童阅读的正确理念和科学规律指导下，通过各种方法向儿童和有引导能力的成年人介绍优秀阅读素材、阅读指导方法和阅读理念，带动儿童阅读，逐步引导儿童爱上阅读，提升儿童的阅读能力，帮助儿童成为自觉的、独立的、热诚的终身阅读者，并同时改善儿童阅读环境的过程。

我们认为，儿童阅读推广是阅读推广的类型之一，其突出强调的是阅读推广的对象为儿童及其阅读活动相关人，因此，同样可以从推广学视角给儿童阅读推广下定义：儿童阅读推广是一种由阅读推广机构部署的、以儿童及其阅读活动相关人为推广对象的职业性的有组织的沟通干预活动，以引导具有阅读推广者所认为的儿童阅读效用的自愿行为的改变。

由于推广对象明确指向"儿童及其阅读活动相关人"，因此，儿童阅读推广具有了自己独有的特点。

1. 注重保护儿童的阅读兴趣

兴趣是最好的老师。儿童如果对阅读产生了深厚的兴趣，就为他一生的幸福奠定了基础。可是，儿童并不是天生就具备自主阅读能力的。因此，儿童的阅读兴趣需要成人的培养。不少家庭在孩子很小的时候就教其识字、看书、画画，不厌其烦地讲故事给孩子听，可一旦孩子成了学龄儿童，掌握了基本的阅读技巧，形成了自己的阅读趣味的时候，他们就开始涉猎课外书籍，但受传统应试教育的影响，有些家长认为，孩子读课外书就是不务正业，因此许多家规应运而生，如必须先完成老师布置的作业才能看课外书，买书只能买家长认为好的书，孩子喜欢的书若没被家长相中是断然不会买的，自然也就不许看了。随着课业负担的加重，这些家规实施的严苛程度也会加码。如此一来，孩子的阅读自由权被剥夺了，刚刚培养起来的阅读兴趣也被生生扼杀。基于此，现代儿童阅读推广理论在强调培养儿童阅读兴趣的同时，特别注重保护儿童的阅读兴趣；认为儿童阅读不应该带有功利性，也不应该站在成人社会需求的立场上为孩子设立标准和框架，应该尽可能地为他们提供阅读机会，并尊重他们的选择。简言之，让孩子爱上阅读比读了什么、怎么读更为重要。

2. 强调亲子阅读和早期阅读

所谓早期阅读，并非传统意义上的读书、写字，而主要是指家庭通过提供与视觉刺激有关的材料，如故事书、图片、录像、符号、电视、碟片等，让幼儿在观察、思维、想象等基础上倾听父母讲述或进行语言表达，发表自己的观点、见解等。据研究，人脑的信息约八成是通过视觉刺激获得的。

美国“人类智力发展研究所”脑科专家格伦·多曼博士认为，把正常孩子培养成天才的奥秘就是对其大脑频繁、持久地施加刺激。早期阅读作为一种积极的视觉刺激，能够促进儿童的大脑发育，发展儿童的语言能力，拓展儿童的知识空间，进而推进儿童智力与思维的发展。美国心理学家陶森博士也曾指出："爱书和爱读书的基础，是在生命的头五年中奠定的。”因此现代儿童阅读推广理论认为：随着幼儿感觉、知觉、语言、记忆的发展，0～3岁的孩子完全有能力、有条件进行早期阅读；家长也应该摒弃“孩子还小，一切慢慢来”的传统固有观念，尽早让孩子进行早期阅读并扮演好孩子第一任阅读老师的角色。

在此理念指引下，以家庭为单位、以图书为媒介、以阅读为纽带的亲子阅读成了儿童阅读推广的一项重要内容，也是儿童图书馆与公共图书馆的一项主要工作。

3. 提倡儿童阅读指导的日常化与平民化

英国图书馆学会“法吉恩奖”获得者、知名儿童阅读专家艾登·钱伯斯提出了“阅读循环圈理论”，认为阅读活动具有“选书—阅读—回应—再选书—再阅读”的循环结构，“有协助能力的大人”处于循环圈的中心，与选书、阅读、回应三个环节息息相关。即有经验的成人是儿童阅读过程的引导者和推动者，可以通过环境与活动的整合，帮助儿童亲近图书，进而鼓励儿童自主而愉快地阅读；也可以通过设计、组织阅读讨论活动，帮助儿童领会一本书各个层面的含义，进行更加广泛而深入地阅读。

然而，“传统儿童阅读认为引导孩子阅读是阅读专家们的事情，至少也是经过专业训练的教师们的事情。”现代儿童阅读推广提倡儿童阅读指导的日常化和平民化，认为家长可以使用一些简单的方法帮助孩子爱上阅读。如经常陪孩子逛书店和图书馆，用购买和借阅的方式保证孩子拥有唾手可得的身边书；每天与孩子一起大声朗读，在家中设立阅读角；经常在孩子面前阅读，与孩子一起聊书；让孩子远离打牌、上网、看电视、玩游戏的家庭环境，让孩子能够心无旁骛、专注地融入书本中。所谓言教不如身教，每一对父母只要能够以身作则，是能够成为一个“有协助能力的大人”的。也只有这样，儿童阅读指导的日常化与平民化才能落到实处。

4. 发挥同龄人的“阅读带头人”作用

过去，人们通常认为儿童心智发育尚不成熟，自然应该成为阅读推广的重点对象。现代阅读推广理念认为，青少年是具有一定行为能力的个体，且可塑性极强，容易接受新生事物，如果引导得法，他们是能够成为阅读推广者的。因此，一些阅读推广机构常常通过赋予青少年一些任务，来发挥同龄人的“阅读带头人”作用。如英国阅读社推出的 Headspace 项目，就是在图书馆里留出一块区域，让青少年自己设计、自己选择书籍、自己推出相关活动；新西兰的公共图书馆经常会将一面墙留给青少年，让他们自己刷墙，在墙上绘画装饰；德国的“阅读童子军”项目与英国的“阅读带头人”项目更是充分运用同龄互染的优势，对一些酷爱阅读的学生进行培训，然后依靠这些同龄人来激发和传递青少年对于阅读的热爱。这些活动都取得了良好的效果，因为与其他人相比，同龄人具有更强的说服力和感染力，不仅“阅读带头人本身对阅读变得更积极，而且极大地改善了其他学生对阅读的态度。

（二）数字阅读推广及其特点

数字阅读推广即推广数字阅读，是一种由阅读推广机构部署的，以数字化的阅读对象或者数字化的阅读方式为推广内容，抑或通过数字化的推广媒介进行的职业性的有组织的沟通干预活动，以引导具有阅读推广者所认为的数字阅读效用的自愿行为的改变。

数字阅读推广的特别之处在于“数字”，它不仅要将各具特色的数字化阅读内容进行推荐，还涉及阅读方法的数字化与推广渠道的数字化，这也是数字阅读推广的突出特点。

1. 推广内容的数字化

推广内容的数字化是由数字阅读的特征决定的。数字阅读有两层含义，一是阅读对象的数字化，二是阅读方式的数字化。因此，推广内容的数字化主要表现在两个方面：一是推广数字化的阅读对象，二是推广数字化的阅读方式。推广数字化的阅读对象是指向目标群体推荐以数字化方式呈现的读物，如电子书、网络小说、电子地图、数码照片、博客网页等；推广数字化的阅读方式则是指向目标群体推荐带屏幕显示的电子仪器阅读设备，如Pad、MP3、MP4、电脑、手机、阅读器等。数字化的阅读内容必须借助数字化的阅读设备才能阅读，而数字化的阅读设备则只能读取数字化的阅读内容，两者相辅相成，缺一不可。

2. 推广渠道的数字化

推广渠道的数字化是指以数字化新媒体开展阅读推广活动，具有多媒体与超文本、海量性与共享性、交互性与即时性、个性化与社群化等特点，深受年轻读者的喜爱。如通过博客、微博、微信、短信、数字杂志、触摸媒体、自动化办公系统等渠道引导用户使用数字资源，吸引用户关注阅读活动，从而达到提升数字阅读影响力与扩大数字阅读服务群的目的。2013年由国家图书馆主办、全国各地公共图书馆承办的“网络书香·全国数字阅读推广活动”不仅开通了“网络书香”加V的新浪微博，还将微博页面嵌入到活动主页中进行展示，各参与馆可以个人或者官方名义关注微博，开展互动以及信息分享；中原工学院图书馆利用自动化办公系统面向全校教职工开展“每周一书”推送活动；广西科技大学图书馆利用手机微信举办“微书评活动”。这些活动借助数字化的推广渠道，操作更简便，覆盖面更广，推广起来也更加容易。

3. 推广主体的合作化

图书馆是开展数字阅读推广的重要主体。可由于图书馆员从业资格认证制度的缺失，导致图书馆员职业进入门槛过低，馆员素质参差不齐，高层次人才缺乏，特别是数字阅读推广专业人才短缺。在人员培训不能快速发挥效用的情况下，推广主体间合作开展数字阅读推广活动日益受到人们的重视。例如，由东莞图书馆主办、东莞市各镇（街）图书馆协办的“e读e学e生活——数字阅读从图书馆开始”大型展示体验活动邀请了新东方、玉屋粟、MyET、中国电信东莞分公司、库客、超星、方正7家有合作关系的数字资源内容提供商，将最新研发的数字阅读硬件产品向公众集中展示并体验，借此带动图书馆的数字阅读潮流；一些文化传播公司常与图书馆界合作举办英语口说大赛活动，以展示图书馆数字化、网络化的服务特性；与数据库商合作开展数字资源利用讲座更是各图书馆进行数字阅读推广的常规活动。推广主体间的这种合作机制既解决了数字阅读推广的专业人才问题，又解决了推广经费问题。因此，阅读推广者需要巧用各种“利器”，让每个人都能在数字阅读的海洋中获得指引，了解获取各种阅读资源的途径。

（三）经典阅读推广及其特点

经典阅读推广即推广经典阅读，是一种由阅读推广机构部署的、为促进人们阅读经典图书而开展的职业性的有组织的沟通干预活动，以引导具有阅读推广者所认为的经典阅读效用的自愿行为的改变。相较于其他阅读推广活动，经典阅读推广更突出推广内容的经典性。其特点主要表现在以下几个方面。

1. 注重激发读者阅读经典的意愿

在阅读日益功利化、快餐化、碎片化、娱乐化的当下，经典名著日益淡出大众的视野，被读者自觉或不自觉地规避。原因主要有二：一是经典名著存在着人物太多、描写抽象、厚如砖头、晦涩难读等自身缺陷；二是阅读经典文本，读者只有进入安静与专注的内心状态，才能领悟文本的意义世界，而长时间的安静与专注未免让人感到孤独和疲倦。因此，“个人战斗”的经典文本阅读需要读者具有强大的自我执行力才能完成。激发读者阅读经典的意愿自然地成了当下经典阅读推广关注的重点问题。为此，阅读推广机构在开展经典阅读推广活动时更加注重读者的主观能动性。例如，由湖南省教育厅主办、湖南省高校图工委组织实施、全省 50 余所大专院校协同开展的“一校一书——经典、精读、经世”阅读推广活动，每年提供的参考书目来源于全国几十家主流媒体发布的年度好书榜，根据入榜频次选取前 30 ～ 40 种优秀图书，涵盖政治、经济、文学、历史、传记、哲学等多个类别，在大大降低选书种类繁杂度的同时，又特别强调将精读图书的产生权交由读者。每年开展活动时，各高校图书馆都开通了手机短信、QQ、微信、电子信箱、读者荐书箱等投票通道，甚至还有高校将参考书目附上图书简介制作成“精读图书推荐表”发放到各个班级，要求每个学生选出自己感兴趣的 3 种图书，根据投票统计结果、综合教授及馆长建议，产生每年的精读图书。如此操作，既充分尊重了读者的阅读选择权，又确保了精读图书的深度和厚度，同时又激发了读者的阅读意愿。

2. 强调提升读者阅读经典的能力

阅读的第一步是要有适合自己的读物，因此，选择文献的能力是阅读能力的基础，提高读者甄别经典与精品图书的能力是经典阅读推广要做的一项重要工作。所谓“凡读书最切要者，目录之学也。目录明，方可读书；不明，终是乱读”（王鸣盛《十七史商榷》），长久以来，编制经典阅读书目是有识之士常躬亲的事情。例如，梁启超曾经编撰出版了《西学书目表》《国学入门书要目及其读法》；章太炎曾发表过《中学国文书目》；顾颉刚开列过“有志研究中国史的青年可备用闲览书目”；钱穆开列过《文史书目举要》；朱永新为小学生、中学生、大学生、教师分别编制了“阅读推荐书目 100 种”；王余光、徐雁更是合作主编了《中国阅读大辞典》。此外，为了提高读者的经典品鉴能力，中西方国家都非常重视在学校教育中推广经典阅读教育。据统计，目前在美国大约超过 40 所大学和学院设有各种形式的名著课程或教育项目。其中圣约翰学院和托马斯·阿奎那学院等四所学院提供本科四年的全名著课程。中国的学校教育也越来越重视经典阅读教育。武汉大学历史学教授郭齐勇要求所带的博士生必须过经典关，并且把“四书”及《老子》《庄子》《史记》《汉书》《诗经》《楚辞》等列为武汉大学人文学本科生的必修课。复旦大学在 2005 年成立复旦学院专门做通识教育，开设文史经典、哲学智慧文明对话、科学精神、生命与生态以及艺术创作与审美等 70 余门课程。公共图书馆作为公民社会教育和终身教育的重要场所，其开设的图书馆讲坛项目既是经典阅读推广活动的主要载体，又是城市公共文化活动的重要组成部分。

3. 重视经典阅读环境建设

阅读总是在一定环境下进行的，无论是物理环境还是虚拟环境，都在某种程度上决定着经典离读者的距离是越来越近还是越来越远。尽管阅读是私人的事情，可阅读推广却是全社会的事情。不止图书馆，学校、医院、社区、企业等组织，都要充分利用各种资源、技术力量，让读者与经典充分接触。余英时曾建议：中国旅馆的每个房间都应该放一部“四书”，就像日本人放佛经、西方人放圣经一样。他还说：“摆一本‘四书’总有人会翻两句，得一句有一句的好处。”不止旅馆，商场、车站、地铁、高铁、飞机、公交车等但凡能让人稍做停留的地方，都应该让经典作品唾手可得。在图书馆设立经典阅览室更是一个绝佳的办法，这样既可免去读者寻找经典之苦，又能为其提供一个安静优雅的阅读环境。深圳图书馆的“南书房”就是经典阅览室建设的一个成功范例，它不仅提供古今经典中外文阅览，而且定期开展丰富多彩的阅读活动，并设置了“南书房家庭经典阅读书目”和“深圳学人·南书房夜话”学术沙龙两大品牌活动板块，在实现有限资源高效利用的同时，又营造出浓厚的经典阅读氛围。

4. 采用立体化的阅读推广方式

“立体”是相对于“平面”而言的，平面是构成立体的基本元素，一个立体由多个平面组成。人们生活在立体环境中，可以上下、左右、前后观察周围的事物，也可以进行仰视、俯视、左右环视。因此，立体化阅读推广方式是从面的视角，将听、说、读、写四大阅读基本功有机结合，融书目推荐名著阅读、影视欣赏、读书沙龙、主题征文等活动形式于一体的综合性推广方法。例如：南京图书馆打造的品牌经典阅读推广活动——“南图阅读节”，以主题学术研讨会、作品吟诵、主题论坛、主题讲座、图书展示、影视赏析、书法绘画、知识竞赛、作品展览等形式进行名著导读；武汉大学图书馆的“珞珈阅读广场”设有珞珈开卷、影像阅读、戏剧之门、音乐空间 4 个分项，分别由真趣书社、自强网站毛线电影、莎士比亚英文戏剧社、爱乐社 4 个学生社团负责运营，目前该活动已开展 147 期，堪称业界立体阅读推广项目的典范；湖南人文科技学院图书馆充分利用经典文本的馆藏资源优势，将电影欣赏、名著阅读、文学写作三者有机结合，开展“文学名著电影欣赏节”活动，通过名著电影这种无意识的广告，吸引观众寻觅经典文本，并运用影视力量对文本进行诠释，寓"读典之难"于"观影之乐"中，让"难以下咽"的经典变为"甘之如饴"的经典，可谓经典阅读推广的一种理想模式。

（四）时尚阅读推广及其特点

在"大众创业、万众创新"的时代背景下，"创新"已成为一种时尚，阅读推广也不例外。中国图书馆学会在组织编写"阅读推广人"系列教材时，单列《图书馆时尚阅读推广》分册，由王波任主编，遴选出近年来在阅读推广领域中出现的创新案例，以讲章的形式结集出版，具有很强的示范性、指导性和实战性，深受阅读推广人的欢迎。我们非常赞同王波老师对"时尚"二字及"时尚阅读推广"的理解："时"即时新，"尚"即推崇；"时尚阅读推广"不是指推广含有服饰、珠宝、化妆、汽车、家具、休闲、旅游、体育明星、艺术、烟酒、名表、数码产品等内容的书籍，而是指阅读推广形式的时尚性，也可以说是创新性。因此，我们将时尚阅读推广作为阅读推广的一种类型，并对其特点进行分析。

1. 时尚阅读推广是一种开放性推广

"开放性"是相对于封闭性而言的。事物的开放性主要是指事物结构的不固定性。时尚阅读推广具有开放性主要是指阅读推广的形式不拘一格，既要以开放的理念看待活动中的各种资源，又要以开放的眼光注重新技术在阅读推广中的应用。一直以来，人们根深蒂固地认为，安静的外部环境是进行阅读的必要条件之一，因此，一说起阅读推广活动，人们首先想到的便是书目推荐与图书展览等静态展示活动。的确，书目推荐与图书展览因目标明确、效果直观、适用范围广、复杂度不高等优点而得到了广泛应用。可是随着时代的发展，展览、书单等被动等待读者目光的推广形式因缺乏互动性和参与感而门庭冷落，跟随用户潮流打造阅读推广活动便顺理成章地成为一种发展方向。例如：北京大学图书馆就曾将风靡网络的"密室逃生"游戏与图书馆的资源服务推广进行无缝对接，利用流行的时尚游戏元素拉近图书馆与读者的距离，从而使得图书馆的学术信息推送和阅读推荐工作更具效果；郑州大学图书馆打造的"读书达人秀"推广品牌，将T台秀引入图书馆，融入时尚竞赛、娱乐等诸多元素，把"读、记、悟、行"有机结合起来，以创新的方式诠释读书的快乐，让枯燥单一的读书活动变得生动活泼。所谓"三个臭皮匠，顶个诸葛亮"，开放性的阅读推广需要集思广益，阅读推广主体要充分发挥推广对象的主观能动性，让他们参与阅读活动的策划和实施，从而使得活动形式更贴近用户心理，更接"地气"。

2. 时尚阅读推广是一种创新型推广

时尚具有流动性和易变性，这就决定了时尚阅读推广必须不断注入新的创意，也要求阅读推广人必须具有创造时尚的意识，时刻保持高度的创新敏感性。创意来自生活，只要我们处处留心，无论是逛街、逛书店、逛图书馆、光顾商场、在餐厅、在咖啡馆、逛家具城，看电视、看剧场演出等，都能及时发现生活中到处可见的广告创意、包装创意、节目创意、橱窗创意、装饰创意，并发散思维，举一反三，将这些创意移植到阅读推广工作中，就能创造出新的时尚的推广方式。例如：北京大学图书馆开展的“书目摄影展”活动就是在“大学生模仿名画拍毕业照”这一行为的启发下，迸发出“精选书目＋阅读摄影模仿秀”的活动创意，通过书画结合的方式，引领读者进入精彩的阅读世界；南阳师范学院图书馆的“书模表演”活动，其创意来源于时装发布会的服装模特表演，把“书香模特”嵌入图书展览、经典诵读等传统活动中，让阅读走出单一的白纸黑字，以更为时尚、活泼的方式走进读者生活。阅读推广活动不可能一劳永逸，因此阅读推广人要“以人为本”，不断研讨如何“转型升级”。

3. 时尚阅读推广是一种趣味性推广

兴趣以需要为基础。人们若对某项活动感兴趣，就会热心于接触、观察并从事这项活动。阅读推广活动要想激发读者的参与兴趣，就必须以读者需求为中心，并注重活动本身的趣味性。时尚阅读推广的趣味性主要表现在两个方面。一是重视读者的积极体验。颇受爱书人士喜欢的读书会，借助新媒体平台，利用微信的便捷与高效，经常推出风格各异的活动。如一个名为“悦读会之友”的微信群，群友毛遂自荐分享关于阅读的所思所想以及工作中的趣事佳话，并且约定每人每周提交一篇读后感，以此激发成员们交流的欲望。“中国好文字诵读会”常常邀请演播艺术家现场为读者朗诵名篇佳作，在满足读者听觉需求的同时，还可实现请嘉宾签名、合影等时尚需求。知名微信公众号“为你读诗”将文本内容进行声音化改造，为读者带来不一样的阅读体验。自媒体阅读视频的出现，让个性化的读书资源得到释放。书店利用自己的平台优势，在售书的同时为公众打造贴心的阅读服务和增值服务，这些民间阅读推广活动因其具有很强的体验性而受到越来越多的人士喜爱。二是融入时尚元素。如北京大学图书馆开展的“密室逃生”及“书脸”活动、南阳师范学院图书馆开展的“书模表演”活动以及颇受大众喜欢的“手作书籍”活动等，都是将人们喜爱的一些时尚元素如游戏、摄影、模特表演、手工制作等融入阅读推广中，既满足了人们追求时尚的需求，又贴近生活，从而让阅读的种子在玩中得以轻松传播。

第五节　阅读推广的现代理念

什么是“理念”？《辞海》认为“理念”即“观念”：一是指看法、思想，思维活动的结果；二译自希腊语 Idea，通常指思想，有时亦指表象或客观事物在人脑中留下的概括的形象。有学者对“理念”的学术含义进行了多层次分析。

综合地说，理念应是一个具有能反映一类事物中每个个体或一类现象中每种个别现象共性之能力的普遍概念，是诸理性认识及成果的集大成。其中既包含了认识、思想、价值观、信念、意识、理论、理性、理智，又涵盖了上述思维产品的表现物，如目的、目标、宗旨、原则、规范、追求等，而后者使理念这一抽象的概念具有了直观的形象。具体地讲，“理念”是一个精神、意识层面上的综合性结构的哲学概念，是主观见之于客观的科学反映，是人们经过长期的理性思考及实践所形成的思想观念、精神向往、理想追求和哲学观点的抽象概括，是理论化、系统化了的，具有相对稳定性、延续性和指向性的认识、理想的观念体系。简言之，“理念”是指人们对某一事物或现象的理性认识、理想追求及其所形成的观念体系。

基于上述对于“理念”内涵的认知，我们认为，阅读推广的现代理念可以概括为 3 个关键词：全民、服务、创新。

一、阅读推广的“全民”理念

1995 年，联合国教科文组织宣布 4 月 23 日为“世界图书与版权日”（又称“世界读书日”），希望通过“读书日”的设立，使“散居在世界各地的人，无论你是年老还是年轻，无论你是贫穷还是富裕，无论你是患病还是健康，都能享受阅读的乐趣，都能尊重和感谢为人类文明做出过巨大贡献的文学、文化、科学、思想大师们，都能保护知识产权”。细心的读者应该都能从这一“期待”中解读出“全民”的含义，“全民阅读”一词由此也迅速传播开来并被各国政府所接受。在我国，早在 20 世纪二三十年代，留美归来的图书馆学家李小缘先生就曾发出“人皆有资格为读者”“使全国民众，无论男女老幼，皆有识字读书之机会”“能使公开群众……皆能识字读书，享受图书馆之利益，则方可谓图书馆之真正革命，之真正彻底改造，之真正彻底建设者也”的呼吁。李先生的呐喊也充分体现出“阅读，一个也不能少”的全民理念。从阅读推广所具有的“社会公益性”来看，尽管某一个具体的阅读项目都有明确的阅读推广对象，不可能涉及“全民”，可综合整体的阅读推广工作，则应该要让所有的公民都能享受到阅读推广的“益”处。21 世纪初叶以来，“全民”阅读理念更是深入之心。

恰如学者所言："'全民阅读推广'这个概念，首先意味着要倡导'全员阅读'的学风，其次意味着'终身阅读'，再次，对于图书馆和书店来说，还意味着一种'全品种的读物推广'。"现代阅读推广的"全民理念"由此可见一斑。

二、阅读推广的"服务"理念

范并思教授提出"阅读推广是一种服务"，无论是编制导读书目还是组织读书活动，其目的都是为读者的阅读和学习提供服务。尽管"推广"是一种沟通干预活动，但是阅读推广干预的目的是让读者喜欢上阅读、学会阅读而不是对读者进行价值观与品行方面的教育。尽管"推广"还具有教育属性，许多人也认为阅读推广应该对读者的阅读内容、阅读形式甚至阅读习惯进行教育。然而，这种教育多半是针对不爱阅读、不会阅读以及阅读有障碍的人群而进行的，对于大多数普通读者而言，只需提供中立的、非干扰的服务型推广即可。同时，阅读推广作为一种公共文化服务，其公共产品的公益性与非排他性还要求阅读推广需要保持服务的公平性。即使是具有教育职能的图书馆，也强调"图书馆员仅仅承担传递文献或咨询服务，不介入读者挑选文献的过程，不指导读者阅读，将知识与信息的选择权完全交给读者，甚至保守读者秘密，不让他人知道读者阅读的内容"；图书馆也因其保持服务价值的中立性而被人赞美，人们认为它的存在是社会民主制度的一种安排。当下，阅读推广服务已成为图书馆的一种主流服务，尽管这种服务具有活动化和介入式的特征，却丝毫也不影响其平等、包容、专业的优质服务理念，阅读推广人的行为也应该遵循图书馆的核心价值体系：开放、平等、包容、隐私、服务、阅读、管理、合作。

三、阅读推广的"创新"理念

阅读本质上是一种个性化与私密性的体验活动，阅读推广秉持的全民理念、服务理念、自由理念、权利理念，都必须遵循推广的逻辑前提——自愿行为的改变；即使是阅读立法，其出发点也仅仅只是为阅读权利的实现创造更好的法律制度环境，而不是对公民的阅读行为进行限制或者强制。这就要求阅读推广的方式只能是"吸引"，不能是"强迫"。如何"吸引"呢？让我们先来看一串有关"新旧"的成语：除旧布新、革旧鼎新、舍旧谋新、辞旧迎新、破旧立新、忘旧恋新、吐故纳新、涤故更新、弃故揽新、温故知新、推陈出新、耳目一新……

从中可以看出："旧"乃"新"生的土壤，新事物总比旧事物更有吸引力，喜新厌旧乃人之常情，阅读推广也不例外。现代阅读推广尤其要秉持"创新"理念，在温故知新的基础上实现推陈出新。开展阅读推广活动更是成为图书馆这个实体空间中最能吸引读者、与图书馆使命最为贴切的工作。近年来，围绕阅读推广，重新设计图书馆服务空间、添置设备、进行服务场改造的话题日益成为图书馆学界和业界关注的焦点。此外，阅读推广人作为阅读推广服务的具体提供者，其服务创意和服务能力也被提到了空前的高度。一位优秀的阅读推广人至少应该具备三方面的素质：一是工作的主动性，二是创新能力，三是具有调动社会资源的能力。然而，一个未经培训的阅读推广人是不太可能全面具备这些素质的，但一群阅读推广人或者说一个阅读推广团队使得具备所有这些素质的可能性大大提高。因此，开展阅读推广人培训、设立阅读推广组织机构已成为社会共识且正在付诸实践，这使得阅读推广“创新”理念的执行有了切实保障。

第四章　高校图书馆阅读推广理论

第一节　高校图书馆阅读推广的概念和基本内容

高校图书馆阅读推广，主要是指针对大学生的阅读推广活动。

高校图书馆阅读推广，主要涉及三个方面：其一，大学，大学属于高等教育机构；其二，图书馆，图书馆是大学文献信息资源中心；其三，大学生，大学生是阅读推广的主要对象。

从推广这一概念来看，又涉及三个方面：其一是推广的主体，即由谁来推广；其二是推广的客体，即推广的对象；其三是推广什么，即拿什么内容给推广的对象。

在高校图书馆，阅读推广的主体当然是高校图书馆阅读推广活动的组织者，其客体广义上为大学图书馆的所有读者或用户，但通常这种推广主要针对大学生。因此，高校图书馆阅读推广，实际上就是高校图书馆工作者根据图书馆的收藏文献，针对读者，尤其是广大大学生读者的阅读需求而开展的特定的文献信息推荐及阅读组织活动。

第二节　高校图书馆阅读推广活动溯源

阅读推广有个近义词，即导读，两者含义基本相同，但又有所区别。

导读偏重于阅读指导，主要涉及三个方面：一是关于某一问题有哪些书或文献可读，套用张之洞在《书目答问》中的说法，即“应读何书”；二是关于一定范围的书或文献该如何去读，即张之洞所谓“书以何本为善”；三是关于具体的某一本书，应如何理解、学习其内容，即书应如何读。

导读之导者通常为教育工作者。

对古代的教学机构，《礼记·学记》称："家有塾，党有庠，术有序，国有学。"家族开设的私人教育场所称塾。据《周礼》记载，五百家为党，一党之民求学的地方称庠。一万两千五百家为遂（据《礼记》郑注，术为遂声之误），一遂之民求学之地为序。党通常在乡，所以有乡党之称，而遂则在远郊之外。学是太学，是一国最高教学机构。另据《礼记·王制》载，"夏后氏养国老于东序，养庶老于西序"，序分东序和西序。郑玄注称，东序，在国中，王宫之东；西序，小学，在西郊。因此，基本上，古代东序和太学属大学性质。

《礼记·内则》编制了一份学习时间表："六年，教之数与方名。七年，男女不同席，不共食。八年，出入门户及即席饮食，必后长者，始教之让。九年，教之数日。十年，出就外傅，居宿于外，学书计。衣不帛襦裤，礼帅初，朝夕学幼仪，请肄简谅。十有三年，学乐，诵《诗》，舞《勺》。成童，舞《象》，学射御。二十而冠，始学礼，可以衣裘帛，舞《大夏》，惇行孝弟，博学不教，内而不出。"古人重修身，既要诚意正心，也要格物致知。可以看出，一个学生从六岁开始接受最简单的基础教育，渐学渐多，一直到成童，即十五岁以上，习《象》舞，学射箭和驾车，到二十岁举行冠礼，才算真正成年，可以学礼。也可看出，学生不仅要学知识，更要学习礼乐制度或为人处世之道。

据《礼记·学记》，从少年到成年，其求学要经历约九年时间，"比年入学，中年考校，一年视离经辨志，三年视敬业乐群，五年视博习亲师，七年视论学取友，谓之小成。九年知类通达，强立而不反，谓之大成"。通常每年都有子弟入学，即所谓"比年人学"，而入学之后，每隔一年都要对学生的德行道艺进行考校，即所谓"中年考校"。经过第一、第三、第五、第七、第九年的五次考校，最终可达至大成。达到了这种程度就可以"化民易俗，近者说服，而远者怀之"，这也就是"大学之道"。这个过程相当于现代学生从中学到大学毕业的过程。

进了学校，该学什么，如何学，通常是一个教与学的关系问题。导读，就是当学生有学习需求时老师在学习方法等方面所给予的指导活动。早期，学统于官，能接受教育的主要是贵族子弟。到了孔子时代，教育走向民间，私人也开始开办学校。孔子就曾办学，并培养了约三千名学生。孔子虽说有教无类，但也注重因材施教，并指导弟子们如何学习。《论语》中有不少相关记载。

陈亢问于伯鱼曰："子亦有异闻乎？"对曰："未也。尝独立。鲤趋而过庭。曰：'学诗乎？'对曰：'未也。''不学诗，无以言。'鲤退而学诗。他日，又独立，鲤趋而过庭。曰：'学礼乎？'对曰：'未也。''不学礼，无以立。'鲤退而学礼。闻斯二者。"（《论语·季氏》）

子曰:“小子何莫学夫诗?诗,可以兴,可以观,可以群,可以怨。迩之事父,远之事君;多识于鸟兽草木之名。”子谓伯鱼曰:“女为《周南》《召南》矣乎?人而不为《周南》《召南》,其犹正墙面而立也与?”(《论语·阳货》)

子曰:“《关雎》,乐而不淫,哀而不伤。”(《论语·八佾》)

子曰:“《诗》三百,一言以蔽之,曰:‘思无邪’。”(《论语·为政》)

导读源于教育。向弟子们推荐读物,并告之怎样理解读物,孔夫子之所作所为,充分证明了导读的教育属性。

通常学生学什么、读什么与政府的教育及政治导向紧密相关。自汉以后,随着《易》《书》《诗》《礼》《春秋》等儒家文献立于官学(至宋扩展为“十三经”),受教育者的阅读范围就受到了相当的限制。隋唐科举制确立后,又以之作为取士依据,读什么及如何读也就基本上围绕儒家经典展开。通常,古代的教学机构,无论是官方的还是民间的,都设有藏书场所,但它们主要作为文献收藏场所而存在,除了普通借还服务外,藏书楼并不主动提供其他服务。实际上,无论是国内还是国外,无论是公共图书馆还是高校图书馆,最初主要提供图书借还服务。图书馆主动服务的思想来自阮冈纳赞提出的“图书馆学五定律”。

第三节 高校图书馆阅读推广理论溯源

在公共图书馆出现之前及出现早期,存在着会员制图书馆及流通图书馆,这类图书馆都不是免费的,或收取会员费,或对借出的图书收费。不过,流通图书馆的出现使得图书出版及阅读风尚发生了改变。因图书借出后要尽快归还,所以馆藏需要以小说类读物为主。据研究,在一个成功的流通图书馆,小说类收藏品应占到全部收藏品的七成。而且,对于收藏而言,图书必须便宜;为了方便阅读,图书的开本也必须合适。以前的开本如对开本很快让位于那些小的12 开本。这些小说类图书既不提供学术知识,也基本不提供精神指导,但却是最便于快速阅读和流通的。小说类图书引导了人们的纯享受型阅读。到 19 世纪中期,英格兰的会员制图书馆据统计有 274 家,苏格兰也有 266 家。但在 19 世纪三四十年代英国宪章运动中,中产阶级觉得人们的自由时间不能白白浪费。从事竞选的政治家们也认识到,要鼓励中产及以下阶层将更多的时间花在精神提升的活动上,而像阅读这样的活动就能促进社会积极向善。这导致英国于1850 年颁布了《公共图书馆法》。这部法律第一次给予地方行政区建立免费的公共图书馆的权力,也第一次以立法的形式规定创设一个可以持续提供广泛而免费地获取信息与文献的机构。《公共图书馆法》得以确立的最根本原因在于其免费原则。这一法律的通过加上政治家、富商和大众的努力，使得公共图书馆到 19 世纪末在英语圈国家中大量建立。

虽然免费原则在英国得到法律的承认，美国也由于卡耐基等富商的捐助而建立了多个图书馆，但公共图书馆所提供的服务往往是简单的借和阅。如波士顿公共图书馆，它是美国据税收而建立的最早最大者，虽然于 1848 年建成，但直到 1854 年才最终向大众开放。至于像读者指导这样的服务，在公共图书馆出现后，一直到 1916 年，都应该算形成期。1897 年，美国图书馆协会会长提出，给读者以帮助和指导的图书馆馆员是构建社区阅读模式的最重要的潜在力量。形成期之后到 1962 年为成人教育期，读者指导致力于通过严肃而有目的的阅读来开展有意义的成人教育。1963 年以后读者指导开始向消遣演化。

开办图书馆的目的是什么？实际上人们很少对此展开系统思考，直到 1931 年，一个叫阮冈纳赞的印度人写了一本关于图书馆的书，即《图书馆学五定律》，该书对此做了全面而清晰的阐述。

阮冈纳赞（1892—1972 年）最初学的是数学，他在印度马德拉斯基督教学院获得了数学学士及硕士学位，之后在芒格洛尔等地的大学教数学。他与图书馆的缘分始于 1923 年，那一年，马德拉斯大学招聘图书馆馆员。900 名应聘者中，没有一个受到过图书馆方面的正规训练，他也只是临时抱佛脚找了大英百科关于图书馆的文章读了读，但因他有关于数学史的研究论文发表，这一研究背景为招聘委员会所看中，结果他收到了任命状并在次年就职。随后他虽有点儿后悔，但还是接受安排，在伦敦大学学院学习，那里有当时英国唯一的图书馆学研究生学位项目。在英国学习期间，他的学习成绩平平，但他的数学知识，以及他对问题的细致考察，使他在图书分类方面有了新的发现。当时流行的是杜威十进分类法，阮冈纳赞发现很多图书因分类者的个人看法、需求及偏见等原因，可能被分到不同的类当中。有一天他在伦敦一家玩具店看到一种组合玩具，从而深受启发，为他编制《冒号分类法》奠定了基础。正是在英国的学习改变了他想做数学教授的想法。回印度后，他接受了马德拉斯高校图书馆馆长的职位，开始以莫大的兴趣从事图书馆工作，探索相关问题，并为图书馆在印度这个国家中的重要性描绘了一幅图景。20 年中，作为一个每周工作 7 天、每天工作 13 个小时的工作狂，他帮助成立了马德拉斯图书馆协会，成功游说并促成了遍及全印度的大量公共图书馆的建立以及综合性的印度国家图书馆的创设。这在当时的政治环境中是很难想象的。他的《冒号分类法》出版于 1933 年，而在这之前，他出版了他的第一部图书馆学著作《图书馆学五定律》。

“五定律”中的第一定律是“图书是供使用的”。第一定律表明的是目的性。

在以前，人们特别注重对图书馆所收藏文献的保护。阮冈纳赞并不否定这一点，他只是更加强调保存的目的是促进使用。没有使用者对图书馆所收藏文献的利用，这些文献将毫无价值。因此，通过强调文献收藏与保护的目的，阮冈纳赞构建了图书馆服务的基础。

第二定律是“为人找书”。这一定律有一个基本的前提，即处于各类社会环境中的个体都有资格获得图书馆服务。公共图书馆通常是用税款建立的，是公共机构，没有权力将任何纳税人拒之门外。“为人找书”也可译为“每个读者有其书”。为了做到这一点，从图书馆方面来说，第一，要有良好的能满足读者各类需求的馆藏；第二，图书馆员要具备一流的直接服务读者的知识；第三，图书馆要广泛宣传其服务，以吸引各类读者。从读者角度来看，每个读者的需求是不一样的，他们不同的口味和差异性需要得到尊重，图书馆员不应当去评判读者的阅读选择。

第三定律是“为书找人”。第二定律聚焦于读者，第三定律则着眼于收藏品。读者的需求需要藏品来满足，而藏品也不能沉睡于书架上，也需要为之找到需要它的读者。

第二定律也好，第三定律也好，或者从读者的角度谈读者与图书的关系，或者从图书的角度谈图书与读者的关系，无论怎样，它们都指向一个共同点，即图书馆要设计一些方法，方便图书与读者接触。比如，开架制就提供了一个良好的检索环境。这样做的结果就是“节省读者的时间”。这也就是第四定律。

图书馆的馆藏总在不断地扩充，读者的需求也总在不断地变化，图书馆管理者必须不断地想办法来适应变化。这样，图书馆就不会是静止的，而是始终在变化的，或者说，“图书馆是一个生长中的有机体”。这就是第五定律。

阮冈纳赞的“图书馆学五定律”，尤其是其中的第二和第三定律，为图书馆阅读推广活动提供了有力的理论支撑。无论是“为人找书”，还是“为书找人”，两者都与传统的由教育工作者主导的导读有所不同。在导读活动中，导师与学生关系紧密，导师了解学生，知道学生该读什么书，知道该如何读书，导师起着整体的主导作用。而在阅读推广活动中，图书馆馆员与读者的关系相对来说更松散。读者可以有明确表达的文献或学习需求，这样表达出来的需求，通常容易得到满足。但也有很多读者不一定有明确的文献需求，而可以确定的是，图书馆有大量的藏书，其中有很多甚至常年都不为人所知、所用。因此，“为人找书”，特别是为有明确需求的读者找书，相对容易，而“为书找人”，就要困难得多。图书馆很难对所有读者进行调查，明确其文献需求。但有一个相对简单的办法来使图书馆的藏书为更多的人所用，这就是做阅读推广活动。

第四节 高校图书馆阅读推广的意义

图书馆不仅仅是文献收藏空间，更是人们学习求知的场所。

我国图书馆事业体系由公共图书馆、高校图书馆及科研院所图书馆三大类型组成。高校图书馆作为整个图书馆事业体系的一个重要组成部分，主要面向教师和学生提供服务。相对来说，公共图书馆面向全体人民，而且由于人们在探讨图书馆相关问题时，通常是以公共图书馆为对象，所以在这里，我们也先从公共图书馆服务入手谈阅读推广的意义，而将高校图书馆作为一个特例。

公共图书馆由于通常是由纳税人的税款建立的，因此就不能拒绝为纳税人提供服务，基本上自然人都是纳税人。因此，图书馆应该对所有人提供无差别的、公平公正的服务。美国图书馆协会在其1930年的公报中曾刊登过一份于1929年起草的伦理规范建议稿。该建议稿指出，图书馆工作人员是图书馆与大众发生联系的解释者，既可能对大众提供文献帮助，也可能通过个人接触而对大众产生伤害。因此，图书馆工作人员应该对使用图书馆的所有人，无论种族、肤色、信仰或健康，都一视同仁，提供公平公正及有礼貌的服务，不得有个人态度，不得有偏爱，更不能带有冷漠的官僚气息。直至2008年，这一规范经过了多次修改，最终确定为8条。这8条中有如下几点值得注意。

第一，图书馆通过组织适当的及有用的资源、公平的服务政策、公平的获取，以及对读者准确的、无偏私的和礼貌的反应来为用户提供最高水平的服务；第二，图书馆力持知识自由原则，并且反对各种对图书馆资源进行审查的行为；第三，图书馆保护每一个用户在信息检索、接收，或资源咨询、借阅、获取及传递等方面的隐私及秘密；其四，图书馆尊重知识产权，并倡导在信息用户与版权持有者间权益的平衡。

图书馆要面向所有人开展服务，这一想法也为联合国教科文组织所吸纳。1949年，联合国教科文组织通过了《公共图书馆宣言》，认为公共图书馆是现代民主政治的产物，是一个民有民享的民主机构。民有民享的思想在其1994年由国际图书馆协会联合会参与了的修订版中得到了进一步强化，表述为：每一个人都有平等享受公共图书馆服务的权利，而不受年龄、种族、性别、宗教信仰、国籍、语言或社会地位的限制。对因故不能享用常规服务和资料的用户，如少数民族用户、残疾用户、医院病人或监狱囚犯，必须向其提供特殊服务和资料。修订版所确定的图书馆的使命还有如下条款。

①养成并强化儿童早期的阅读习惯。

②支持个人和自学教育以及各级正规教育。

③提供个人创造力发展的机会。

④激发儿童和青年的想象力和创造力。

⑤加强文化遗产意识，提高艺术鉴赏力，促进科学成就和科技创新。

民有民享的思想表明，获得图书馆各类服务是民众享有的权利。而图书馆开展阅读推广，也不是一种可有可无的特别服务，而应当是一种义务。因此，图书馆开展阅读推广活动具有重要的意义。

第一，阅读推广活动对人的阅读习惯的养成意义重大。据研究，人类的阅读习惯形成于儿童时期，尤其是四岁前后。在这样一个时段接触图书，可以让孩子一生都喜爱阅读。图书馆应想方设法吸引孩子。这也是为什么国际图书馆协会联合会与联合国教科文组织在《公共图书馆宣言》中将“养成并强化儿童早期的阅读习惯”放在其使命第一位的原因。

第二，阅读推广活动对促进成人的终身学习意义重大。知识在不断更新，一个人要是不能持续不断地学习，就会逐渐游离于时代之外而跟不上发展。阅读习惯能帮助人不断学习。终身学习习惯的养成对人一生的发展至关重要。

第三，阅读推广活动对促进人的自由发展至关重要。阅读推广活动除了能促进人们阅读及学习习惯的养成，还能激发人们的想象力与创造力，或提供创造力发展的机会，也能增强人们的文化遗产意识，提高人们的艺术鉴赏力。人们在不断地阅读和学习中，增长知识，进德修身，正如中国古人所谓“腹有诗书气自华”。人的自由发展意味着不能对人的创造力等方面设置太多限制。就图书馆来说，读者的阅读需求就是最大的工作动力。图书馆应以读者文献需求的满足为最大的工作目标，为此，图书馆对文献不能有限制，任何文献，只要收藏进图书馆，其目的就是使用，不仅不能有限制，还应当分类排架妥当，让读者方便获取。图书或者文献信息只有在流通中才能发挥出最大作用，正像美国图书馆协会颁布的图书馆伦理规范所言，图书馆应旗帜鲜明地反对针对图书资源的任何形式的审查，应保护每一位用户在信息检索、接收，或资源咨询、借阅、获取及传递等方面的隐私及秘密。图书馆当然更不能对使用者本身进行限制，人人生而平等，无论年龄、种族、性别、宗教信仰、国籍、语言或社会地位如何，人人都享有平等使用图书馆的权利。

公共图书馆的服务是针对所有人，高校图书馆则主要面向教师与大学生，尤其是大学生。大学图书馆开展阅读推广活动，其对象也主要是大学生。在一些发达国家，孩子由于从小就注重阅读习惯的培养，所以通常到了大学，就不存在普通意义上的阅读推广问题。而在我国，由于应试教育的影响，有些孩子从小基本上是为了考试而学习，阅读主要不是为了提高个人修养，而是为了提高成绩。这种将孩子当工具培养的方式使得一些孩子失去阅读的兴趣。因此，在我国，高校图书馆开展阅读推广活动存在着如上所述的培养阅读习惯、终身学习习惯及个人自由发展等方面的意义。还有一点，大学生是社会极其活跃的一分子，他们养成良好的习惯，就会进一步影响其他人。他们就像种子，一粒一粒，虽在短时间内难见绿意，但持续不断地繁衍生长，终会长成葱葱森林。

第五节　高校图书馆阅读推广：馆员与读者间的文献互动

在西方，宗教曾对人类思想做了诸多限制，直到新教伦理出现。在马克斯·韦伯看来，在欧洲向资本主义过渡时期，那些资本占有者或企业家等多为清教徒。那些具有禁欲主义倾向的人非常强调“谋事在人，成事在天”，并认为判断一个人是否是上帝的选民的根本在于其人是否充分发挥了才华。《马太福音》中曾讲述过，一个人不能将上帝给自己的 talent 藏起来，越使用 talent，就会使自己有更多 talent。Talent 原本指古代希伯来等民族使用的货币单位，后来演变成人的才华。一个充分使用了其才华的人，上帝会给他更多才华；一个闲置才华的人，上帝会连他原有的才华也拿走。有人把这个故事总结为“马太效应”。这样一种思想，无疑对资本主义的发展起了重要的促进作用，它也是马克斯·韦伯在分析资本主义发展时总结出来的。

马斯洛将人的自由发展称为“自我实现”。他将人的需要按重要性和发生的先后次序分成五个等级：第一层次是生理上的需要，第二层次是安全上的需要，第三层次是情感和归属的需要，第四层次是尊重的需要，第五层次是自我实现的需要。低阶的需要满足后便追求高阶的需要，直到自我实现。其中前三个层次需要以“信息需求及其满足”为中介，而后两级则可直接通过“信息需求及其满足”来实现。可以看出，不论是哪一个层次的需求，都离不开信息，对信息的需求是满足各层次需要的重要手段。

信息是物质的属性，物质的运动变化都以一定的信息呈现出来。通常意义上，信息是音讯、消息、通信系统传输和处理的对象，因而可以泛指人类社会传播的一切内容。信息是物质运动变化中所呈现的内容，这些内容可以被感知，也可以被记录下来。记录下来的信息就成为文献的重要组成部分。

我们通常所称的图书文献与普通意义上的信息有相当的区别。图书中通常包含有信息，但图书中的信息更多的是作为思考之素材用。正是因为对事物信息的感知、认知与思考，人们才能形成知识与思想体系。这些知识与思想又反过来促进人类的进步。在今天，图书开架借阅模式已基本普及，但某些国家却仍采用闭架借阅方式。信息获取上的封闭必然导致落后。我们也因此不难发现信息自由的重要性。

越是高级的需要，越与知识和思想相关。如果只是生理及安全的需要，通常可从物质层面加以解决，而如果涉及情感、尊严及自我实现，则必须更多从精神层面来着手。在这个过程中，图书文献的重要性不言而喻。

对文献信息的需求是可以明确表达出来的，这样的需求容易解决。这也是阮冈纳赞所总结的“为人找书”的问题。也有不少读者，他们到图书馆来，并无明确的文献需求，其需求可经激发而表达出来，也可能始终不明确，对于这样的读者，图书馆文献布置是否有序、陈设是否亲民、活动是否丰富、吸引力是否强烈等显得相当重要。图书馆阅读推广活动更多是针对那些潜在的需求者，或者说是默认人们有文献需求，然后有选择地推荐并提供文献。在某种程度上，这种活动相当于阮冈纳赞所说的“为书找人”。

正是因为基于潜在需求，所以在阅读推广活动中读者不是主导者，组织者或者图书馆相关馆员才是活动的主导者。

从主导者一方来说，必须考虑三个方面的问题。

第一，读者，即阅读推广的对象问题。高校图书馆阅读推广活动的对象通常为大学生。大学生群体庞大。一所高校，往往年招本科生数千人，加上硕士生、博士生，在校生人数往往有数万之多。小一些的学校，也往往不下万人。因此，在开展活动之前，仔细思考推广对象问题是必要的。

推广对象可以是整体的，即针对所有大学生的，但更多应该考虑对象细分。客户细分是客户关系理论的重要组成部分，特别强调需求的差异性，认为只要存在两个以上的用户，需求就会不同？推广对象分层越细，所做的工作越有针对性，就越能满足特定群体的需求。细分的方法，有根据年级的，有根据专业的，有根据文献类型的，有根据社团的，等等，不一而足。

读者可以细分，但这种细分并不是图书馆因此开展区别服务的依据。图书馆的总体原则应是一视同仁，绝不可以将部分读者拒之门外。读者的文献需求都应尽可能予以满足。服务中的歧视行为应当坚决制止。但是，只要开展阅读推广服务，实际上不可避免地存在服务倾斜。也就是说，图书馆在开展阅读推广时，明显地将服务资源集中在了少数人身上。这对于其他人来说是不公平的。因此，图书馆方还要平衡两者的关系，不要因为阅读推广而顾此失彼。

此外，对于读者所需相关文献信息，也涉及隐私保护问题。有些人借了什么书并不一定想让别人知道。因此，如何在阅读推广活动中避免隐私泄露，也值得图书馆方注意。

第二，文献，即阅读推广标的物。标的物是指当事人双方权利义务指向之对象。这里使用标的物一词，是因为阅读推广涉及图书馆馆员与读者，虽然两者没有明确的契约关系，但只要图书馆一方尝试向读者开展这一服务，就意味着双方形成了一种类似于契约的关系，而这种关系共同指向的物品即是标的物，也就是文献。

阅读推广的标的物要依赖于阅读推广的对象，即不同的对象适用不同的文献。针对整体的文献推广，需要考虑文献的通俗与有趣。但随着学生在校年龄的增长，阅读及知识面的扩充，其需求会发生明显变化。通常来说，人们最初容易被文学读物所吸引，但随后历史、哲学类读物会成为喜爱阅读者的首选。也就是说，人们会从纯粹的自娱转向人生思考。也正是在这一过程中，阅读的意义得以彰显。

由于读者需求的原因，读者越多，需求越广泛，文献资源建设也就相应地要考虑品种问题。除了品种，对于不同观点、不同学说类文献，也必须尽量搜罗。图书馆工作者不是判官，不必判断是非，他们所要做的，是尽量网罗各种类型及各种观点的文献，供读者选择。

阅读推广，更多的是推荐那些值得推荐的文献，这是一个将有价值的文献寻求出来加以推广的过程，着眼的是文献质量。而文献资源建设，则需充分意识到需求的多样性，以及价值的相对性，对多数人毫无价值的文献，可能对少数人具有极大价值，因此，它关注的是文献的品种数量。当品种达到一定程度，鉴于个人时间的有限性，大量文献必然会长年被置于架上无人问津。而如何发现读者需求，如何发现文献价值，如何在这两者之间做好工作，值得每一个图书馆工作者深入思考。

在文献准备中，图书馆应当明确，只要没有明确的限令，所有进入图书馆的文献，都应当是可以公开的。对于高校图书馆来说，凡是该馆的用户，都有权使用相关文献。不过，不可避免的是，由于知识结构、个人偏好，甚至意识形态等原因，馆员所推荐的读物，必然具有选择性，这种选择性很可能导致不同观点的冲突。因此，图书馆在文献准备中，如何尽量保持价值中立，也是一个值得思考的问题。第三，活动，即阅读推广行动。就活动而言，必须注意以下几个问题。

首先，活动要有组织。高校图书馆有大有小，通常不论大小，都有流通、阅览、采访、编目及读者或学科服务等部门。流通、阅览是读者服务的第一线，相关工作人员应当熟知馆藏，并应结合各类节假日、各类活动向读者推荐图书。一些图书馆的阅览部门的工作人员会定期编写图书介绍，张贴在显眼位置，以便学生浏览；或者推出推荐书架，适时向学生推荐好书。学科服务部门通常针对的是研究型用户，像用户荐购，通常由学科服务馆员联系有关学科的教授、副教授及博士生来开展。一些未设学科服务部的图书馆通常设有咨询部，其主要工作是有针对性地解答各类读者问题。采访部虽不直接接触读者，但该部为各部门开展相关业务提供了文献保障，结合各类活动适时购进相关图书是各部门活动成功的基础。一些稍大型的活动通常需要多个部门的配合，有条件的单位可成立活动小组，从策划到文案，到美工，到技术，都需要人手，一个人通常忙不过来。活动也可与学生社团合作，这样既能吸引学生参与，又能适当减轻馆员的工作量，从而实现双赢或多赢。

其次，活动要有计划。根据读者情况，以及自身条件限制来开展活动。计划首先必须考虑时间上的分配。一年两个学期，如何合理地分配时间，如何在适当的时间做适当的事，对于图书馆工作者来说值得思考。一些图书馆利用上半年的世界读书日和下半年的新生入学大做文章，就是基于这种考虑。计划还必须考虑主题。一个收藏丰富的图书馆，其任何藏品都有可能的读者存在。读者的文献需求存在一个明显的“长尾”，即少数图书，其需求量极大，而大量图书需求量偏少。也有人将其简单归纳为“二八定律”，即大约 20%的文献可满足 80%的读者需求，而另外 20%的读者需求，则需要 80%的文献来满足。如果只针对 20%的文献来开展推荐活动，固然可以赢得大量的赞美，但如果长期这样做将不利于馆藏中另外 80%的文献的开发利用。“为书找人”也是图书馆馆员应当做的事情，或者说如何更好地促使图书馆的收藏文献得到全面使用，是图书馆阅读推广活动从事者值得认真思考的事情。通过丰富的主题来满足不同的读者群，不失为一种很好的选择。

此外，在活动的形式上还要做好安排，力求丰富多彩，如开设经典书架、开列经典书目、定期举办读书活动，以及真人图书馆、讲座等。多样化的阅读推广活动是成功的基础。

最后，活动要考虑创造品牌。品牌建设的实质在于提高知名度，形成品牌效应。品牌知名度的形成和培育取决于创意、定位、投入、持续和宣传。其中创意和定位最重要。一个高校图书馆，要结合自身的实际情况寻求创意，并加以定位。对于阅读推广品牌，定位就是品牌创建者希望品牌在预期读者大脑中扎根的程度。因此真要让品牌在读者头脑中扎下根来，就必须舍得投入。投入当然少不了经费的投入，但更需要时间及精力的投入。很多活动往往就是因为人力、物力与财力等方面的不足而难以持续开展。持续既可以是同一主题的持续开展，也可以是围绕创意或主题而持续深化，努力开拓。有创意而主题突出的活动通常具有宣传点，也就值得宣传，因而可以充分利用各种媒体来开展宣传活动。

图书馆的阅读推广可定义为馆员与读者间的文献互动，这种互动在高校又是通过高校馆员所组织的各类活动充分体现出来的。因此，将活动组织好并使活动开展成功，是高校图书馆馆员义不容辞的责任。

第五章　高校图书馆阅读推广活动的策划

近年来，高校图书馆提倡“以读者为中心，以服务为主导”的服务理念，举办各种阅读推广活动，加大对资源和服务的推广力度，激发读者利用图书馆的兴趣。优秀的阅读推广活动有利于发挥图书馆的功能，塑造图书馆正面的形象，同时发挥着“润物细无声”的形象识别作用。

新信息环境下，读者对阅读推广服务呈现出多方位、全面性、独特性的需求特征。高校图书馆要努力适应新环境的变化，发掘自身所具备的服务潜力，不断融入新的理念，延伸和拓展阅读推广服务的内容和形式，从而提高阅读推广服务的质量，吸引既有的和潜在的读者群，充分发挥阅读推广服务的效用。

第一节　高校图书馆阅读推广活动的受众及目标

阅读需要普及与推广。但如何推广，则无一定之规。高校图书馆是大学校园中读书活动的策源地和大舞台，阅读推广活动一般由高校图书馆推动。高校图书馆的服务对象主要是青年学生及老师，阅读推广活动很大程度上就是针对大学生展开的。大学生除了阅读专业文献，还需要阅读那些与他们心理成长和人格完善有关的书籍。

阅读推广可以提升图书馆的服务能力。符合图书馆核心价值的阅读推广目标是：让不喜欢阅读的人喜欢上阅读；让不会阅读的人学会阅读；让阅读有困难的人跨越阅读的障碍。与之对应，我们可以确定，针对大学生进行阅读推广的目标主要有以下几点：提升资源使用率；提升大学生阅读意愿，提高大学生阅读能力；提供阅读交流的平台。阅读推广的内容则主要是图书馆的资源及服务，而推广的方式则是在线上、线下开展各种喜闻乐见的活动。

第二节　高校图书馆阅读推广活动的主要形式

狭义的阅读推广一般指书目推荐或读书会等活动，以及针对节假日开展的专题阅读活动。但在实际操作中，高校图书馆的阅读推广活动范围则很广，包括线上和线下推出的各种推广活动。

高校图书馆开展的阅读推广活动形式种类多样，既有名家讲坛、读书沙龙，也有知识竞赛、设计大赛等活动，活动目的在于激发学生的读书兴趣和创作热情，使图书馆服务理念深入人心。从统计数据来看，高校图书馆的阅读推广活动主要包括以下形式。

表 5-1　高校图书馆阅读推广活动的主要形式

名师讲座	推荐书目	读书征文	阅读辅导	微书评
书展	资源及服务讲座	读书沙龙	阅读推荐网站	图书互换
图书馆知识竞赛	诵读比赛	设计大赛	摄影比赛	图书捐赠
管理之星评选	优秀读者评选	读者座谈会	爱书护书	图书漂流
书画展	摄影展	影视欣赏	问卷调查	社区阅读

第三节　高校图书馆阅读推广活动的策划原则

高校图书馆开展阅读推广活动的目的是吸引大学生的注意，使其参与到活动中，因此活动需精心策划。详尽细致的策划方案是阅读推广活动顺利开展的保证。

一、针对性与整体性的协调

每一项阅读推广活动都是针对一定的目标群体的。高校图书馆开展阅读推广活动，需要设定明确的目标群。大学生的阅读倾向和规律因其所处年级以及知识积累程度的不同存在明显差异，应针对不同群体开展不同内容和形式的阅读指导活动。客户细分是客户关系理论的重要组成部分，特别强调需求的差异性。推广对象分层越细，所做的工作越有针对性，就越能满足特定群体的需求。粗略地看，图书馆大学生读者可分为本科生、硕士生、博士生，这个分类还可进一步细化，本科生还可分为新生、老生及毕业生。阅读推广的对象主要是本科生，而针对新生的活动与针对老生的活动却大不相同。新生到校后，一个重要任务是了解图书馆，提高信息素养，而老生则在这方面已有基础，他们更希望找到自己想看的图书，大三、大四的本科生则更希望获得论文写作、考研、找工作等方面的指导，即使是同一年级的学生，人文学科和理工学科的学生，需求也是很不一样的。

阅读推广还要考虑整体性，如与图书馆服务宗旨保持一致，兼顾图书馆各个读者群体，阅读推广工作中的各个环节均具有整体性。大学生层次不同，在策划活动时，要统筹考虑，不能只考虑某一个群体的需要，如不能只考虑新生的需求，也不能只考虑老生或毕业生的需求。在布局阅读推广活动时，要先做通盘考虑，再做适当倾斜。例如，在秋季，考虑到新生入学，可以多布置一些面向新生的活动，适当地布置一些针对高年级学生的活动。到了春季，活动内容可以适当向高年级学生倾斜，适当地布置一些针对低年级学生的活动。

二、科学性与前瞻性的结合

首先，阅读推广活动策划要确保导向正确、宗旨明晰，意在引导阅读和促进阅读。其次，阅读推广活动的策划内容和形式是具有可操作性的，图书馆在人、财、物上应能保障活动顺利实施。

阅读推广活动的策划也要有前瞻性。除针对纸质图书等开展活动外，要时时关注网络化环境下新技术的发展及读者阅读习惯的变化，要跟踪数字阅读、掌上阅读、新媒体等的发展，创新活动形式，不断策划新的主题活动。

三、兼顾计划性与可持续性

阅读推广每一项活动都要进行很长时间的筹备。为保证活动质量与效果，一般情况下，要未雨绸缪，策划之初，就要考虑人员、经费、资源、甚至时间和空间等条件，提前为未来拟筹划的活动创造相关条件。

要通过推广阅读来促进读者阅读习惯的养成、阅读文化的建设，这是一个长期的过程，非一两次读书活动就能做到，所以阅读推广不应是应景、应时的节日型、运动型活动，必须建立起长效机制，在人员、经费、资源等方面做出整体规划和安排。在策划时，可以考虑将有些可反复开展的活动做成品牌，形成口碑。读者经阅读推广活动的反复刺激，可提高参与的热情。例如，“一城一书”这样的活动就可持续开展，可以以年、季、月、周等不同周期开展，周期不同，书籍不同，这样可以大大提高书籍的阅读率。在高校图书馆，也可以持续打造“一校一书”的立体阅读模式，让阅读成为习惯。

四、创意性与常规性的平衡

阅读推广活动的开展是希望引导更多的人参与，具有创意的宣传推广活动能极大地提升宣传效果。衡量宣传推广活动是否具有创意，要看它是否引起了大学生广泛的共鸣，是否给大学生留下了深刻的印象及是否取得了大学生的广泛关注。

图书馆可定期策划一些创意性活动，阅读推广的策划，要打破常规，寻找创意上的突破，要能够抓住大学生的眼球。在策划活动时，要求方案新颖、个性化、趣味化、富有挑战性，达到"惊异效果"。

但创意性活动要耗费更多的人、财、物，对技术也有更高的要求，因此图书馆的活动不可能都具有创意性。阅读推广活动本就有常规与非常规之分。在图书馆内经常性地开展常规性活动，以树立品牌和口碑。

图书馆阅读推广活动的策划，特别要注意在创意性和常规性间寻找一个平衡点，将常规活动打造成品牌，在人、财、物条件合宜的情况下，开展创意性活动，达到锦上添花的效果。

第四节　高校图书馆阅读推广活动的策划模式

策划的模式不一而足，可以由某个人或一个团队策划，再经讨论定稿。策划需要创新，也切忌闭门造车。要开展多样化、精准化的阅读推广工作，则需内外合力，使图书馆资源与服务最大限度地被知晓、被利用。

一、头脑风暴法

成功的推广方式首先需要创新性思维，在目前阅读推广活动需要经常有新点子注入的情况下，它更需要我们有创新和开拓的精神，阅读推广活动要具有独到之处，在形式或内容上有所突破。为激发创造力，图书馆在确定阅读推广议题后，应将不同专业或岗位的人分成不同的小组，小组成员在轻松融洽的气氛下就活动方案自由发表意见和讨论。在较少限制的情况下，集体讨论问题能激发人的热情，人人自由发言、相互影响、相互感染，能形成热潮，突破固有观念的束缚，最大限度地发挥创造性的思维能力，碰撞出思想的火花。

案例 5.1 头脑风暴法应用案例

以武汉大学图书馆 2015 年开展的"首届学术搜索之星"挑战赛策划为例。首先，明确该活动的主旨，主要是推广图书馆订购的电子文献数据库，让更多的读者熟悉并利用图书馆订购的数据库，提高电子类图书及期刊的阅读量。与活动相关的部门应各司其职，由咨询与宣传推广部统筹，下设策划组、出题组、宣传组、培训组、系统组和“双微”发布组，组员要么是在各自岗位积累了较多的经验，要么有较新锐的思维。讨论提倡自由奔放、任意畅想、跨界发挥，主意越新越好。鼓励与会者畅所欲言，互相启发。策划组提出活动策划的阶段方案及整体宣传方案设想，出题组提出出题思路，培训组提出针对活动的培训组织方案设想，系统组提出竞赛网站开发方案设想，“双微”发布组则提出整个周期的活动宣传方案，如何通过各种渠道进行宣传，汇聚人气，形成竞争的氛围。由组内其他人员提出补充建议。围绕搞好活动这个核心，整个活动经过十多轮头脑风暴式的讨论，策划方案在讨论中不断完善，易稿十多次。最终将赛程设置为“号角吹响”全民暖身赛、“虚拟之战”网络选拔赛、“精英计划”学霸集训营及“巅峰对决”现场总决赛四个版块。为配合每一个版块活动，无论在赛制还是题目设置上，都充分了解读者需求，采取读者喜闻乐见的方式。经集思广益、群策群力，活动圆满举行，5000 多人参与，全校 38 个院系中有 36 个院系的同学参加了网上选拔赛，院系覆盖率达 94.7%。活动举办期间，数据库用量处于增长势头，微信涨粉较快，关注人数较多。参与者普遍认为该比赛很有意义，对学生信息检索能力和学术素质能力的提高有极大益处，希望以后能多多开展类似活动和专题讲座。

二、引入众包模式

众包模式产生于2006年，指的是机构或公司把以前由工作人员完成的任务，以自愿的方式外包给大众网络的做法，通俗地说，就是让更多的人参与一个机构的活动，达到集思广益的目的。有研究认为，图书馆在四个领域可应用众包模式，以提高图书馆服务水平，有效协助教学科研，其中就包括图书馆阅读推广服务。通过众包来吸纳不同文化背景的人员参与阅读推广创意的工作，有助于建立多元化阅读推广服务体系，提高阅读推广活动的创新性和包容性。特别是从图书馆外部吸引人才，广泛挖潜，使他们参与合作过程，策划出适合同龄人心理的活动，吸引更多同龄人参加，以帮助图书馆打开局面。

高校图书馆引入众包模式进行阅读推广策划具有一定的可行性。高校有庞大的学生队伍以及粉丝群，图书馆与各级机构间有着长久的合作传统，这些因素是图书馆开展众包服务的良好基础，学生组织及社会网络中的粉丝可以成为图书馆众包项目的志愿者，为图书馆完成合作化任务提供保障。

在阅读推广的策划方面，引入众包，就是要集众人的智慧，让人人参与，贡献新创意。图书馆利用众包模式，广征活动创意，包括活动方案、活动名称、活动文案等，已有些成功的范例。清华大学图书馆曾举办“我让小图更聪明”创意征集活动，44 位师生的创意获奖，优秀创意可进入小图语料库，成为“小图”的知识点。复旦大学图书馆、山西大学图书馆均曾在图书馆网站征集馆徽。将读者和粉丝作为宝贵的资源，巧借外力，能使策划的内容更贴近学生的感受，更受学生喜爱。对部分技术或设计要求较高的项目，可以项目制的形式交给学生团队策划。

案例 5.2 图书馆基于众包模式组织的三个推广案例

方案一

2012 年武汉大学图书馆有意创办读书会，向全校读者和网友征集读书会的点子。经图书馆考核，两个团队和几个音乐爱好者提出的一种新的读书会——集合文字、影像、音乐三种不同形态的读书会形式得到采纳，并最终成为珞珈阅读广场的雏形。这三种阅读形式既可以独立举行活动，也可以合作开展立体阅读，活动主持人也从校内外机构及众多网友中征集，涵盖各个层次，主持人的多样性使读书会充满活力。除学生社团成员、征文获奖作者、读书爱好者外，图书馆和社团还积极与校外机构或团体合作，挖掘主持人，扩大活动影响力。例如，“真趣书社”与湖北人民出版社合作，举办“重回民国上学堂”大型读书会，并邀请武汉高校数十家文学社团参加；影像阅读与 FIRST 青年电影展合作，播映最新获奖影片；“音乐空间”邀请浙江大学的古典音乐爱好者联盟合作讲授古典音乐鉴赏等。读书会活动目前已连续举办了 120 多期。

方案二

为让学习疲惫的同学有一个休闲放松的途径，武汉大学图书馆计划在每周三推出一款音乐节目，包括古今中外多种类别的音乐。因为考虑到节目名称要贴合休闲的心境且朗朗上口，还要受学生的喜爱，图书馆于是在微博上推出“请你来命名”活动，向校内外粉丝征集名称。学生踊跃参加，投出自己心目中的名称，征集到包括“天空之城”“音乐百老汇”“音乐随心听”“音乐下午茶”“惬听风吟”等几十个名称。经综合考量，最终选取“音乐随心听”，并将其打造成一个颇受欢迎的品牌活动，目前已不间断举办 200 多场。

方案三

2014 年，武汉大学图书馆推出座位管理系统。通常关于座位管理系统规则的说明比较烦琐。根据以前的经验，这样繁杂的文字内容，读者很难耐心细致地阅读或认真领会，结果又会引发新的违规，馆员需出面反复解释规则，这造成了人力、物力的浪费。为此，图书馆在大众群体中广征创意，经综合评估，一位大学生的文案脱颖而出，其清晰地阐释了座位系统的规则且文字诙谐活泼。如“我是你的唯一。若你要离开我，请把我的自由还给我。……以下行为，将记一次违规：你冒名顶替、脚踏多条船。你决定走了，却对我不放手”，风趣的语言吸引了无数同学在现场阅读，在微博上更是吸引了 12.2 万人阅读，被学生赞为“最萌的图书馆规则版本”。

第五节　高校图书馆阅读推广活动的策划思路

一、与图书馆馆藏资源推介相结合

图书馆丰富多样的资源是吸引大学生来馆或体验的因素之一。高校学生的流动性，注定了图书馆读者的流动性。图书馆的资源数不胜数，但需要图书馆不断推介。在这个多元化选择的时代，图书馆应加强资源推送的力度，吸引更多的人走进图书馆，让他们了解图书馆、利用图书馆。

二、与图书馆服务相结合

图书馆的优质服务与阅读推广之间是一种相辅相成的关系。目前高校图书馆服务项目众多，借阅服务、视听服务、数据库服务、教学培训、文献传递、学科服务、论文收录引用等，林林总总。阅读推广活动的进行，必定对图书馆的形象有正面宣传的作用，促使更多的读者了解和体验这些服务。图书馆要结合这些服务，将宝贵的资源推介出去。

三、与读者需求相结合

阅读推广的目的是吸引读者的广泛参与，营造浓厚的校园书香氛围，养成良好的阅读习惯，让全民阅读成为一道亮丽的风景线。同时要充分考虑用户信息素养的提升，用户信息素养提升了，就可遨游学海，享受“悦读”的情趣，读更多好书。

第六节　高校图书馆阅读推广活动的策划流程

一、"知己知彼"，做好前期调研

（一）"知己"——对图书馆的资源与特色服务进行梳理

策划人员，要对本馆的资源与服务有充分的了解，只有这样才能进行有针对性的推介。一种是依托大众性的资源和服务进行阅读推广策划，如结合好书榜、获奖图书等开展书展和读书会。一种是挖掘图书馆特色资源和服务进行阅读推广策划，推出专题活动。如 2013 年，清华大学图书馆在第 102 周年校庆日来临之际，推出首期专题书架——"清华人与清华大学"，活动从校图书馆（逸夫馆、老馆）馆藏中精选 138 本图书，这些图书有的是官方校史，有的是校友忆作，有的是校史研究著作，还有的是清华子弟的回忆文章。武汉大学图书馆针对自己的馆藏特色资源，推出"馆藏特色文献推介展"，设置民国文献、港台文献、抗战专题文献、诺奖文学专题、边界研究专题等五大专题。

（二）"知彼"——了解读者才能进行针对性推介

新信息环境下，互联网上的新创意层出不穷，很容易转移读者的吸引力。很多高校图书馆在策划活动时，往往依据惯性思维，没有事先认真调查学生的阅读兴趣和实际需求，与读者沟通不足，用户体验偏少，欠缺双向深层次交流，导致策划活动的参与者较少。

图书馆要紧跟时代发展，了解"90 后"的心理，融入快乐推广的理念，在图书馆与读者间建立一个亲和的"媒介"，搭建良性互动的平台，将活动的推广方式打造得活泼、有趣，迎合读者的喜好，从而与读者产生共鸣。

1. 通过前期调研了解读者的需求

阅读推广活动的前期调研很重要，强调以读者为中心，重视读者的体验，充分了解高校读者的阅读兴趣和阅读爱好，针对高校用户读者的兴趣爱好进行选题策划，让读者真正成为阅读推广活动选题策划的参与者。

通过观察或读者调查、访谈、座谈，设置建议箱，图书馆流通数据分析等方法多方面了解读者需求。调研的方式包括问卷调查、有奖问答、现场采访调查等，可以通过在社交网站、微信、短信、图书馆主页发放调查问卷、电子邮件进行调研，获取调查数据，也可以充分利用图书馆的官方微博和图书馆馆员的个人微博与读者互动，听取读者的意见。在进行调查时，调研者要对大学生读者群进行细分，如本科新生的座谈会、高年级本科生的调查表、硕士生和博士生的需求访谈等。此外，要特别注意了解人文社会科学学生与理工科学生的需求差异。

2. 根据大学生阅读类型进行推介

大学生阅读的类型可分为目的阅读型、从众阅读型、随意阅读型。目的阅读型读者有较明确的目的，根据需求选择图书，如阅读考试类书籍、英语学习书籍、论文写作书籍、小说等，这类读者往往有明确书单，图书馆可根据这类读者需求补充馆藏，引导其阅读更多相关书籍。从众阅读型读者，大部分是别人读什么，他就读什么。对这类读者可重点进行荐读服务。随意阅读型读者数量较多，这类读者到图书馆往往没有明确的目标，在书架中看到心仪的书就随意看，一般也不会深入地读某本书，可以通过开具书单对这类读者进行引导。

3. 阅读推广时机的选择

阅读推广时机的选择很重要。例如，对刚进大学的学生推荐论文写作方面的书籍，效果不会太好，适时适宜地开展荐读活动才会有比较好的效果。每年9月份，大学新生到校，图书馆阅读推广的重点可以围绕大一新生进行，帮助大一新生更好地适应大学的学习和生活；每年11月份可以针对研究生进行课题或专业写作方面的书目推荐；每年5～6月份可以针对毕业生开展创业方面的书目推荐或讲座。

二、确定活动意向

图书馆阅读推广的总体目标是推广资源与服务，但一项具体活动的开展，需要有一个清晰的意向，这样策划才有方向。

从近几年阅读推广活动的开展来看，我们可初步将活动意向归纳为如下几种。

（一）引导阅读

引导阅读主要是开展专题书目推广或书展。这些活动策划主要立足大学生读者阅读推广，倡导健康的阅读风气，兼具知识性、思想性和趣味性。

（二）引导学术、思想、文化的交流和分享

①大型讲座。各类型文化讲座，促进文化传承和创新。

②小型读书沙龙。欣赏文艺作品、分享阅读感悟、培养人文素养的阅读交流平台，强调交流和分享。

③真人阅读。以面对面的形式沟通，分享多样人生经历和感悟，励志成才。人即是书，书即是人，人书合一。

（三）阅读感悟和分享

①读书征文。强调以阅读感想和阅读思考为中心，写出自己不同的见解和真情实感，可读性强，对同龄人有启发。

②书评大赛。可以是不同主题的书评大赛，或网上微书评活动，字数不限，强调感悟。

（四）提升资源的推广利用

①可针对电子资源举行“学术搜索之星”挑战赛，或数据库有奖竞答等活动。

②可针对纸本资源举行“找书达人——图书搜寻大赛”，或书山寻宝类活动，让新生通过比赛的方式学习索书号知识，以更快速、更准确地找到所需的图书。

（五）加强阅读资源的循环传递

图书互换会、图书漂流活动可让读者各取所需，让书籍流动到最有需求的人手上。

（六）加强阅读的示范效应

“借阅之星评奖”“读书之星比赛”等活动可以身边的实例激发学生的阅读兴趣。

三、确定选题

实践中，初步确定要开展哪一方面的活动，如书展或读书征文，但确定“选题”往往又是一个难点，常常会为想不出一个好的主题而烦恼。如果不想落入俗套，使活动接地气，且具有学术性、时事性、知识性、趣味性，可参考以下方法。

（一）关注社会热点

目前大学生获取信息的途径有很多，微博、微信以及各大主流媒体每天推送的新闻很多，图书馆如果能将活动与热点有机结合起来，就能瞬间抓住大学生的兴趣点。例如，在莫言获得诺贝尔文学奖后，图书馆推出诺贝尔文学奖获奖作品的推荐书目，就能及时抓住大学生的眼球。2015 年，借中国药学家屠呦呦获诺贝尔奖的契机，武汉大学图书馆一方面推出中医药书籍的专题书展，另一方面在信息搜索大赛中推出“屠呦呦发表的一篇文章《中药青蒿化学成分的研究》引用率很高，通过中国知网查找，这篇文章被引用了多少次？”这样类似的微博抢答，使图书馆瞬间吸粉无数，产生了相当不错的反响。

（二）关注文化机构的热点

一些文化机构，如新闻社、出版社、学校、书店等的活动和网站是策划人员需要经常关注的。年度好书榜、文学奖获评图书等都可以作为活动主题，由此策划一系列活动。例如，上海交通大学图书馆的“好书中的好书”主题书展，华中科技大学图书馆的新浪读书和凤凰读书网等媒体 2013 年好书榜推荐书单等，即为不错的选题。

（三）结合节日或纪念日确定选题

节日或纪念日通常蕴含着历史文化内涵或跟某个重大历史事件相关。借助节日或纪念日开展活动，可亲近传统文化，夯实文化底蕴，提高人文素养。例如，在端午节举办屈原古诗朗诵赛。上海交通大学图书馆曾推出“元宵节和图书馆在一起，猜灯谜，留感想，品美味活动”；清华高校图书馆于 2015 年 3 月 8 日推出“了解女性专题书架”；2015 年结合“纪念中国人民抗日战争暨世界反法西斯战争胜利 70 周年”，武汉大学图书馆举办了相关的抗日系列书籍推荐阅读书目和书展；2016 年是汤显祖和莎士比亚逝世 400 周年的日子，北京师范大学图书馆举办了“致敬大师：汤显祖与莎士比亚”立体阅读，融专家讲座、主题书展和影像展播于一体。这些活动都能引起学生共鸣，提高学生的参与度。

（四）结合本校特色、重大活动和校友等选题

阅读推广活动还可以与本校特色、重大活动（如校庆、馆庆、纪念日）、校友等紧密结合，吸引更多学生关注。如清华大学与校庆日结合的“清华人与清华大学”专题书展，清华大学图书馆结合百年馆庆开展岁月留痕、清华藏珍、馆庆书系、系列展览等活动；北京大学图书馆结合秋季迎新推荐书目展，围绕“认识北大、热爱北大”“适应北大、享受北大”“走近大师、提升素养”等主题，精选了一批适合新生阅读的书，收到了不错的反响；武汉大学图书馆在毕业季线上、线下推出知名校友雷军的书单，将雷军精心挑选并大力推荐的十本书作为温馨“礼物”送给毕业生。

四、实施策划

（一）整体规划

图书馆的活动，根据高校本身的学期特点及学生利用图书馆的规律，基本

可分为常规阅读推广活动、专题阅读活动，以及吸引人眼球的创意推广活动。图书馆可根据自身特点开展不同形式的活动。

整体规划需明确的主要问题有：活动主旨、活动主题、活动时间跨度、活动组织方和合作方、活动主要内容、活动的进度、活动子项目的任务分工的落实、活动经费预算、活动预期效果、效果评估方法等。整体规划主要从全局统筹阅读推广活动的内容和人力、财力、物力、技术、时间与空间等资源的分配。以上各项内容都要考虑周全，从必要性和可行性两方面进行决策。特别要注意在策划与实施间寻找平衡点，由于现实条件的限制，有些非常好的创意往往难以实施。

（二）设计活动方案

在整体规划的统筹下，对于各个阅读推广子项目，还要设计具体的实施方案，实施方案一般由子项目负责人根据统一要求起草制定。实施方案解决的问题更加具体，包括要做什么、怎么做，以及事后的评估怎么做。

要做什么，即确定活动主题、活动对象、活动内容、活动形式。

怎么做，即确定活动管理方式、活动人力安排、时间安排、活动奖励方式、合作方式以及活动宣传方式（纸媒宣传及微博、微信、图书馆网站、合作网站等新媒体的宣传）。

活动的主题要鲜明有力，活动名称要贴合学生的心境且朗朗上口，活动文案的文风要活泼幽默。

第七节　高校图书馆阅读推广成功案例

一、常规阅读推广活动及案例

图书馆常规阅读推广活动，一般包括书目推荐或书展、读书会、真人阅读等，也有把这几者结合起来的立体阅读活动。

（一）书目推荐或书展

图书馆举办形式多样的导读和推荐书目工作，举办特定主题的图书展览，集中推介系列优秀图书，可引导学生多读经典书籍，起到塑造健康人格、陶冶情操、感悟教化的作用。推荐的范围不限于纸质图书，还可以是电子图书，甚至期刊、视频。

书目推荐包括新书推荐、主题书目推荐、借阅排行榜、知名人士推荐书、馆员推荐等。在进行书目推荐或书展策划时，可体现以下特色：

①经典名著类阅读。如中英文名著著作、人物传记经典、分学科经典著作（如经济学、法学等）。

②体现时代特色。如知名大学校长荐书书展、影响中国的十大法治图书、新生推荐阅读书展。

③体现地域或学校特色。如“汉派作家”书展、清华人与清华大学书展、特色馆藏与藏书印展。

④体现专业特色。如医学主题书展、水利电力专业书展。

（二）读书会

阅读从本质上说是一种个人活动，但很多人阅读之后有强烈的交流欲望，希望分享阅读感悟。图书馆应该提供阅读交流的场所，营造阅读氛围，开展相应的读书会。

高校读书会的策划要点如下。

①确定读书会的类型。根据大学的特点，可分为面向新生层次的读书会、本科生读书会、研究生读书会。以主题类型分类，可分为文学阅读、社科人文艺术、心理励志、专业阅读等。

②给读书会命名。命名要朗朗上口，体现学校或图书馆特色。

③读书会的主要活动设计。由读书会成员共同选定书单，会下完成阅读，会上进行交流讨论。

案例 5.3 读书会策划

活动名称：“民国学堂记”大型读书交流会。

活动主题：开展以民国为主题的集中性、专门性的读书会活动，以民国为线索，分享一系列与民国有关的书籍，感受民国风韵，增长学生的知识。

活动内容：

①简单介绍《重回民国上学堂》的主要内容，包括朗朗学堂、莘莘学子、悠悠校园、巍巍名师四大栏目。

②嘉宾和读者共同讨论书中内容，有民国大师风采、留学生活、民国学府、民国教授、教育家等主题。

举办方：图书馆。

合作方：真趣书社、湖北人民出版社。

（三）真人图书馆

真人图书馆是读者和一个人活生生的人交谈，从而获得更多的见识的活动，源于丹麦的哥本哈根。真人图书馆的优势在于，它所提供的“真人书”有着丰富的生活经验，这种服务通常是读者在其他地方无法获得的。资料显示，国外的“真人书”有球迷、女权主义者、治疗康复师、流浪汉、警察、素食者、新闻记者、外来移民、残疾人等各阶层人士，他们都是志愿者。这些人要自愿且有能力将自己的人生经验、隐性活态资源与他人分享。另外，“真人书”和读者之间还要建立一种良好的沟通和理解关系，他们经常会面对面地探讨不同的生活方式、生活环境或者信仰，这些话题都是读者之前从没有接触过的。从某种程度上说，真人图书馆的使命不仅是让读者获取一些自己好奇的知识，还是为了消除不同群体之间的歧视，增强人们的安全感，这也是我们阅读纸质图书所不太可能获得的最直接的感受。

案例 5.4 真人图书馆活动策划

活动名称：悦读你我——真人图书面对面。

活动主题：邀请各种不同人生经历的“真人书”，让读者与他们进行面对面的交流和沟通，让读者分享多样人生经历和感悟。

活动内容：

①征集有特殊才艺、技能、经历等的师生作为“真人书”，人即是书，书即是人，人书合一。

②举办“用镜头记录西藏支教的朱超隆”活动。

③举办“走进非洲的刘文佳”活动。

④举办“考古那些事儿”活动。考古博物馆学专业大三学生讲述考古中碰到的困惑与喜悦。

（四）立体阅读

所谓立体阅读，是指图书馆利用自身的设施条件和人才等综合性优势，融实物陈列、图片展览、讲座、演出、组织读者进行相关文献阅读、与读者互动等多种形式为一体，全方位、多层次地宣传推广主题的一系列活动的总称。同济大学图书馆自 2008 年开始策划“立体阅读”活动，先后开展了诸如“粉墨中国”“经典上海”“中华记忆”等向该校学生推广中外文化、城市文明等内容的阅读活动。辽宁大学图书馆举办了“中华传统经典立体阅读之旅”活动，通过“宣—展—旅—诵—阅—舞—荐—体—写—拍—演—讲—赛—问—论”15 个环节开展活动，为读者提供“声音”“颜色”“光影”“形象”“触感”等多元体验。

案例 5.5 立体阅读策划

活动名称："汉派作家"立体阅读活动。

活动时间：4 月 15 日～ 5 月 15 日。

活动地点：武汉大学图书馆。

活动主题：图书馆结合本地特色推出"汉派作家"作品展，以"汉派作家"为主题，融合"汉派作家"书展、"汉派作家"海报展、"汉派作家"改编电影播映、"汉派作家"作品微书评比赛活动于一体，全方位、多层次地展现主题，凸显本土特色，促进武大学子对地域文化的了解。

活动内容：

①书香荆楚——"汉派作家"作品展。推介一系列"汉派作家"作品书目及作品，如方方、池莉、刘醒龙、董宏猷、邓一光、熊召政、陈应松、彭建新等知名作家的作品。同时进行海报展和现场书展。

②"文华讲坛"开坛首讲——与生活辩论。"文华讲坛"是武汉大学图书馆 2014 年创办的讲座品牌，邀请专家学者、名人大家举办关于文、史、哲、艺等多方面的讲座，希望通过讲坛促进文化传承和创新，使武汉高校图书馆成为武汉大学的文化象征和武大学子的精神殿堂。湖北省作家协会副主席刘醒龙于 4 月 23 日世界读书日来馆开展讲座——"与生活辩论"，与现场读者互动交流赠送签名图书。

③荆楚风流——"汉派作家"文学作品微书评大赛。结合"文华讲坛"和"汉派作家"作品展，在微博开展"汉派作家"文学作品微书评活动。

④"汉派作家"作品改编电影播映。推介一系列"汉派作家"代表著作及其改编电影，如刘醒龙的《凤凰琴》《背靠背，脸对脸》；方方的《桃花灿烂》《万箭穿心》；池莉的《生活秀》；喻杉的《女大学生宿舍》；等等。

二、专题阅读活动及案例

专题阅读活动可以根据不同的时机拟定主题，然后在该主题下开展若干子活动，这些活动可以囊括前面所讲的常规活动。专题活动体量更大，内容更丰富，具有较强的冲击力，易于每年固定时间开展，容易形成品牌。

（一）结合世界读书日开展的专题阅读活动

结合世界读书日开展阅读推广活动，是高校图书馆最传统、最广泛的推广方式，其活动的开展一般在世界读书日当天或前后，或持续一周、一个月、两个月。读书节或读书日的阅读活动形式种类多样，从高校图书馆来看，近几年举办的活动基本包括以下几种形式：一是讲座类或座谈会类（含小型读书会），如名师讲座、资源及服务讲座、读书沙龙、真人图书馆、读者座谈会、问卷调查等。二是书目推荐或展览辅导类，如推荐书目、现场书展、阅读推荐网站、爱书护书展览、阅读辅导等。三是比赛或评比类，如图书馆知识竞赛、设计大赛、摄影比赛、视频比赛、诵读比赛、微书评比赛、书画展、摄影展、管理之星评选、优秀读者评选等。此外还有影视欣赏、图书互换、图书漂流、社区阅读等。

很多高校图书馆读书节活动结合了以上多种活动形式，子活动项目达十多项，如南京大学图书馆、华东师范大学图书馆、湖南师范大学图书馆等均于2006—2014年连续主办读书节活动。

武汉大学图书馆每年结合世界读书日举办“馨香悦读，激扬梦想”武汉大学读书节，通过丰富多彩的文化活动推广特色服务，引导广大师生走进图书馆、利用图书馆、学会阅读、爱上阅读，搭建图书馆与读者沟通的平台，培养大学生的阅读习惯，让“书香武大”馨香浓郁，让“追梦成才”充盈珞珈。图书馆已于2013—2016连续四年举行了“馨香悦读，激扬梦想”武汉大学读书节。

案例5.6读书节策划总体方案及效果分析

阅读使人充实，史鉴使人明智，诗歌使人巧慧，博物使人深沉。经典阅读是对传统的继承，可以增长人的情趣，提高阅读品位，从而营造浓郁的书香氛围。读书节力推经典阅读，既是对优秀传统文化的继承和发扬，也可以促进书香校园建设。

活动名称：“馨香悦读激扬梦想”2015武汉大学读书节。

活动时间：2015年4月至5月。

活动主办单位：武汉高校图书馆。

活动内容：读书节按观、悟、行三个层次，层层推进来开展活动，具体版块安排如下。

【先声夺人】

开幕式

【观·饱览书香】

①经典阅读推荐书目展和现场书展。

②书写经典，传承文明——现场书画笔会。

③经典 & 精品图书互换会。

【悟·品味书香】

①文华讲坛——阅读与经典同行。

②享受读书乐趣——经典图书阅读分享会。

③读出你的理想国——经典诗词品读会。

④品味真人书——经典阅读成就梦想。

⑤阅读经典推理作品，解开法医的神秘面纱。

⑥放飞七彩梦想，点亮书香童年——温暖童心经典绘本阅读。

【行·传递书香】

①“拯救小布之消失的经典”游戏比赛。

②武汉大学十大“借阅之星”评选。

③浸润经典，品味书香——读书征文比赛。

④寻找经典中的“大白”——医学人文经典作品图文推荐大赛 & 获奖作品宣讲会。

【精彩再现】

①武汉大学读书节闭幕及颁奖仪式。

②莎翁经典话剧《李尔王》精彩片段表演。

读书节活动效果：

2015 读书节按观、悟、行三个层次，分为“先声夺人”“观·饱览书香”“悟·品味书香”“行·传递书香”“精彩再现”五个版块，推出经典推荐书目展和书展、图书互换会、读书征文大赛、读书会、品诗会、书画笔会、真人图书馆等近 20 项文化活动。特别是读书节的亮点——《拯救小布之消失的经典》经典名著大闯关在线游戏正式上线、武汉大学图书馆官方微信公众平台正式发布，将读书节推上了一个新的层次。

此次读书节倡导经典阅读，举办高端讲座，将经典阅读与游戏化学习结合起来；大力推广社会阅读，共建“读书之城”；广泛开展合作，共建共享共赢；广泛宣传报道，树立了图书馆的良好形象。图书馆以读书节为契机，打造更贴近读者的活动，点燃师生的阅读热情，在培养阅读习惯、激发阅读热情等方面起到有力的引领和推动作用。读书节得到了学校领导的高度重视和支持，初步统计有 2 万余人参与了读书节活动，通过网络等新媒体参与的同学更多。

读书节闭幕式还邀请武汉大学莎士比亚英文戏剧社的同学们表演了莎翁经典话剧《李尔王》的精彩片段。该活动将闭幕式推向了高潮，在校园掀起了经典阅读的热潮，为读书节画上了圆满的句号。

读书节活动内容丰富，形式多样，向社会展示了武汉大学图书馆的形象，使武大师生读者全年都能感受丰富充盈的书香文化。

案例 5.7 读书节分项活动策划方案

方案一

活动名称：经典阅读推荐书目展和现场书展。

活动时间：4 月至 5 月。

活动地点：推荐书目展（武汉大学图书馆总馆一楼大厅）、现场书展（武汉大学图书馆流通部和阅览部同步推出）。

活动主题：经典文学作品推荐导读，拟定选择可读性强的经典文学作品进行推广。

活动内容：推荐书目包括中外经典文学著作 100 本，书目选取注重可读性与多元化，综合出版年代、思想主题、启示意义等多重因素，从经典文学作品入手，引导大学生阅读经典著作，促进人文素养教育。

活动方式：本次经典文学推荐书目展分为两部分内容，一是推荐书目海报展，一是实体图书展，由流通部和阅览部展出相关推荐书籍。

主办方：武汉高校图书馆。

方案二

活动名称：书写经典，传承文明——现场书画笔会。

活动时间：4 月 23 日 12：00—14：00。

活动地点：武汉大学图书馆总馆一楼大厅。

活动主题：书写经典励志名人名言，提高师生文化修养和艺术品位，激发学习的热情，丰富校园文化艺术活动，营造浓厚的文化氛围。

活动内容：校书画协会的学生现场创作书画作品。

主办方：武汉大学图书馆。

合作方：武汉大学校书画协会。

方案三

活动名称：经典 & 精品图书互换会 & 有奖竞答。

活动时间：4 月 21 日至 23 日 9：30—18：00。

活动地点：武汉大学图书馆总馆。

活动主题：以“赠送经典 · 滋养心灵，交换经典 · 共享感悟”为主题，开展经典图书赠送、现场以书换书、经典图书有奖问答等活动，分享阅读资源与阅读乐趣。

活动内容：

①读书节期间在武汉大学总馆进行图书互换活动。②挑选部分经典图书，列出推荐清单，分时段推出网上和现场抢书活动。③活动现场推出针对经典图

书的有奖问答，提升学生的文学素养。④每日即时公布换书排行榜。

主办方：图书馆。

合作方：校青年志愿者协会爱心仓储部、图书馆管理协会。

活动四

活动名称：浸润经典，品味书香——读书征文比赛。

活动时间：3 月 20 日至 4 月 30 日。

活动主题：通过征文大赛，引导学生阅读经典书籍，陶冶情操，升华智慧，传承文明，共建文化校园、魅力校园。

活动内容：①面向全校师生的读书征文大赛，以“浸润经典，品味书香”为主题，参评文章必须围绕阅读经典书的感悟展开。②阅读可围绕本次武汉大学读书节展览的文学经典书目，但不限于这些书目。③优秀征文刊载在《文华书潮》。

活动五

活动名称：寻找经典中的“大白”——医学人文经典作品图文推荐大赛 & 获奖作品宣讲会。

活动时间：4 月至 5 月。

活动主题：为专业读者或者非专业读者推荐优秀的医学人文书籍和影视作品，以图文结合的方式表述阅读后的心情与感受，探讨医学人文精神。

活动内容：线上线下作品征集。进入复赛后进行作品展示，并接受投票以及评选。获奖作品在杏灵读书会上呈现，结合声像资料，以立体阅读的方式，进行宣讲和讨论。

主办方：武汉大学图书馆。

合作方：武汉大学基础医学院读书爱好者协会。

（二）新生季立体导读活动

新生经历高考进入大学，有强烈的读书愿望，也可以更加自由地选择自己喜欢的书。但同时，面对图书馆海量的文献资源，他们会茫然不知所措。推荐馆藏并指导阅读，是针对大学新生的阅读推广的重要内容。图书馆要把握住新生刚入校，并对一切怀有好奇心的时机，引导他们步入知识的殿堂，梳理清楚阅读脉络，形成明晰的阅读理念，为今后的专业学习、兴趣发展、素养培育打下良好基础。

高校图书馆一般在每年 9 月至 10 月的迎新季，开展针对新生的立体式导读服务。这些活动旨在让新生尽快了解图书馆的布局与功能，尽快熟悉图书馆资源与服务。迎新季通常包括以下活动：一是新生参观图书馆活动，包括个人及班级体验式参观、现场定时参观、学科馆员带领参观、网上虚拟参观等形式，这种参观让新生对图书馆有了感性认识，这是目前大多数高校图书馆均会开展的工作。二是开展新生入馆教育，包括建设迎新网页，发放新生指南，开展新生培训等。三是开展迎新书展。四是开展"书山寻宝"有奖问答活动，题目类型主要是关于图书馆馆藏及各种入门级利用方法和技巧。五是开展找书大赛。图书馆制作出内有索书号、书名、条码号的清单，学生组队查找图书，以查找图书的准确率和所用时长作为评比依据，其目标是让读者尽快学会通过联机公共目录查询系统找书，并熟悉图书馆的书籍排架体系。

案例 5.8 迎新季立体导读活动策划

武汉大学图书馆迎新季立体导读活动以推广图书馆资源与服务为主，拟通过一系列活动，加强图书馆与读者的互动，提高图书馆在读者中的认知度和影响力，帮助读者更快、更好地熟悉馆藏和服务。

主要活动内容如下：

图书馆初印象

①"We are family"同游图书馆。

②和图书馆的第一次约会。

③"馆影寻踪"——寻找光影中的图书馆。

④新生通关游戏——拯救小布。

⑤移动阅读资源就在你手中。

图书馆缤纷展

①新生主题推荐书目与书展。

②"考试类、英语类和多媒体"数据库专题海报展。

图书馆达人秀

①书山寻宝——有奖趣味游戏。

②奔跑吧，WHUER!——图书馆定向越野竞技赛。

③三维数字化创新设计大赛（3D 设计大赛）。

④每月一库·有奖竞答。

案例 5.9 迎新季立体导读活动子项目方案

方案一

活动名称："We are family"同游图书馆。

活动时间：本科新生报到日（达 20 人即由馆员和学生组织人员带领参观体验）。

活动地点：武汉大学图书馆总馆及各分馆。

活动对象：新生及家长。

活动内容：

①在新生报到周邀请新生及其家人一起参观图书馆，感受图书馆丰富的资源、服务及人文氛围，让新生播下梦想的种子。

②新生写下自己的愿望和祝福，在许愿墙上展示。

③新生添加图书馆微信、微博后，可领取“梦想从这里起飞”明信片、手机支架等小宣传品。

④由图书馆工作人员或优秀志愿者分时段带领新生及其家人参观，展示图书馆的创意空间和特色服务，并手把手教新生自助设备的使用方法和馆藏资源查找方法。

方案二

活动名称：和图书馆的第一次约会。

活动时间：9月6日至10月20日。

活动地点：武汉大学图书馆总馆及各分馆。

活动对象：新生及家长。

活动内容：

①针对2016级新生，开展自助式参观图书馆活动。在馆内多个区域设置参观标识牌，扫描二维码即可获知该区域的详细介绍，并在图书馆入口处设置总参观路线图和自助参观说明，标明所有可参观点。新生可根据自己的喜好掌控时间及选择路线，对图书馆自由探索。

②新生在微博、微信上晒出在图书馆与家人或朋友的合影，或晒出在图书馆借的第一本书，或用明信片晒出心愿和祝福，然后通过抽奖获得精美图书一本。

方案三

活动名称：书山寻宝——有奖趣味游戏。

活动主题：通过轻松活泼的游戏方式，激发学生对图书馆的兴趣和喜爱，使其在游戏中获取各种关于图书馆资源与服务的信息。“书山寻宝”游戏一方面使新生学习如何在图书馆查找到一本书，在“寻宝”过程中逐渐熟悉图书馆，学会使用图书馆；另一方面通过题卡的巧妙设计，寓教于乐，引导新生在游戏过程中发现好书、阅读好书，自觉接受优秀文化的熏陶。

活动内容：制作一批答题卡藏在彩球内，读者凭一卡通从咨询台的抽奖箱内摸取彩球，获得题目；根据题目中提供的信息寻找答案，在答题卡上答题；

将题目和答案拍照后公布在自己的微博中；答对的读者，可领取一份小礼品。

题卡范例："《红楼梦诗词》(蔡义江编著，吉林文史出版社，2005年1月版)一书的第65页的诗名是："，抽取该题的读者，须先通过馆藏检索系统查询该书的索书号，获知馆藏地址，然后至该区域书架上找到此书，并翻阅到第65页，得到正确答案："旷性怡情"。

活动方式：现场寻宝、微博晒答案。活动创设"抽题——找书——寻句——拍照——发微博——抽奖"模式，寻宝题目均来自书库，并且出题时多挑选经典好书，答案大部分是励志或知识性内容。

方案四

活动名称：奔跑吧，WHUER!——图书馆定向越野竞技赛。

活动时间：9月至10月。

活动地点：武汉大学图书馆总馆及各分馆。

活动对象：本科及研究生新生。

活动目的：该活动将理论与实践相结合，参与者通过游戏比赛的方式学习索书号知识，了解电子资源查找方法，熟悉图书馆地点，更好地使用图书馆。

活动内容：每个读者通过抽签领到多项任务，包括查找1本纸本书、1本电子图书(或1篇期刊文章)、1个图书馆场所。任务全部完成且正确的参与者可获取精美宣传品一份，同时还能参与抽奖。

方案五

活动名称：新生通关游戏——拯救小布。

活动时间：9月至10月。

活动地点：武汉大学图书馆总馆及各分馆。

活动对象：本科新生。

活动主题：新生通过玩在线游戏，了解图书馆的资源、服务，寓教于乐，使新生在玩游戏的过程中，潜移默化地接受图书馆的培训。

活动内容：开发专门针对新生的FLASH游戏，在9—10月份时面向本科新生开放。以游戏化、网络化的形式将图书馆历史概况、资源、服务和宣传活动等信息融入游戏中，新生以在线玩游戏通关的方式开通图书馆功能。

方案六

活动名称：新生主题推荐书目与书展。

活动时间：9月至10月。

活动主题：侧重引导新生重视经典阅读和深度阅读，引导他们建立科学的阅读观，使他们感受阅读魅力、培养阅读兴趣、享受阅读趣味。

活动内容：图书馆拟轮流推出“新生推荐阅读书目”“知名大学校长荐书”“知名校友荐书”“借阅之星荐书”“启发你独立思考的30本启蒙进阶类好书”等多个主题推荐书目。

（三）毕业季主题阅读活动

毕业季的大学校园充满了离别和伤感的情绪，毕业季主题活动正在成为高校阅读推广的一种重要形式，为校园文化建设增添了一抹书香雅韵。毕业季主题活动融合了寄语、征文、网络阅读、图书漂流等内容，是阅读推广活动的创新形式。

图书馆毕业季主题阅读活动为毕业生提供了心理疏导与情感抒发的平台，使图书馆变成与学生交流互动的活的文化载体，迎合了毕业生的心理和情感需求。

国内目前有较多的大学举办毕业季主题活动，活动规模不尽相同，有的只开展一项具体活动，有的则开展系列活动，这些活动旨在体现人文关怀或进行毕业生职业指导。毕业季活动包括：①推出毕业感言或毕业墙。如南京大学图书馆推出的“毕业季照片墙活动”。②为毕业生赠送图书馆爱心卡。如北京大学图书馆推出的“带走一份属于你自己的‘书·时光’毕业纪念卡”活动；上海交通大学图书馆推出的“图海足迹，书香留存”活动。③推出面向毕业生的专题书架。如清华大学图书馆推出的“专题书架——年轻人，创业吧！”活动。④图书捐赠活动。号召毕业生将阅读过的好书、使用过的教材和参考书捐赠给图书馆，让书籍焕发出新的生命。

高校图书馆开展的毕业季活动各具特色，以北京师范大学图书馆和厦门大学图书馆为代表。

北京师范大学图书馆的特色寄语活动。北京师范大学图书馆在2013毕业季主题活动中，精心设计了以“致那些书香为伴的BNU年华”为主题的书名串烧版寄语。寄语用39本经典图书书名串联，记载毕业生的大学历程，回忆毕业生的青春时光，激励毕业生努力拼搏，为毕业生送上一份温情而有爱的祝福。

厦门大学图书馆的“圕·时光”。“圕·时光”将每位毕业生的阅读清单和入馆次数，以贺卡的形式发放给毕业生。“圕·时光”共分五个部分：缘起、初恋、故事、书单、告别。五幅有纯色之美的插画，配上优美的文字，将毕业生四年来与图书馆的点滴记录下来。

案例 5.10 毕业季主题活动策划

活动名称：“我的图书馆故事”征集大赛。

活动背景：初夏的珞珈山又迎来了一年一度的毕业时节。即将作别校园、踏上远方的学子们，图书馆是否也曾是承载你梦想与追求的精神家园呢？你是否曾在这里伏案思考抑或书声琅琅？你是否在这里结识文学巨匠抑或对话先贤大师？你是否曾在这里邂逅动人篇章，抑或留下青春最宝贵的记忆？在即将离开校园的时候，让我们一起说说自己和图书馆的故事，用光影或者文字和图书馆说声“珍重，再见”吧。

活动时间：5 月至 6 月。

活动对象：毕业生。

活动内容：用文字、图片、微视频等多种形式分享你的图书馆故事。可以是对你影响最大的一本书，可以是你参加过的感触最深的图书馆活动，可以是你最喜欢和怀念的图书馆阅览区域，可以是图书馆给你大学生活带来的影响和改变，也可以是你在图书馆邂逅的人和美好的故事……

三、创意阅读推广活动

新型的阅读推广活动的形式和内容，是吸引读者广泛参与的根本。因而，需不断丰富活动主题，挖掘出有创意的内容，促进图书馆与读者之间的互动交流。有的高校图书馆在这方面进行了很好的尝试，可供借鉴。

郑州大学图书馆的“读书达人秀”，河南大学图书馆开展的晨读经典、经典诗词表演汇等活动，均是对活动形式的创新。郑州大学图书馆“读书达人秀”活动融入时尚、竞赛、娱乐等诸多元素，把同学们的“读”“记”“悟”“行”有机结合，以创新的方式诠释读书的快乐。湖南省高校“一校一书——经典、精读、经世”阅读推广活动，通过方案设计，评选“一校一书”精读图书，组织主题读书活动，撰写读书心得，举办校内初评，组织全省高校网评，进行总结评奖等，使活动深入化、品牌化。

在传统的活动形式上，挖掘新型活动内容，也可以起到很好的宣传效果。如北京大学图书馆“书读花间人博雅”好书推荐暨阅读摄影展，开展针对精选好书的“对比 + 模仿”形式的摄影展，12 位北大女生模仿西洋名画拍摄了 30 幅读书图，充分展示知性优雅之美。

以游戏或闯关方式增加阅读推广活动的趣味性。图书馆推广服务游戏化就是在用户的图书馆服务体验中增加游戏因素，其目的在于利用游戏中的积分和等级奖励体系来鼓励用户使用图书馆。图书馆服务的游戏化不仅可以提高用户利用图书馆资源和服务的概率，还能使用户在游戏的过程中更为有效地解决现实中遇到的问题，且这个过程和以往相比更为有趣。在体验游戏化服务的过程中，原本看似简单枯燥的操作变得有趣，简单新鲜的使用过程促进了用户的参与和分享，提高了用户的关注度，用户在每一次使用的过程中都可以感受到自己的进步，从而在整个过程中保持愉悦的状态。2012 年 2 月，美国高校教育信息化协会教育学习创新组织和美国新媒体联盟联合发布了《2012 地平线报告》，报告提出未来 1 ～ 5 年将给高等教育带来重大影响的六项技术，其中基于游戏的学习，位于在未来 2 ～ 3 年将被应用的技术之列。目前证明，基于游戏的学习，能够提高学习效率。游戏可促进主动化学习，提高用户的成就感。

事实上，国外图书馆早就开始使用游戏化推广方式，如英国哈德斯菲尔德大学的 Lemon Tree 项目。该项目是英国 RITH 公司开发的 Library Game 的一个子项目，是专为高校图书馆设计的一款游戏，希望借助 Library Game，把非图书馆用户变为图书馆用户，使用一种新的奖励方式让老用户通过强制机制和游戏中的社交构建以及具有吸引力的交互界面来实现新资源的发现和互动。通过一种基于社交及游戏的学习平台来提高图书馆资源的利用率，其本质是直接嵌入到用户的图书馆体验中，并增加一些让游戏更为吸引人的元素，它不仅给图书馆用户提供一种新鲜且有用的社交发现界面，也给图书馆馆员提供了一种获取“用户如何利用图书馆”的相关数据的新方式。该游戏具有反馈机制、自动升级机制、奖励机制、同伴动力等功能。美国卡耐基梅隆大学图书馆的“Within Range”游戏则是为培训用户在书库中寻找和定位印本图书而设计的图书排架游戏，美国印第安纳波利斯大学图书馆开发的“Info Hound”游戏涵盖全部和大部分信息素养教育内容。

国内高校图书馆近年来开始将游戏化引入到阅读推广服务中。清华大学图书馆推出“爱上图书馆之排架也疯狂”游戏，培训用户在书库中寻找和定位纸本图书。武汉大学图书馆推出一款“拯救小布”的游戏，游戏通关则开通校园一卡通的使用。北京大学图书馆“网虫大闯关，玩转图书馆”活动，设置六道关卡，最短时间内完成全部任务的队伍可获得最终大奖。重庆大学图书馆 2014 年发布“我的书斋”任务系统，向读者提供集知识性与趣味性为一体的任务服务。这些活动提高了读者的参与度，得到了读者的肯定或赞赏。

案例 5.11 创意阅读推广活动策划

活动名称：《拯救小布之消失的经典》经典名著大闯关。

活动时间：4 月至 5 月。

活动方式：线上。

活动主题：配合“经典阅读”的主题，用游戏的方式改编经典名著，对经典名著起到阅读推广的作用。

活动内容：以 FLASH 动画的形式推出游戏《拯救小布之消失的经典》，将游戏分为四道关卡（中国古典名著、中国近现代经典名著、外国古典名著、外国近现代经典名著）。全校师生凭校园一卡通登录游戏，回答各种和经典名著相关的问题。玩家每答对一道题，就能拯救一本经典名著。游戏结束时，拯救经典图书较多、用时较少的前十名玩家即获得胜利，并将获得一定的奖励。

游戏阶段设计：

①预热阶段：题库征集。面向全校读者开放多种在线征集途径（QQ、E-mail、微博），并充分利用官方微博的影响力，推出每日一题抢答。

②正式运行阶段：发布时间节点选在世界读书日当天、2015 武汉大学读书节开幕式上，游戏网站同步上线，实时公开游戏相关数据。

③后期加温阶段：及时调整游戏设置、解答玩家疑惑、实时报道游戏进度与花絮。

游戏创新点设计：

①原创性。游戏从人物到情节到舞台风格设计，均为原创。

人物角色是武汉大学图书馆的卡通形象“小布”，故事情节围绕具有武汉大学文化元素特色的樱花节和读书节开展，游戏中精灵和关卡的命名、艺术形象都含有丰富寓意。

故事情节原创，以樱花节—精灵参加读书节—精灵偷走经典名著—小布求助 WHUERS 拯救消失的经典为脉络形成整个故事情节。

游戏口号明晰：“每答对一道题，就能拯救一本书！”

视点角色原创：图书馆形象代言人、独一无二的“小布当家”、几何线条化、形象卡通化。

②趣味性。游戏要有趣，大家才会玩，整个游戏走萌宠风、侦探风、竞技风路线。全程视觉动画体验、幸运玩家活动体验、新新网络游戏化语言风格、故事情节游戏化、游戏趣味花絮报道。以排行榜作为激励机制。

③普适性。适合全校大部分学科、大部分年级。题库涉猎广泛，具有知识拓展性。

④品牌效应。游戏延续武汉大学图书馆在2014年推出的新生通关游戏的“拯救”主题，形成品牌系列。主题和情节继续走“拯救”路线，与新生游戏形成系列文化产品，围绕该游戏进行文创设计。

⑤易操作性。一台联网的电脑或手机或一个校园一卡通账号就可参与。答

题规则和排行榜规则简单易懂。题库管理方便，Web端管理方便快捷，即时生效。

⑥用户体验。游戏规则简单、参与方便，注重与读者实时互动，并在各个细节处使读者感受到温馨和产生荣誉感。游戏的题目设计接地气，主要选取经典著作中的流行语、时尚内容等，让读者感到经典书籍并不都是晦涩难懂的，而是有趣好读的。有些题目还巧妙结合了图书馆的资源与服务，尊重出题人的署名权。在游戏答题界面，提示出题者的姓名、学院信息，给予参与者一定荣誉感。在游戏结束界面，感谢以各种方式参与游戏的读者，借此提升读者对游戏的忠诚度与热诚度。注重细节体验，给予良好的游戏体验。游戏还设置温馨提醒，如剩余次数、打破个人纪录或最高纪录、成绩排名情况，注重用户调查，搜集反馈意见。游戏结束后，读者可以选择在线调查问卷，反映游戏中的体验感受。

活动效果：

游戏于4月22日—5月22日上线，共开放31天，总参与人次超过四千。全校43个单位参与，院系覆盖率超过80%。根据调查问卷的数据统计：近90%的读者认为这种方式对经典阅读起到了很好的推广作用，对游戏表达了喜爱之情；不少读者强烈要求活动结束之后，将此游戏不限次数长期开放。

以游戏的形式推广阅读，是武大图书馆开展阅读推广工作的新尝试。这种形式使读者在参与活动过程中，主动地关注、搜集整理、接收有关经典名著方面的知识，潜移默化地接受经典阅读教育，为传统的阅读推广注入了新的活力。

经典阅读是素质教育的一个重要组成部分，是完善大学生的人格和知识体系不可或缺的途径。大学生阅读经典，领会经典中的人生智慧和思维方式，可培养人文精神，提高文化素养和综合能力；经典阅读的推广是高校图书馆阅读推广的一项重要内容，全媒体时代可以利用更喜闻乐见的方法推广经典阅读，使经典阅读学习主体化；本游戏与“馨香悦读，激扬梦想”2015武汉大学力推经典阅读的目标相契合，使读者在参与活动过程中，主动地关注、搜集整理、接收有关经典名著方面的知识，从而很好地起到了推广经典阅读的作用。

第八节　高校图书馆阅读推广活动策划的关键点

高校图书馆阅读推广活动是为了培养读者的人文素养，推介图书馆的资源服务，提高读者的综合素质。推广活动是保证读者阅读权利、提高读者信息素养的需要，也是发挥图书馆社会功能乃至构建学习型图书馆和学习型社会的需要。只有充分发挥阅读推广的作用，才能更好地改善读者的阅读现状，提高读者获取信息的能力。高校图书馆在阅读推广中要注意以下几点。

一、做好顶层设计和规划

读者阅读习惯的养成、阅读文化的培育以及对资源服务的了解和充分利用，并不是搞几次突击式的活动就可以实现的。为了营造良好的读书氛围，树立图书馆文化建设的品牌，高校图书馆需制定或完善推广政策，保障阅读推广活动的开展。

高校图书馆要根据需求，规划推广活动的类型和规模。推广服务的本质，是要适应读者群的兴趣和接受方式，为读者提供更好的资源，让读者体验更好的服务，同时提供快速表达诉求的渠道。从高校图书馆目前开展的推广活动来看，存在很多同质化活动。要想吸引读者且有创新性和特色性，需要组织者多方调研，既要了解读者的需求和喜好，也要符合本馆现实条件。新活动的实施需要较长时间的规划与设计才会成熟。根据学生入学时间和学习规律，春季学期推广阅读，秋季学期推广资源和服务较为适宜。

二、策划时要考虑活动的持续性和品牌建设

从高校图书馆文化活动来看，各种活动各有侧重。如书展、阅读征文、读书沙龙、微书评、诵读比赛有利于深化阅读；名师讲座、推荐书目、信息培训、知识竞赛彰显了教育使命，保障了信息的获取；优秀读者评选、读者座谈会、爱书护书宣传、图书互换、图书漂流、问卷调查、读者沙龙等可以营造和谐的图书馆关系；艺文展览（包括书画展、摄影展）、设计比赛、视频比赛、影视欣赏则可以提高人文素养和艺术鉴赏力。

在策划活动时，要充分考虑活动的可持续性和品牌建设。品牌塑造，可提高活动的“吸睛度”。图书馆利用自身资源、服务或人力优势，建设独具特色的文化活动，形成图书馆常规活动，达到让读者耳熟能详的目的，就可形成品牌。品牌文化活动会激发读者的参与度，增加互动性，对培养良好的读者群体具有积极意义。各图书馆都着力打造自己的推广品牌。清华大学图书馆的“爱上图书馆”系列、武汉大学图书馆的“拯救小布”系列游戏、同济大学图书馆的“立体阅读”、重庆大学图书馆的“不见不散毕业生歌会”以及“文化衫设计大赛”、郑州大学图书馆的“读书达人秀”、湖南大学图书馆的“一校一书”精读推广活动等，均成为各馆着力打造的品牌。设计、推广、传播，进行持久的传播推广，都是在持续地提升品牌形象，增加品牌价值。”

三、不可忽视阅读推广活动的人文关怀

图书馆是人类的精神家园，图书馆的人文关怀就是要在图书馆中营造良好的人文氛围，策划要多站在大学生的角度思考问题，倾注人文情愫，体现人文关怀。

名师讲座作为接受继续教育、吸纳知识、交流信息、品味高雅文化的社会课堂，体现了图书馆的人文关怀，以精神养料丰富了其休闲生活。

形式多样的导读和推荐书目工作引导学生多读人文经典书籍，起到塑造人格、陶冶情操、感悟教化的作用。诸多图书馆开展人文书展，都丰富了校园文化内涵。

图书馆要对新生及时介入，让新生参观图书馆，做好入馆宣传教育，及时制作供新生快速入门的引导性网页，开发适应新生特点的轻松活泼的答题寻宝方式，引导新生主动了解图书馆的资源和服务，熟悉图书馆的环境，激发新生对图书馆的兴趣和喜爱。图书馆对新生读者的这种人文关怀，可使他们尽快了解图书馆，主动来图书馆阅读，创造相互信任和理解的关系，为图书馆更好地开展服务打下良好的基础。毕业时节，图书馆开展一系列毕业季人文关怀活动，让莘莘学子带着图书馆的知识和祝福走向新的人生征程，满溢着浓厚的人文关怀。

四、善用新技术和新媒体

在阅读推广过程中，技术的应用随处可见。技术不仅为推广活动注入了新的活力，也使推广活动更前瞻高效。社交网络服务和大数据服务是其典型代表。

社交网络服务通过用户之间的分享、参与及互动，正在改变着用户获取信息的方式。众多图书馆加入社交网络中，为图书馆拓展服务提供了更多的途径，也为读者获取信息提供了更多便利。

微博、微信等社交网络服务都是新媒体环境下图书馆服务的延伸。不少图书馆在各大门户网站认证的微博，成为图书馆与图书馆、图书馆与用户之间的良好平台。微信公众平台在消息推送、即时阅读、自助服务方面具有很大的优势，作为推广阅读和提升品牌影响力的重要工具，越来越受到图书馆界的重视。通过微博和微信，图书馆发布的与阅读推广相关的信息有：图书馆推广活动公告和前期宣传；讲座、培训等信息通告；新书通报、好书推荐；艺文展览；宣传活动互动及速递；宣传活动总结。目前，很多图书馆均将微博和微信联动使用，将活动以图文及音视频形式进行报道，这对于互动量和关注量都起到了极强的拉动作用。

大数据时代的到来，使图书馆对读者的阅读需求、阅读行为、阅读情绪和阅读满意度的细节化测量成为可能。图书馆若对所采集的读者阅读行为数据和社会关系数据进行有效分析，并能在复杂、零乱的数据背后准确发现、预测出读者的阅读行为习惯、喜好和需求，则会为规划和设计更好的阅读推广策略打下基础。大数据在图书馆中的应用，还体现在为读者定制读者使用分析报告，制作毕业生利用图书馆报告以及为每位毕业生制作属于自己的图书馆生活纪念册。

从目前的图书馆推广工作来看，图书馆对技术与设计人才的要求越来越高。要打造“酷炫”的效果，越来越需要先进的技术和精致的设计支持。无论是开发游戏或移动客户端，还是机器人的智能功能，对技术和设计的需求越来越高。因此，技术和设计二者需要密切配合。

五、利用广泛的合作推动阅读推广活动实现跨越性提升

阅读推广活动要办好，光靠图书馆一家甚至图书馆内某一部门、某一人之力是不够的，只有利用广泛的合作，对资源进行优化整合，才能推动阅读推广活动实现跨越性发展和提升。

推广活动主要由图书馆组织和发起，其首先需要建设一支专业素质过硬、精神面貌良好的阅读推广人员队伍，如活动设计、宣传品设计、网页建设等人员，使推广活动能以海报、电子屏、网页等各种精美形式及时呈现，达到立体宣传目标，保障推广活动的互动参与性。

由于高校图书馆推广活动面向的读者类型多样，且其个性化需求明显，所以除需要进行充分的馆内合作外，还需要其他部门的通力合作，如宣传部、团委、教务部门及各院系等，并邀请学校有影响力的专家教授，定期为读者提供专业领域图书的阅读指导，交流阅读体会及经验，形成强大的校园影响力，广泛促进高校学生阅读。

学生会、学生社团是最能够贴近学生读者的组织，在开展活动中有较好的亲和力和感召力，并且学生社团中有各种专长的学生，他们为阅读推广活动提供了人力支持，可推动校内阅读组织的成长和壮大，把读书会、读书沙龙等纳入整个图书馆阅读推广体系中来，壮大阅读推广队伍。

第六章　高校图书馆阅读推广与探索

阅读推广与指导乃现代高校图书馆的基本功能。阅读是人的一种权利，阅读的重要性来自书籍的力量。阅读推广与指导的必要性与重要性，取决于阅读的重要性。现代图书馆特别是大学图书馆，有责任和条件开展阅读指导服务——阅读兴趣与习惯诱导；阅读理念与策略指导；阅读需求与内容疏导；阅读方法与技巧引导；阅读个性与选择传导。

高校图书馆阅读推广因为视角的不同，其问题凸显的表象就大为不同。在学生社团视角下，高校图书馆的阅读推广工作存在着阅读推广领导小组流于形式，未能精准把握读者阅读需求，活动形式单一、复合度不高，传统活动宣传方式边缘化，活动效果评估单向肤浅等问题。高校图书馆可以采取吸纳社团干部加入阅读推广领导团队、分项目采用学生社团责任制、提升社团活动品质、注重社团业绩评估、加强社团自身建设等策略来推进阅读推广工作。

高校图书馆阅读推广工作的难点在于创新。“创新扩散理论”为高校借鉴电视节目运作形式开展阅读推广活动提供了科学依据。高校图书馆可以将《开讲啦》《佳片有约》《中国成语大会》等电视节目运作形式应用于真人图书馆文学名著电影欣赏节、校园成语大赛等阅读推广活动，以探索一条创新阅读推广的新思路。

我们用解剖麻雀的方式，以湖南省普通高校图书馆“一校一书”阅读活动为例，通过活动概述、活动正向思考、活动反向思考，探讨协同背景下的阅读推广体系建设策略，以促进区域性阅读推广活动持续深入健康发展。

第一节　大学生阅读推广与指导

一、大学生阅读推广与指导的必要性与重要性

阅读的重要性来自阅读的力量。阅读推广与指导的必要性与重要性取决于阅读的重要性。

关于阅读的重要性，人们总是会做出最乐观的估计。如"一个人的精神发育史就是他的阅读史""一个没有阅读的学校永远不可能有真正的教育""一个书香充盈的城市必然是一座美丽的城市""一个民族的精神境界取决于这个民族的阅读水平"等，这些论断无疑是不能反驳的。但是，这都只能说明对阅读的正向判断，然而，阅读的正向评价也远不止这些——没有阅读就没有知识文化；没有阅读就没有精神思想；没有阅读就没有写作与对话；没有阅读就没有传承与创造……没有阅读，严格来说就没有人类。至于阅读的负面判断，就取决于评价者的立场与目的了。

"改变，从阅读开始。"这才是最深刻的命题。阅读不仅能改变人的知识视野，阅读还能改变人的心灵与心智；阅读不但能改变人的生活方式，阅读还能改变人的骨相与气质；阅读不但能改变人的情怀与品位，阅读还能改变人的世界观与价值观；阅读不但能改变人生的厚度，阅读还能改变生命的长度；阅读不但能改变个体的命运，阅读还能改变群体的智能、民族的性格与国家的强弱。

然而这种"改变"并不总是正向的与乐观的。

福楼拜笔下的包法利夫人是一个酷爱阅读的成人读者，我们的当代大学生可以说还是一个个心智并不成熟的成人读者，所以，加强阅读的推广与指导并不是可有可无的。"我们都是包法利夫人。"畸变的阅读行为、过分单一的阅读偏好、缺乏理性思辨的阅读方式，这种"爱玛式的阅读"给人们带来了以下警示。

危险不只藏在书籍中，更多的是藏在阅读中，藏在自己的阅读偏好中。十九世纪中期的法国，书籍数量和种类已然相当丰富，酷爱阅读的爱玛，书籍唾手可得——可以从图书馆里租书，可以从私人藏书处借书，可以自费订书，甚至还有书商赠书。然而，无论是租书、借书、订书还是赠书，爱玛都无法从他处获得必要的阅读指导，因而任由自己不健康的阅读嗜好恣意发展，污染灵魂，残害身体，吞噬生命。

阅读本质上是一种个性化的体验。不同的读者阅读同一本书时会有不同的

阅读体验与感受，即使是同一个读者在不同年龄段阅读同一本书时也会产生不同的阅读效应。因此，读者特别是处于学龄阶段的读者需要的是经过客体细分的具有针对性的个性化阅读指导，需要视界多维的阅读交流，需要适时适地的阅读消化、吸收与释放。

二、阅读推广与指导乃现代高校图书馆的基本功能

现代图书馆作为书籍的藏身之所，乃阅读推广的主阵地，高校图书馆尤其如此。

高校图书馆为学习与研究之需而设，购书、藏书是有选择和侧重的，购书有学问，藏书讲技巧。所以，首先我们应该让广大师生有书可读，有好书可读，有大量的专业书籍可读。

高校图书馆为人才培养之需而设，借阅、推广与指导是我们的职责与义务，我们应该想方设法，让更多的人爱上阅读，这是每一个图书馆人的奋斗目标。

然而，尽管当今图书馆界都普遍意识到导读工作的重要性，但在实践中却都停留在普适层面，采取的也大都是新书推荐、借阅排行、阅读征文等形式。这种普适性导读往往因为忽略了个体的能动性与目的性选择而容易造成个体阅读意愿的背离与扭曲，因而遭到不少读者的排拒与摒弃。由于出书、购书、藏书、借阅等环节存在着主客观两个方面的倾向性与局限性，这无疑也是对读者的阅读行为所进行的无形的规范与指导，当然，从另一个层面上说，也限制了读者的自主选择与自我发展。现代图书馆特别是大学图书馆，有责任、有条件也应该在某种程度上去开展阅读推广服务。

理想状态下的人应该具有阅读一切人类书籍的权利与能力，所以，从广义上说，人类是不应该主张“禁书”的。但是，我们也不主张无选择性、无反思性、无辨别性的超时空的无条件的阅读，因为即使是大学生，他们的阅读水平与能力也是渐进的。也就是说，在加大阅读推广的同时，必须加强阅读指导与交流。无论是出于对阅读力量的正向理解还是反向理解，我们都有责任进行合理的引导或指导。

三、如何展开科学合理的大学生阅读指导

阅读推广是广义的阅读指导；阅读指导是狭义的阅读推广。然而，我们应如何开展科学合理的阅读推广与指导呢？

（一）阅读兴趣与习惯诱导

阅读是人类特有的生活方式，阅读是心灵与心灵的交流，是人类进行超时空对话的途径与前提。阅读指导最根本的是阅读兴趣与习惯的培养。当代大学生更是如此，有了良好的阅读兴趣与阅读习惯，就等于铺就了终身发展的康庄大道。

如果嗜书、爱书、藏书、珍书，视书如命，有书必读，那么无论是个体还是民族都会表现出不同凡响的精神气质与智慧水平。中华民族曾经是将来也会是个爱书的民族，诗书传家，礼乐治邦。当然，我国历史上也出现过“焚书坑儒”的秃鹰时代，也出现过“文字狱”时代。

在对待阅读与书籍的态度上，犹太民族却真正值得我们关注、研究和学习。犹太民族是一个嗜书如命、醉心阅读的民族，他们对书籍有着特别的情怀，既迷恋又敬畏，他们让孩子一出生就感知书籍的甜美与重要。全世界的犹太人加起来也不超过3000万（以色列本土600多万），然而在人类文明史上，无论哲学、物理学、宗教学、政治学、经济学、文学与艺术等方面，从马克思、爱因斯坦、弗洛伊德、胡塞尔、李嘉图、基辛格、玻尔、卓别林、毕加索……不胜枚举，都是犹太人。犹太人仅占美国人口的2%～3%，而全美200位最有影响的名人和100位诺贝尔奖得主，其中一半就是犹太人。另外，占全美名牌大学教授的三分之一、全美律师的四分之一、全美亿万富豪的三分之一、全美文学艺术家的60%都是犹太人。这是值得我们深思与借鉴的。

（二）阅读理念与策略指导

阅读是人的一种权利，阅读无禁区，这应该是最根本的阅读理念。我们在老一辈人的口中，经常可以听到“少不读水浒，老不读三国”“男不读西厢、女不读红楼”之类的阅读“警示”，当然，其中也不乏封建专制文化思想。

实际上，世间是不存在什么书不能读的。然而，为什么存在“禁书”与“警示”呢？成为禁书的原因有两个：一是有人不愿意或害怕你读这样的书；一是你还不够资格读这些书，这是因为有些人认知水平欠缺且心理尚不成熟。《水浒传》曾是禁书，《红楼梦》曾是禁书，《包法利夫人》曾是禁书，《共产党宣言》曾是禁书；《金瓶梅》依然是禁书，《我的奋斗》依然是禁书，还有很多被查、被禁、被封杀的各色各样的书。但我们也要强调一点，凡是被禁的书往往都是能打动人心、有摧毁力的书，而且是一部真正意义上的书，所以，历史上凡是被禁的书必然会在某个特定时期或某个区域出现大流行的。河豚虽毒，其味鲜美；烹饪得法，不妨食之。读书亦是如此——只有不会读，没有不能读。

阅读无正解。这也应该是开放性的阅读理念。古人云，书是需要一辈子去消化与体悟的，人总是从不会读、读不懂到会读与读懂书。所以，我们也大可不必担心阅读会诱导读者。因为没有谁是天生的精神导师。

阅读最忌无思。学而不思则罔，思而不学则殆。培养思考的阅读习惯既是阅读的基本理念，也是最重要的策略。只有全心思考，阅读才会真正实现人的自我发现、自我构建与自我升华。

可是，现代人独立思考的习惯已经普遍式微：打开电视，我们把思考的权利交给图像与声光；翻开报纸，我们把思考的权利交给政府与记者；走进书店，我们又把思考的权利交给排行榜与应考目标；走进商店，我们再度将思考的权利交给橱窗宣传和时尚流行。生活起居尚且如此，更别说对抽象问题的纯粹思考了。

没有独立思考的阅读，的确是在用自己的大脑为作者跑马，以人为本才是阅读的本质意义所在。书是我们的工具、朋友和导师;我们绝不能成为书的工具、蠹虫与奴隶。

我们必须指导学生处理好学习模仿性阅读、功利实用性阅读、文化审美性阅读与消遣娱乐性阅读四种阅读之间的关系。

（三）阅读需求与内容疏导

阅读的需求决定了阅读内容的取向。阅读内容取向无非有二：一是专业性阅读；二是补偿性阅读。

所谓专业性阅读就是有明确的功利目标，为寻求特定学科专业与能力发展的阅读。也就是主修人文学科的学生多读人文类经典，主修社会学科的学生多读社会类经典，主修科技学科的学生多读自然科学与技术类经典。这是一种正向阅读选择，以求得人在某一学科专业与职业领域的最大发展。所谓补偿性阅读，即缺什么补什么，缺什么读什么，是人类获得均衡与全面发展的必由之路。这是一种反向阅读选择，也就是说，主修人文学科的学生兼读一些社会类、科学类书籍，主修科学技术的学生兼读一些人文社会类的书籍，主修社会学科的学生兼读一些人文与科技类的书籍，以求得知识结构的优化与人格精神的完善。

在读图、读网泛滥的当下，承担阅读推广使命的图书馆，一方面应该大力提倡经典阅读。“精品典籍”作为人类文化的精粹被赋予了“教化民众、开启心智”的重任。图书馆可调整布局，把分散存放于各个书库的典籍与精品图书整合起来，集中存放于同一地点，设置“经典”书库或“经典”阅览室，使“经典”之门畅通，让读者唾手可得，免受寻找之苦。另一方面，大学图书馆可以协调各专业系部，为学生配备"阅读指南"，并根据阅读指南展开有效流通与借阅。像《阅读指南》之类的导航书，在书目的敲定上，要综合考虑专业学科、人格精神、时代环境、终生发展等方面的问题。可以从三个层面精选书目：一是通识类必读书目；二是专业类必读书目；三是课外参阅书目。同时还要确定阅读时机，以备课程教学之所需。

（四）阅读方法与技巧引导

阅读首先是学习模仿性阅读。阅读产生读者，阅读培养读者，阅读掌握阅读方法，阅读摸索阅读技巧，阅读提高阅读能力。无论是课堂阅读还是课外阅读，我们都应该对读者加强阅读方法与阅读技巧的指导。在"拯救"教师阅读的同时，充分关注孩子们的精神家园的建立与美化。不但是"中国的大学教育亟须一场阅读革命"，中国的所有教育都亟须一场阅读革命，整个中华民族都亟须一场阅读革命，以缓解每年超过 30 万种图书出版而户平均消费图书只有 1.75 本的现状与尴尬局面。这显然还是个乐观的估计。

在当下，一些大学生不读书，不去图书馆借书，我们也可以将罪过归咎于手机、网络、电脑、电视、电影与图像，但是，一些大学生不会读书，不爱读书，又归咎于谁呢？对于一些满足于教科书学习的学生来说，应付考试成了他们的最高目标。

阅读的方法与技巧，实际上就在阅读之中。浏览、粗读、细读、精读、摘读、跳读、朗读、默读……一切的一切，都应该是愉快的、轻松自如的、自然而然的。我们一开始就应该将阅读的权利交给学生。到了大学，如果我们还不把阅读的权利交还给大学生，那么我们就得深刻反思了！"一个没有阅读的学校永远不可能有真正的教育"，何况是 21 世纪的大学呢。

阅读的方法，无非是要"进得去，出得来"。首先，图书馆应该指导学生寻找好书。但凡能够伴随、指引我们人生之路的好书也往往是比较难懂的书，而难懂的书是很难引起读者兴趣的。所以，读者不应当把阅读的范围始终局限在自己的兴趣与能力程度以内，而应不断提升自己、克服困难、迎难而上，多读与自己意见不合的书，以磨炼心智，让心灵获得成长。其次，要指导学生自由出入书本，人不能做书本的奴隶，要带着批判与反思去阅读，有"自己"的存在，不为书所囿。读者既要能沉下心钻进书本吸取精华，更要能放开眼界跳出书本察觉偏见而去其糟粕，文学作品的阅读尤其如此。最后，图书馆要开展多样化的阅读活动，搭建读者沟通平台，如举办各种学术论坛、读书会，专题讲座、主题征文、书评经典等活动，共同分享阅读成果，使每一个阅读个体不仅可以从自己的阅读中获取智慧，还可以从他人的阅读中吸收灵光，思考的习惯也在这丰富多彩的阅读交流活动中逐渐养成。

（五）阅读个性与选择传导

阅读指导在形式上是普适的，而在本质上是个体的与个性化的。因为世界上没有两个完全相同的人。我们应“因才施读”，提供个性化导读服务，让学生有完全自主的阅读选择，这是现代高校图书馆的终极使命。图书馆要提供个性化的阅读指导服务，首先要做好阅读倾向调查，根据调查结果进行文献资源建设与图书推荐。荐书即荐心，图书推荐既要有共性，更要有个性。如可在图书馆内设置优秀读者荐书栏、教授博士荐书栏，开通网络荐书平台，还可采用“择要推荐、依出版社推荐、依作家推荐、热点主题推荐、对比推荐”等图书推荐方法，真正做到好书人人读，人人有好书读。其次，根据不同的读者群体特征采取不同的导读策略。专业性阅读与补偿性阅读相配合，人文社科阅读与自然科技阅读相统一，弘扬人文精神与培育科技理性相补充，男性阅读与女性阅读相调和，知识阅读与心灵滋养相契合……从而使刚者柔之，阴者阳之，惰者勤之，懵者醒之，简者繁之，粗者细之，愚者智之……图书馆员应该加强自身学术修养，提高科研能力，指导读者选择文献，启示阅读方法，培育阅读风尚。

“阅读”，作为一种知识与能力习得的方式，的确神通广大。然而，一个“沉迷嗜好，毫无头脑”的人读了大量不该读的书，不但问题没解决，而且“危险”又产生了。“包法利夫人”就是这样一个“从迷失阅读到阅读迷失”的人物。她的可悲之处在于她是一个“完全接受”型读者，她既不能识别书之良莠，又缺乏批判的眼光和反思的能力。

现代图书馆作为书籍的藏身之所、阅读的主阵地，有责任和义务提供合理的阅读指导服务，使不爱阅读的人爱上阅读，使不会阅读的人学会阅读，使阅读有困难的人跨越阅读障碍，这是现代图书馆进行阅读推广服务的终极目标。

第二节 高校学生社团的“立体化”阅读推广体系建设

起源于 1998 年美国西雅图公共图书馆、后发展到全美 51 个州、383 个社区的“一城一书”活动，不仅被加拿大、英国和澳大利亚等国家成功复制，还催生了在美国 130 多所高校都开展的“新生共同阅读计划”。两项阅读推广活动的初衷如出一辙：通过阅读同一本书，为同一地域内的人们提供一个共同的话题，以加强人们之间的沟通和联系，加深共同体意识，建立归属感。近年来，

“共同阅读”逐渐受到国内高校图书馆界的重视，呈现出些颇具影响的案例，如中央民族大学外国语学院从2009年起在刚入学的新生中开展“同读一本书”活动，该活动受到了读者的好评与校方的肯定；湖南省高校图工委于2013年起组织全省高校开展了“一校一书”阅读活动，经过几年的实践，各校都已摸索出一套行之有效的推广方法。本节将以湖南人文科技学院开展的“一校一书”阅读活动为例，谈谈如何借助学生社团建立立体化的阅读推广体系。

一、“一校一书”阅读活动的顶层设计

中央民族大学的郭英剑先生说：“‘顶层’不是一个高不可攀的机构，每个级别的机构都应有各自的‘顶层设计’。就教育系统而言，教育部有‘顶层设计’，各教育厅或者教委有‘顶层设计’，大学也应有‘顶层设计’……教师和父母之于学生和孩子，同样可以有自己的顶层设计。人们不必非要等候上一级的‘顶层设计’。”我们所说的“顶层设计”包含省高校图工委的顶层设计与学校的顶层设计两个方面。

湖南省高校图工委于2013年起组织全省高校开展“一校一书——经典、精读、经世”阅读推广活动（简称“一校一书”活动）。其“顶层设计”的目的有四：第一，提倡共同阅读。全校同读一本书，以大范围、广活动、深剖析的活动形式实现个体阅读与群体阅读的有机结合，培养归属感，形成凝聚力。第二，推动深度阅读。通过精读一本书，使习惯于“浅阅读”的人借助群体性氛围和推动力，不仅从自己的阅读中汲取营养，而且从他人的阅读中吸收灵光，以培养批判性反思能力。第三，倡导经典阅读。通过阅读文化积淀深厚的精品与经典图书，引导大学生关注人类自身的生存状况，培养“以天下为己任”的经世情怀。第四，尝试建立区域性协同阅读推广体系，构建相配套的阅读环境、激励机制、干预机制和推介机制。

根据省高校图工委下发的“一校一书”阅读活动实施方案，结合校情与馆情，湖南人文科技学院制定了相应的“顶层设计”方案。第一，成立以图书馆牵头的阅读推广领导小组，“一校一书”阅读活动的具体实施单位是各高校图书馆，学校借此机会成立了以馆长任组长，副馆长及读者服务部主任任副组长，主管副校长、团委副书记、学工处副处长、各院系团总支书记、八大学生社团负责人组成的阅读推广领导团队，这种打破常规的领导构架赋予了图书馆更多的行动自主权。第二，吸纳并培育学生社团，致力于全校的阅读推广活动，构建全方位、多层次的立体化阅读推广体系。第三，借助省高校图工委的强势推动力，打造能够持续、健康发展的校级阅读推广活动品牌。

（一）精读图书产生阶段：以读者俱乐部为主力

不管是“一校一书”活动还是“共同阅读计划”，举办方都不约而同地感觉到，书目的选择既是活动顺利开展的关键，又是一个需要慎重考虑的难题。

借鉴美国高校馆和公共馆的做法，湖南省高校图工委于每年 4 月为“一校一书”活动提供一个参考书目，参考书目来源于全国几十家主流媒体发布的年度好书榜，根据入榜频次选取前 30 ～ 40 种优秀图书，涵盖政治、经济、文学、历史、传记、哲学等多个类别。尽管参考书目能够大大降低选书种类的繁杂度，然而，要从 30 多种好书中选出既符合读者口味，又能引发思考、切实提高读者素养的好书还需动一番脑筋。在互联网条件下，大部分高校都是通过网站、微信平台、电子显示屏、海报等宣传方式公布推荐书目，开通手机短信、QQ 群、微信、电子信箱、读者荐书箱等投票渠道，然后统计投票结果，排在第一名的即为精读图书。此方法简单易行，但在实践过程中，我们却发现存在投票数严重不足，选出的精读图书不一定具有思想深度，从而影响后续深层次相关活动的开展等缺陷。因此，从 2015 年起，在精读图书产生阶段，我们充分利用荣获“湖南省百优社团”称号的读者俱乐部的人力资源，将推荐书目打印成纸质稿，分发到大一每个班级（因有固定教室，且统一上晚自习），大二、大三、大四的学生宿舍（无固定教室，不统一上晚自习），要求每个学生从书目单中选出个人感兴趣的 3 种好书。以 2015 年为例，投票统计排在前三位的图书分别是《你的孤独，虽败犹荣》（1944 票），《从你的全世界路过》（1800 票），《追风筝的人》（1699 票）。在充分考虑书籍思想性、作品长度等因素的基础上，确定《追风筝的人》为全校师生共同阅读的精读图书。当年度的推荐书目共有 30 种，累计投票 28425 票，按每人投 3 种计，参与投票人数达 9475 人（28425 ÷ 3），当时段全校共有学生 15079 人，参与投票率达 62.8%。照此方法选出的精读图书，既充分体现了学生的阅读意愿，又弥补了学生人生经历与学术视野的局限性，为后续深层次活动的顺利开展奠定了基础。

（二）深度阅读图书阶段：多社团联合开展活动

1. 以文学社团为核心，举办“一校一书”推荐书目展

研究显示，推荐过的图书比未经推荐的图书更容易吸引读者注意，借阅频次也更高。举办图书展览可以在第一时间吸引观者并使之对展览图书产生浓厚的兴趣。尽管“一校一书”阅读活动已举办多届，但产生的精读图书仅几种，而省高校图工委提供的推荐书目累计优秀图书达百余种，这些图书都是从全国

几十家主流媒体公布的年度好书榜中按入榜频次精选出来的，应该说具有较高的权威性与可读性。因此，2016 年我们联合青笛文学社、碧州文学社、浅草文学社、紫鸢文学社、读者俱乐部、国学协会等六大学生社团，共同举办“一校一书”推荐书目展，要求参与的每个社团从百余种图书中选出 10 种图书（不重复），并制作成展板。展板设计可分为作者生平、作品简介、推荐理由、金句解读、馆藏信息、电子书下载等版块，要求图文并茂，制作精良。展板与图书同时在图书馆大厅展出，并设立导览员，他们会提供现场解说咨询、当场办理借阅手续等服务。由于组织得力，部署周密，推荐书目展受到了读者的好评，大大提高了权威性阅读资源的利用率。

2. 以“周末影院”为依托，由电影协会与文学社团联合开展同名电影欣赏活动

调查发现，展览、讲座与电影欣赏是排在前三位的读者喜爱的活动。可如今，曾经风靡大学校园的操场电影已销声匿迹，取而代之的是各学生社团自发组织放映的小规模室内电影。虽然放映时间仍然固定在周末，但在影片内容、影场秩序、观众交流等方面都没有精心选择和组织，仅仅停留在纯娱乐层次，缺乏深层次的交流互动。尽管有诸多缺陷，但由于校园电影活动的稀缺，湖南人文科技学院的“周末影院”自开办以来，还是积累了不少人气。事实上，但凡文学名著都有改编的同名电影。因此，我们从 2014 年起，以“周末影院”为依托，开始主办“文学名著电影欣赏节”活动，由四大文学社团和 Crazy 电影协会承办。欣赏节持续时间为两周，共放映 4 部名著电影，定于每年 11 月第三、第四个星期的周五、周六晚上。为了让学生能够更好地将文学与电影进行对比阅读，提高学生的名著品鉴能力，还特别组建了一个 6 人主持团队，并聘请文学院教授文学与影视鉴赏课程的老师担任名著名片点评人，主持团队与点评老师合作完成观影前的思考提示与观影后的讨论交流，同时提供名著现场借阅、电子书下载等服务；后续配套影评书评有奖征文活动，获奖文章依托《青笛之音》杂志刊发（社团刊物），在全校阅读交流。

“一校一书”阅读活动中的精读图书如有同名电影，将会按照“文学名著电影欣赏节”的活动模式，于每年 6 月初组织一场“一校一书”同名电影观赏会，通过阅读名著与观赏电影的有机结合，使读者更加深入地理解作品内涵，从而达到深度阅读的目的。

3. 以“真人图书馆”为平台，由大学生科技协会组织精读图书阅读分享会

朱永新先生说：“通过共读共写共同生活，既能使人们生活在共同的空间里，也能使人们生活在共同的精神背景下。”法国文人让·马里·古勒莫也说：“读者在利用阅读净化灵魂、提升自己的同时，更应该抬起头来，关注人间疾苦，承担社会责任。那种自私地享受阅读之乐的沉默读者无论什么时候都是不被人尊敬的。”基于这样的理念，我们以大学生科技协会承办的“真人图书馆”为活动平台，于每年10月邀请“一校一书”阅读征文活动获得一等奖的馆员和学生作为“真人图书”，开展阅读分享活动。“真人图书”们分别从不同角度分享各自的阅读感受和收获，读者积极发言和提问，最大限度地挖掘和实现精读图书的阅读价值。

（三）阅读征文评选阶段：聘用青笛文学社的优秀人才

“阅读征文”是评价“一校一书”阅读活动效益的一项重要指标。2013—2016年，我校收到的“一校一书”阅读征文分别为458篇、507篇、560篇与1008篇，文章长的达4千字，短的也近1千字，以每篇文章1千字计，征文总字数达五十万甚至上百万。征文评审分为初审、复审和终审三个环节，持续时间一般为2周，评审老师由文学院的2位写作专家担任。五十万甚至上百万字的阅读量相当于每人每周要看一本或几本25万字的著作，而且还要评出质量等级，其工作难度可想而知。因此，从2015年起，阅读征文评选时，我们聘用青笛文学社中的多名写作能手承担初评和原创审查工作，从中选出150篇左右的征文进入复审；再请图书馆2位擅长写作、具有副高职称的馆员进行复审，从中选出80篇文章进入终审，馆员征文直接进入终审；最后请两位评委从80篇学生作品中评出一等奖5篇，二等奖10篇，三等奖15篇，优胜奖20篇；馆员作品中评出一等奖2篇，二等奖3篇，三等奖4篇；根据各院系及社团提交的征文数量和获奖人数，评出优秀组织奖5个。所有获奖作者在获奖名单公布一周内将文稿进行修改、校对，再发回指定邮箱。青笛文学社组织人员承担封面设计、再次校对、排版与内文插图等具体工作，图书馆负责将获奖文章上传网站，并联系打印社，装订成《“一校一书”读书征文活动优秀作品集》。一部分赠送给获奖作者，另一部分发到书库、阅览室、自习室、咖啡书吧、院系图书资料室、社团工作室等地，以供读者传阅。经过青笛文学社精心设计的作品集图文并茂，一改以往严肃、呆板、单调的印象，使作品显得生动活泼而富有朝气，这极大地提高了作品集的观赏性和悦读性，获得了读者的一致好评，

也进一步拓展了"一校一书"阅读活动的广度和深度。

二、"一校一书"阅读活动的思考与启示

（一）规避共同阅读活动的负面效应

阅读自由、藏书自由、信息自由是图书馆根本的职业价值观，也是现代社会文明的宗旨圭臬。正是基于这样的理念，一些人排斥将阅读作为公共活动开展，也有人担心采用统一阅读共塑价值观这一做法将影响人们的思想自由。事实上，由于人们的兴趣、爱好、信仰等方面的差异，大众阅读活动本身就不太被人们接受。"一城一书"活动在纽约和芝加哥的两种截然不同的命运就是一个有力佐证。芝加哥的"一城一书"活动始于2001年，主办方不仅制订了周密的活动计划，还开展了丰富多彩的讲座、表演、讨论、展览等系列子活动，吸引了成千上万的市民积极参与，产生了广泛的影响。目前，该活动在芝加哥已走上了可持续、健康发展的轨道。纽约于2002年开始筹办"一城一书"活动，不仅受到纽约精英分子的嘲讽，就连主办单位也难达成共识。活动从吵吵嚷嚷中开始，在冷冷清清的进程中进行，最后只能停办，并且以后也从未办过。鉴于此，为了规避共同阅读活动的负面效应，湖南省高校图工委组织的"一校一书"阅读活动既提供推荐书目，也允许各高校自制推荐书目，并且强调将选书的初始决定权交还给学生，此举极大地激发了各高校的参与热情。在省高校图工委的统一领导下，各高校都已形成了各具特色的激励机制、干预机制与推荐机制，可持续发展的区域性协同阅读推广体系已基本建成。

（二）注重活动效益评估

对活动进行评估总结是积累经验、提高阅读推广水平的有效手段。我们进行的"一校一书"活动评估包括两个方面，一是按要求提交省高校图工委在"活动表彰奖励实施办法"中明确规定的材料，包括活动方案1份，活动照片10张，不少于15个页面的活动总结PPT一份，还必须如实填写图工委统一制作的阅读推广活动绩效信息表，接受上级评估。二是对学生社团的工作业绩进行评估，考核材料包括活动策划书、宣传资料、活动参与人数、活动现场照片、反馈问卷调查、新闻报道质量等多个层面，每场活动都有图书馆老师全程参与，从而保证评估结果的客观公正性。

（三）培育学生社团，助力阅读推广

学生社团是由有着共同兴趣、爱好的学生组成的自助团体，具有种类繁多、

参与成员众多、开展活动积极等特点，不仅其本身就是一个层次丰富且颇具规模的阅读群体，如果培育得当，其还能发展成为一个有力的阅读推广团队。可是，近年来，大学校园内社团林立，如湖南人文科技学院的学生社团就达60个。那么如何选择有实力的社团，让其致力于图书馆的各项阅读推广工作呢？在实践中我们积累了一些经验：一是社团组织结构要完善，且有100人以上会员；二是开展活动要积极，且有持续举行的规模较大的品牌活动；三是社团干事必须具备较强的创新开拓意识与团队合作精神。本着以上三条原则，我们为“一校一书”的系列子活动寻找到了匹配的合作社团，并采取充分信任、大胆放手、合理指导、逐步培育的方针，开展阅读推广活动，取得了可喜的成绩。如由8大社团参与组织的“一校一书”阅读活动连续2年获得省高校图工委颁发的优秀组织奖；2014年创办的“真人图书馆”已开展12期活动，先后有30多本“真人图书”分享了他们的人生故事，在校内已有一定的知名度，拥有一批固定的读者，形成了较为成熟的活动模式，走上了可持续的品牌化发展轨道；联合5大学生社团组织开展的“文学名著电影欣赏节”活动，目前已连续举办两届，总计参与人数达四千余人次，校内反响良好，经典、精品与深度阅读已蔚然成风。

（四）打造立体化阅读推广体系

所谓“立体化阅读推广体系”应该包括“立体化阅读”与“立体化阅读推广”两个层面。

“立体化阅读”是一种包括“听、说、读、写”四大基本功在内的既读书、又读人的复合式阅读，也是一种融观展览、听讲座、看电影、读名著、写心得、说故事为一体的深层次阅读。“立体化阅读推广”则是一种日常阅读推广与活动阅读推广相结合、顶层阅读推广与基层阅读推广相补充的全方位、多层次的交互式推广。在“立体化阅读推广体系”下，每一个阅读推广者本身也是一个阅读推广对象，开展的立体化阅读推广活动也绝不是一个独立存在的单一活动，而是一个包含多项子活动的活动系列，且已持续多年，具有品牌效应。目前，湖南人文科技学院已形成了以“海园读书论坛”为统领，包含“一校一书”阅读征文、真人图书馆、文学名著电影欣赏节、教授博士名家讲坛、数字资源利用巡回讲座、新生入馆教育培训等多项子活动在内的立体化阅读推广品牌，融省高校图工委的阅读推广、图书馆的阅读推广、学生社团的阅读推广为一体，大力弘扬中华民族传统文化和热爱读书、崇尚学习的优良传统，尽力延伸图书馆的文化育人功能，成效显著，有力地推进了学习型校园建设。

高校丰富的社团资源为图书馆的阅读推广提供了充足的人力保障。基于学生社团建立起来的立体化阅读推广体系，可以把上级阅读推广、校级阅读推广与社团阅读推广有机结合起来，经过整体策划与周密部署，能够在活动规模、活动效益与活动影响等方面收到事半功倍的效果，既能保证活动的连续性传承，又能在用户中形成固定的影响力，从而实现活动的品牌化发展。

第七章　高校图书馆常规阅读推广活动案例

第一节　北大读书馆“汇聚名师，分享人生”讲座

阅读是大学生学习和认知的基本方式之一，也是提高自我修养的重要途径，阅读文化在大学校园文化的建设中起着不可或缺的作用。作为校园阅读推广的一支核心力量，很多高校图书馆在培育爱读书、读好书的校园文化方面进行了有益的探索，取得了不少成果。但同时我们也发现，在移动互联网全面发展、数字技术大行其道的今天，在各种学术活动和文体竞赛让人应接不暇的大学校园中，图书馆的阅读推广活动正受到一些挑战：一方面，随着互联网时代阅读内容、阅读工具的变化，网页阅读、电子阅读为校园“数字土著”群体所青睐，但这些方式容易带来碎片化、浅显化、随意化等阅读倾向，在很大程度上影响了阅读的实际效果；另一方面，大学校园生活非常丰富，社团活动、专家讲座、文艺演出、各种竞赛等每天都在争夺着学生们有限的注意力，阅读推广活动很容易被淹没其中。因此，如何帮助大学生养成良好的阅读习惯、吸引更多读者进行有效的阅读，成为高校图书馆必须思考的问题。

北京大学图书馆在多年的阅读推广实践中，逐渐形成了“创意活动＋常规服务”两翼并行、层次分明的长效机制，以“阅读”为主题的北大读书讲座就是其中一项特色鲜明的品牌活动。从 2012 年 4 月 23 日至 2010 年 4 月，北大读书馆累计举办了 32 场讲座，建立了一个颇具分量的系列讲座品牌，在校园阅读文化的构建中发挥了重要作用。

一、鲜明的讲座定值

如何在讲座“丛生”的大学校园里脱颖而出，是图书馆开展讲座服务的一个难题。经过调研我们发现，北大几乎每天都有讲座，内容从严肃的学术探讨

到轻松的艺术欣赏，包罗万象，但是，与读书、写作相关的讲座很少，也不成体系。

另一方面，围绕与书有关的主题组织讲座，与图书馆文献丰富、崇尚阅读的文化形象十分契合。基于这两点，我们将北大读书讲座定位为知名学者与青年学生分享阅读经历和人生智慧的校园人文素养活动，邀请各个领域颇具影响力的名师大家围绕某种或某类图书，畅谈读书体会和创作心得，交流治学经验和人生感悟。如此鲜明的主题定位，使得北大读书讲座在开办之初就与学校里的其他讲座区分开来，拥有较高的品牌辨识度。

二、持续的品牌化运作

良好阅读氛围的营造非一两次讲座活动就能做到，所以应注重讲座的长效发展，通过品牌化运作持续吸引读者的注意力。

（一）建立跨部门的工作团队

举办讲座是一项系统工程，涉及主题策划、确定主讲人、宣传推广、组织听众、拍摄记录、后期资料整理等工作，需要多个专业的人才通力合作。组建合理高效的讲座团队，对于保障讲座工作的顺利运行和持续发展非常重要。因此，北大图书馆成立了跨部门的工作小组，由主管副馆长牵头，从综合管理与协作中心、学习支持中心、研究支持中心、信息化与数据中心等部门抽调有特长、有兴趣的馆员组成兼职团队，共同参与完成讲座活动，主要的分工如下。

①总负责人：对讲座工作进行整体上的计划、组织、指导。

②策划人员：根据讲座定位现有资源条件，策划、设计讲座主题与形式，并联系主讲人。

③宣传推广人员：运用各种媒介宣传讲座，包括通过图书馆主页、官方微博、微信等途径发布讲座预告，设计、制作宣传海报，撰写新闻稿，等等。

④讲座主持人：介绍主讲人，主持互动环节，引导和控制讲座现场的氛围。

⑤资料管理人员：整理保存讲座的照片、录像、主讲人签名海报等。

（二）选择合适的主讲人

主讲人是讲座质量的保障，优秀的主讲人能为讲座吸引人气、建立良好口碑。北大读书讲座依托北大深厚的文化底蕴和强大的文化号召力，邀请了众多名家登台主讲。

据统计，在 2012 年 4 月至 2016 年 4 月期间，共有 38 位演讲者做客北大读书讲座。这些演讲者中既有历史学、语言学、文学、哲学、自然科学等领域的知名学者，也有杰出的作家、社会活动家等，多样化的学科背景和研究旨趣为讲座带来了丰富的演讲主题，主讲人自身的成就和影响力也大大增强了讲座的吸引力。

（三）围绕“书”确定主题

选题是讲座形成品牌的关键要素之一。如前所述，为了建立自己的品牌特色，塑造图书馆的文化形象，承担阅读推广的职责，北大读书讲座的主题均与“书相关。在这个基本的前提下，我们再结合主讲人风格、社会热点、重大事件、听众需求等，策划一系列丰富多样的讲座主题。

1. 解读传统经典

推广经典阅读是高校图书馆开展人文素质教育的重要途径。北大图书馆一直很重视对于经典阅读的引导，邀请了诸多历史学、文学领域的名师大家，围绕某类经典著作，畅谈读书体会。已举办的经典阅读类讲座有如下几种。

①隋唐史专家蒙曼的“读出红妆——唐代宫廷女性的美丽与哀愁”，以长孙皇后、武则天、上官婉儿、杨贵妃、宋若昭的相关史料为例，解史、读诗，解读唐代宫廷红妆的炼成与文化意义。

②北大中文系教授龙协涛的“文学欣赏——自由愉快的精神旅行”，选读赏析诸子百家、唐宋文人的经典著作。

③美国独立高级研究员夏洛特·哈里斯·里斯的“《山海经》与古代中国人的美洲探索——从落基山出发寻找答案”，以《山海经》的相关记载和美国的落基山脉为对照，追寻古代中国人最早发现美洲的证据。

④作家毕飞宇的“‘走’与‘不走’——小说内部的逻辑与反逻辑”，从叙事方式这一角度，详细阐述《水浒传》和《红楼梦》在写作手法上的差异。

⑤北大中文系教授卢永璘的“中国文论第一书——《文心雕龙》”，围绕《文心雕龙》的几个重要或疑难问题进行具体分析，包括《文心雕龙》书名的含义及书中“原道论”“神思论”“风骨论”“知音论”等。

2. 分享阅读感悟

阅读对于一个人的知识积累、人格养成等来说意义重大。主讲人通过分享自己独特的阅读经历、阅读体验，传递阅读理念，倡导阅读生活。

①哲学家周国平的“阅读与精神生活”：总结自己读书的“三不”原则（“不务正业”“不走弯路”“不求甚解”），结合自己的读书经历阐述为什么要读书、读什么书、怎么读书等问题。

②北大图书馆副研究馆员王波的“读书读出好心情——阅读与心理健康”：

分享如何让正确读书成为自我调节情绪的独一无二的良方，并导读权威专家学者推荐的两个经典书单。

③北京大学中文系教授陈平原的“读书是一件好玩的事”：阐释自己的阅读理念和立场，指出“有问题”和“讲趣味”这两者相辅相成，让读书变得好玩。

④作家李银河、杨廷玉的“分享心灵阅读的对话”：讲述“心灵阅读”怎样影响人生的成长、如何使人终身受益、如何使人塑造美好的人生观与世界观。

⑤作家梁晓声的“我与文学”：阐述了读书的意义，强调培养读书习惯的重要性，并以自身的阅读和写作经历为例，讲述读书对写作和人格塑造的影响。

⑥作家飞氘、夏笳、陈楸帆和林品的“科幻世界的过去与未来”：回顾科幻小说的发展历史，探讨如何从历史、社会、政治、经济等视角来思考科幻小说的意义。

⑦北大中文系教授温儒敏的“信息时代的读书生活”：分享信息时代的读书方法，如信息时代如何做到既适应和利用新的阅读方式，又减少可能带来的弊害；如何防止信息过量的焦虑症；在浮躁的大环境中如何养成读书的良性生活方式；等等。

3. 畅谈创作心得

也有不少主讲人是携作品而来，与听众分享书中内容或者创作心得等。

①北京大学西葡语系范晔博士的“从马孔多出发——《百年孤独》学译点滴”：讲解《百年孤独》的中文翻译策略，同时以译事为引子，谈《百年孤独》中的文化符码。

②旅日作家萨苏的“萨苏笔下形形色色的日本文化”：荟萃其多部著作的精髓，讲述多样的日本文化。

③北京大学中文系教授韩毓海的“天下兴亡事，江河万古流——谈《五百年来谁著史》”：通过“基层组织”“财政金融”“世界大势”三个支点，重新梳理公元1500年以来的世界历史进程，破解“李约瑟之谜”，从重重历史与现实交织的迷雾中探寻中华民族的何去何从。

④作家姚任祥的“《传家》——中国人的生活智慧”：勾勒中华传统文化和现代精致生活的画卷，分享亲切可感的“中国人的生活智慧”。

⑤作家叶永烈的“《十万个为什么》背后的故事”：以亲身经历讲述《十万个为什么》背后许多有趣的故事，如《十万个为什么》是怎么来的？他自己是怎样被出版社选中作为主要编者的？胡耀邦是怎样提倡青年应当看《十万个为什么》的？……

⑥作家及评论人熊培云的“乌托邦与家国梦”：根据多年思考与研究、结合自身多部作品，梳理比较几百年来乌托邦浪潮下中美等国社会梦想实践，探讨乌托邦对人类社会进程与家国命运的影响。

⑦北京大学哲学系教授刘华杰的“从《天涯芳草》到《檀岛花事》——震撼心灵的植物之美与博物人生”：回顾几十年的植物搜集、分类、摄影和研究的经历，分享《檀岛花事》的写作过程。

⑧剧作家何冀平的“从《天下第一楼》到《龙门飞甲》——我怎样写起戏来？”：讲述在不同地域的创作实践，讲述创作与生活、剧本的生成与提炼——怎样为文字注入生命？怎么让剧本呈现于舞台或搬上银幕？

⑨华盛顿大学（西雅图）历史系教授董玥的“北京城的‘民国范儿’《民国北京城——历史与怀旧》”：讨论《民国北京城——历史与怀旧》一书的构思缘起、主要论点，以及作者因研究民国北京历史而引发的关于中国传统文化在近现代中国命运的一些反思。

4. 其他主题

除了以上三类主题，北大读书讲座还涉及关于书籍的学术探讨或是名人读书生活的介绍等。

①北京大学中国古代史研究中心教授辛德勇的“读书、抄书与印刷书籍的诞生”：讲述“书籍”的前世今生，强调“印刷书籍”对于扩展阅读空间、参与社会生活的重要意义。

②作家舒庆春（老舍）之子舒乙的“一生爱好是天然——作家老舍”：回顾老舍一生的创作和生活的关联，讲述老舍为人处事的细节，在苦难面前的坚守，以及丰富的爱好与交友历程。

③中央办公厅秘书局原副局长徐中远的“毛泽东晚年读书生活”：分享毛泽东晚年的读书方法、书单等。

不难发现，北大读书讲座虽以“书”为中心，但并未受任何禁锢，反而从“书”出发，阐发出很多有趣、深刻、涵盖各个学科的主题，体现了阅读的丰富性。

（四）创新讲座形式

阅读是读者与作者之间超越时空的对话，因此，作为以“阅读”为主题的讲座，北大读书讲座在形式上十分注重对话性、交流性。除了常见的一位讲师主讲、讲完后互动的形式之外，北大读书讲座还引入了很多新颖的形式，如二人对讲、多人主讲、演讲＋点评等，营造更具吸引力的互动氛围。

比如，讲座“分享心灵阅读的对话”采取李银河与杨廷玉两位作家对谈的方式分享各自的阅读感悟。“当代艺术和感觉主义——艺术与哲学的跨界对话”邀请到哲学家周国平与旅美华裔艺术家周氏兄弟（周山作、周大荒），进行哲学与艺术的跨界对话。“科幻世界的过去与未来”更是打破常规，请到四位年轻的科幻作家，采取两人主讲、两人点评的方式讨论科幻小说。

（五）开展多渠道、立体化的宣传

除了在讲座主题和主讲人方面精挑细选，适当的宣传造势对于讲座品牌的形成来说也是必不可少的。特别是在“注意力”已成为稀缺资源的今天，更需要线上线下相结合进行全方位的宣传。

一方面，是面向拟邀请的主讲人的宣传。在与主讲人联系沟通时，邀请函的作用不容小视。它既体现了主办方的诚意，也能通过图案和文字的搭配宣传讲座本身。例如，北大读书讲座的电子邀请函设计典雅大气，文字简洁明了，很好地展现了讲座的文化底蕴。

另一方面，是针对每场讲座本身的宣传。为了提高讲座的曝光度，北大图书馆在每次举办讲座前后都会综合利用传统媒介和社交网络，开展立体化的宣传。

讲座举办前，既通过张贴海报、放置展板、分发宣传折页等传统方式积攒人气，也积极扩展网络宣传渠道，如在北大新闻网、北大未名 BBS、图书馆主页以及图书馆官方微博、微信等平台上发布活动预告等。讲座举办后，发表总结稿，图文并茂地报道讲座情况。

（六）寻求多元化的合作支持

馆外力量的支持能为讲座的长期发展注入更多活力，因此，北大图书馆在策划讲座时，积极寻求其他机构或个人的合作支持。一是吸纳校内学生社团（如北大国学社、耕读社、图书馆之友等）的成员作为志愿者参与讲座的组织，或者是与社团合办讲座，比如叶永烈先生的讲座“《十万个为什么》背后的故事”，同时也是电气和电子工程师协会中国学生分会“触摸科技文化周”的闭幕式活动之一；二是与校内其他部门合作，比如部分讲座会请北大新闻网的记者到场记录、写新闻稿；三是与校外相关组织（如出版社、文创企业等）合作，比如曾与腾讯文化合办周国平、周氏兄弟的讲座“当代艺术和感觉主义——艺术与哲学的跨界对话”。这些合作扩大了北大读书讲座的参与面，提高了其知名度与影响力。

（七）积累与开发讲座资源

对于讲座品牌的发展壮大来说，做好讲座资源的制作、整理、开发等工作十分重要。北大读书讲座在这方面的做法主要有以下两种。一是在讲座开始前，图书馆会请主讲人在讲座的宣传海报上签字、题词。这是充满仪式感同时极具纪念意义的一个环节，积累起来的签名海报能够展现北大读书讲座的成长足迹。二是在尊重知识产权和主讲人意愿的前提下，对讲座进行录像、录音与传播。讲座作为主讲人的智力成果，受到《中华人民共和国著作权法》的保护，因此，北大图书馆十分注重保护讲师的合法权益，在每次开讲前都会询问其是否愿意被录像并允许在校内网点播，征得同意后图书馆才会进行全程录像，在加工处理后提供校内 IP 范围内的视频点播。获得主讲人的授权可避免以后诸多可能的纠纷，也为合法利用讲座资源，更广泛地发挥讲座资源的作用创造了条件。

三、运行情况统计与经验总结

从2012年世界读书日举办第一场讲座算起，北大读书讲座已走过多年历程，逐渐从名不见经传发展到拥有大量“粉丝”的平台，成为图书馆阅读推广的生力军。据粗略统计：截至 2016 年 4 月，北大读书讲座共举办 32 场，参与总人数为 7680 人，平均每场听众为 240 人。实际上，讲座的举办地——北大图书馆北配殿学术报告厅的座位数为 218 个，这就意味着不少场次的讲座会有一些听众没有座位，他们或站着或在台阶上、讲台边盘腿而坐，讲座的火爆程度可见一斑。从视频点播次数来看，除了三场讲座的主讲人未授权视频公开之外，剩余 29 场讲座的校内在线点播总次数为 3449 次，平均每场点播 119 次。讲座主题方面，主讲人以“书”为出发点，结合自己的专业兴趣或阅读经历，提炼出历史文学、哲学、艺术、科技、社会生活等方方面面的演讲内容。

经过数年运作，北大读书讲座受到读者的极大欢迎，取得了较好的阅读推广效果，也积累了不少经验。

（一）讲座的品牌建设重在形成特色

北大读书讲座在规划之初就慎重思考定位问题，既要拥有鲜明的个性，又要发挥推广阅读的作用，因此将选“书”作为讲座的中心议题。正是这个独特性标志性的主题，将北大读书讲座与北大校园内形形色色的讲座区分开来，由此建立起品牌的辨识度。

（二）以讲座为载体，倡导深度阅读

互联网时代，网络阅读、电子阅读已成为和传统纸本阅读比肩而立的阅读方式。电子阅读在满足用户对于快节奏阅读、碎片化阅读需求的同时，也容易产生浅显化、无序化等倾向，无法完全替代严肃、深入的纸本阅读。因此，图书馆人除了要顺应潮流变化之外，更应坚守“深度阅读”这块阵地，倡导科学、健康的阅读理念。北大读书讲座就是这样一块不忘初心的阅读阵地。我们的讲座中，很多主讲人实际上担当了“领读导师”的角色，他们以阅读、写作的亲身经历为引子带领听众精读某本书或者某类书，构建了一个深入阅读与即时交流相融合的读书平台。我们相信，这样“润物细无声”的阅读推广方式，会在潜移默化之中引导读者回归深度阅读。

（三）注重讲座活动的持续性

阅读推广是一项需要长期坚持的工作，不是一两次嘉年华似的活动就能达到效果。因此，北大读书讲座非常注重讲座举办的节奏和周期。一是在每年的世界读书日系列活动中，讲座作为活动开幕式的一部分，承担重头戏的角色。二是在平时的日子里，除了学期末的复习考试周不安排讲座之外，保持一个半月至少办一场讲座的频率。如果各主讲人档期与我们的讲座计划能基本匹配的话，有的学期甚至可以一个月办两场讲座。读书日活动的开幕式讲座因为有系列活动造势，宣传效果明显，而常规讲座有利于保持讲座活动的持续性，这两种形式相互配合，才能持续吸引受众的注意力，营造良好的阅读文化氛围。

（四）重视宣传推广

要提高讲座的知晓度，适当的宣传推广必不可少。一方面是通过邮件、电话、发送邀请函等方式，向拟邀请的主讲人宣传讲座本身的定位、影响力等；另一方面，充分利用传统媒介和社交网络，重视前期发布和后期报道，全方位、立体化、有始有终地宣传每一场讲座。

（五）加强讲座资源的积累与利用

讲座的价值并不仅仅存在于演讲的两个小时中，图书馆可通过各种途径使其发挥更大的作用。其一，将讲座的录制、保存、利用等纳入图书馆特藏资源建设的工作中。北大读书讲座的内容关注阅读，或聚焦学术研究，或有利知识普及，非常值得作为特色馆藏加以保存管理。另外，主讲人的签名书、签名活动海报等周边资源若能妥善保存，也能在一定程度上丰富图书馆的特色收藏资源。其二，将拍摄的讲座视频经加工后上传到图书馆网站，供校内师生随时在

线观看，以突破讲座的时空限制，拓宽阅读推广的受众面及影响范围。

四、未来工作展望

北大读书讲座作为北大图书馆阅读推广体系的一个重要组成部分，其鲜明的主题定位、深厚的文化底蕴、丰富的讲座内容深受读者欢迎，已成为北大知名的文化活动品牌。在未来，除了继续保持自身的主题特色、坚持高品质的讲座内容之外，讲座还可以在以下方面寻求更大的发展。一是拓宽合作渠道。目前的主题策划与主讲人邀约工作主要由图书馆馆员兼职完成，工作压力可想而知。因此，今后应更积极地寻求与学生社团、校内机构、社会组织的合作，充分利用外部力量，使其为讲座出谋划策，并建设与储备主讲人资源。二是在征得主讲人授权的前提下，将讲座的精彩内容结集出版，以进一步扩大讲座的受众面和影响力。

第二节　黑龙江大学图书馆“博学讲座”

黑龙江大学图书馆阅读推广的文化品牌“博学讲座”已举办三百余期了。讲座实践表明：就阅读内容推广来说，就是让阅读成为高校校园主流生活方式，而阅读形式推广的重心，就是现代新媒体和网络技术的运用和创建共同阅读交流的精神殿堂。办一场讲座不难，办数十场讲座也不难，难的是十几年如一日的坚持，可贵的是能牢牢守住一所大学独立的文化品格。

一、“博学讲座”的创建和启动

图书馆有办讲座的传统，如“文津讲坛”“上图讲座”。近年来，随着时代的发展、学习型社会的到来，人们对新知识、新文化、新信息的渴求日益强烈与迫切，开展全民阅读推广活动就是建设学习型社会要求的一项重要举措。在这一大的历史背景下，央视推出《百家讲坛》栏目，该栏目引起全社会的关注和共鸣，我国各级、各类的讲座活动迅速发展，出现了听讲座的热潮。服务阅读推广领域已经成为图书馆传播知识与信息、开展社会教育、拓展服务领域的一个重要平台与手段。适应大学图书馆创新服务职能的发展需求，黑龙江大学图书馆也迅速加入创建讲座服务平台的工作中。

（一）师生读者聆听讲座的新需求已出现

2001 年，黑龙江大学图书馆正式向读者开放运行。探索创新服务工作也随之全面展开。图书馆指导下的学生读者协会，为营造校园读书氛围，已经自发的在社团小众内，开展了“读书·生活·做人”讲座活动。大学生读者寻求阅读指导的新需求已出现了，此时恰逢黑龙江大学和清华大学等高校被列入首批创业教育试点单位，学校形成创新大学教育的新局面。2003 年，我校教师适时提出了《关于在图书馆设立定期读书讲座的建议》。经校长批示和专项资金批复，在各方合作筹备的推动下，黑龙江大学图书馆完成了为讲座命名和讲座主讲人队伍组建工作，拟就了实施方案。“博学讲座”的这个为读者便于识记的讲座文化品牌标识诞生了。

（二）设施设备等客观环境条件已具备

黑龙江大学是一所历史悠久的高校，其前身可追溯到 1941 年的中国抗日军政大学第三分校俄文大队，具有红色传统，1944 年更名为延安外国语学校，1948 年年底改名为哈尔滨外国语专门学校，学校当时附设“图书馆”，1958 年由哈尔滨外国语专门学校图书馆易名为黑龙江大学图书馆。目前馆舍总面积达 44296 平方米。阳光讲坛报告厅在黑龙江大学图书馆正门后身，作为讲座使用主要场所，建筑面积有 600 多平方米，有席位近三百个。会场设计为扇形开放式，灯光音响设施完备、同时配备电子显示屏幕等，为讲座提供了基本场地条件。

黑龙江大学图书馆是一所馆藏学科门类齐全的综合性大学图书馆，馆藏文献的品种与学科覆盖面在全省高校图书馆中首屈一指，可为读者提供包括阅读讲座服务在内的借阅、视听、文献检索、复制、传递、参考咨询、定题服务、读者教育、馆际互借等多类型、多层次的服务。黑龙江大学图书馆已成为读者求知奋进的精神家园，凝聚了校园读书群体。服务纵深化、管理规范化、资源数字化、素质复合化目标追求，激励图书馆人不懈努力地去进行推广阅读工作。

（三）“博学讲座”正式启动

为突出讲坛特色，体现创办理念，黑龙江大学图书馆设计了“博学讲座”标识，设置专门海报栏，每期讲座都制作美观的宣传海报，在校园网定时发通知，数字图书馆主页上开设专栏，准备发布讲座全文阅览，并附主讲人照片及现场照片。黑龙江大学图书馆精心设计了首场和再场讲座，请文学院李先耕教授和国家级教学名师刘敬圻教授相继讲了“漫谈儒家思想文化”“古代小说与女性话题”，这样由黑龙江大学图书馆举办的“博学讲座”于 2004 年 3 月 7 日在我校阳光讲坛与大家正式见面。讲座面世后便产生轰动效应，在校园里引起强烈反响，接着校园海报宣传部、校广播站、校团委网站、食堂大屏幕、黑大视频周刊、人人网和黑龙江晨报等媒介都对讲座进行了宣传和信息发布，扩大了讲座传播影响范围。

（四）“博学讲座”的定位

讲座起初是围绕着“读什么书”和“怎样读书”两大选题内容而展开的，2006年，黑龙江大学启动了以提高大学生通识知识教育和素质培养为目标的“读书工程”。为配合这一活动，图书馆将“博学讲座”定位为“以介绍人文社会科学的学术研究成果为主，以分析社会热点问题，指导学生如何读书和构建健康心理等主题为辅”。旨在倡导“秉承红色传统、志存高远、自强不息”的黑大精神，增强读书学习兴趣，从而使文化启蒙和文化创新的大学功能得到体现，推动文化校园建设。

二、“博学讲座”的运作机制

黑龙江大学图书馆“博学讲座”是在校大学生经典阅读和深阅读推广的新平台，是黑龙江大学图书馆以讲座的形式服务于推广阅读的大胆尝试，在校园阅读推广工作中发挥了一定作用。讲座在每学期前15周的周日晚6点至8点，于阳光讲坛准时举办。讲座由黑龙江大学图书馆文献资源开发部设专人具体负责，经过选题和聘请主讲人的讲座准备阶段——校园宣传的讲座宣传阶段——阳光讲坛的讲座现场阶段——录像和文稿等讲座后期制作阶段，完成一个流程。

讲座坚持每周一期，连续不断运转，流程的每个阶段又有具体环节逐一落实，工作预期紧张，欲求效果压力较大，工作人员必须要有定力和耐力素质，否则难于持续运转。

（一）选题机制

高校讲座阅读推广的特定领域和特殊对象决定它推广的内容不是一般性信息阅读，学术研究性的经典阅读和知识背景下的深阅读，分别构成大学生阅读的思想基础和视野背景，所以没有经典阅读和深阅读就没有大学教育。这就要求讲座选题内容突出选择社会所需要的，而不是社会想要的，突出黑龙江大学精神所引领的红色文化和祖国优秀传统文化的研学和阅读。

因此，适合大学生求知欲和实现自身超越需求，推广大学生阅读内容优化是高校阅读推广讲座选题的根本原则。“博学讲座”依据学校学科建设要求、图书馆读者阅读推广计划、学术导师的前沿课题和大学生阅读接受状态拟定年度选题计划，还通过馆长信箱等方式收集听众反馈意见，为观众选题，尽量满足大学生的当下阅读要求。选题还要遵循学术无禁区，宣讲有纪律的要求。

选题之下的讲座单元内容，主要介绍某一学科专业的现状、前沿问题及学习方法；或追随时事发展脉络，紧扣热点话题；或关注科技进展，介绍科普常识等子题目内容。主办方要求主讲人结合讲座选题，推介几种参考阅读书目，通过专业阅读促进专业经典阅读和专业深阅读的开展。

（二）主讲人聘请机制

主讲人是阅读推广的主导，肩负着实现讲座学术性与普及性兼顾，知识性与趣味性并融，让学术研究成果共享的重任，为听众架起一座沟通现实世界和经典书籍世界的桥梁，因此，学术水平、表述能力和人格魅力这些标准就成为大学阅读推广主讲人的选择标准。因此，在学校名师中，在学生的口碑中，在其他讲坛的反响中找到主讲候选人，是聘请主讲人的有效途径。一个名师就是一个可以推广的阅读范例。阅读的风貌和品位就在那个人身上。黑龙江大学图书馆博学讲座精彩纷呈、具有较强的吸引力和感召力。讲座所聘请的70%以上的主讲人来自本校，他们当中有很多是学历在博士以上，职称在副教授以上的教师，这些专家学者德学兼备、知识广博、领军学科、口才极佳。聘请校外专家学者对于扩展大学生研学阅读视野，加强学术交流都有益处。"博学讲座"以聘请省社会科学院、省委党校等知名专家为主，其他由学校院所推荐，确保讲座主讲人的资质。

（三）多平台宣传，图视阅读和直接交流并重

阅读推广内容的创新体现在阅读引领时代方面；而阅读形式的推广体现在新媒介和电子手段运用上，共同阅读生活方式的创造上，反映着时代所提供的全新阅读方式。在讲座宣传上，"博学讲座"同时采取校园网通知、校园内张贴海报、微信公众号推送三种方式发布讲座信息，并在图书馆网站为"博学讲座"设立专栏。讲座现场一般分演讲和答疑两个环节。个别采用互动形式进行，主讲人可以是一个，也可以是多个。"博学讲座"在讲座形式上重点突出课件图文并茂和直接互动交流。讲座综合运用音响视屏等新媒介设备，电子显示屏幕展示PPT课件，让听众得到可视阅读，加深阅读印象。同时，突出听众和主讲人直接互动交流，促进阅读交流话语培养，形成阅读共振传播，营造共同阅读氛围和精神家园，在这个意义上，"博学讲座"平台就是阅读推广的驿站。在互动环节中，主讲人现场解答大学生阅读经典和深阅读中的疑问，注意培养本科生的阅读兴趣、解决怎样克服走进经典中读不懂等阅读心理障碍问题，吸引了一大批本科生，依托文、史、哲学院建立固定的读书社团，如明德读书会、知行合一沙龙等。校园讲座等阅读推广活动使研学阅读趋于校园生活化，同时，校园生活向学习化的转变催生了大学生精神文化的创新和科研的创造，形成了正向循环。

（四）可持续机制

体现为讲座内容的高品位化、系列化，讲座成果的持续运用和观众的无限流转。讲座面向全校师生，主讲人大多是学科带头人、各领域专家和国家级教学名师。如今，“博学讲座”的建设更加体系化、专业化，大致可分为读什么书系列和怎样读两个版块，辅助传统文化系列、哲学和社会科学系列、科普系列、社会思想热点和形势任务系列等。讲座的录音、录像，讲毕的讲稿或课件都与“博学讲座”视频一起放到图书馆网站上，学生可以不受时间、空间限制，随时收听和收看，从而使受教育面更加广泛。面对这样一张丰富的文化菜单，几乎每个人都能找到吸引自己、适合自己的“那款”。十几年的博学之约，黑大人在这里汲取知识，养成阅读品格，一切都变得越来越温暖、自然起来。

三、“博学讲座”活动成效

黑龙江大学图书馆“博学讲座”坚持高校图书馆阅读推广阵地，做了一定工作，初步积累了一些工作成果和经验，为阅读推广事业贡献了绵薄之力。

（一）讲座成果积累

回顾300余期的历程，从2004年3月7日第1期“博学讲座”李先耕老师解读儒家思想文化，到2016年4月24日第335期刘学清老师漫谈春晚艺术作品的欣赏与思考……这个由一群爱读书的人本着为读书而建起的讲坛，已成为黑龙江大学校园文化品牌。讲座受众近10万人次。2005年3月随着软件应用系统的更新，图书馆开设了“网上报告厅”，从第25期以后的讲座可视频观看。目前，资料库已留存视频影像270期，文稿近百期，视频点击率突破5万人次。自2009年4月21日起，我校图书馆连续开展了旨在纪念“世界读书日”，推进校园阅读推广的黑龙江大学校园读书节活动，推出阅读经典和深度阅读类内容的讲座，如李琪、傅荣贤老师的“数字化时代的文学经典阅读”“古典目录与传统文化”，陈永宏老师的“读书与人生”，罗跃军老师的“怎样读西方哲学经典著作”，刘冬颖、杨庆辰老师的“品味《诗经》魅力，感悟经典爱情”“读书学之大学生应读‘什么’书”，樊志辉老师的“经典阅读的三个向度”，张奎良老师的“谈怎样读马克思主义经典著作”等一批阅读推广讲座深受听众喜爱，成为节日活动中读者喜欢的项目。

（二）讲座的良好反响

在这十几年里，为了激活大学生的读书和学习兴趣，“博学讲座”不忘初心、循循善诱，吸引了许多大学生来热心听讲座，使他们走进阅读生活，被黑龙江省《生活报》《黑龙江晨报》和新华网、人民网、网易新闻中心等多家媒体关注和报道，产生良好反响。“博学讲座”的初步成功取决于学校领导前瞻性的战略思考和正确的具体决定，不论是讲座的创立、具体实施方案的确定、经费保证，还是指派专人负责及工作开展中的具体指导，都离不开学校领导的正确决策与支持。这也取决于所有主讲专家和学者，正是因为大专家主持小讲座，才引领大学生在讲座中树立起实现经典阅读和深阅读的意识，找到开辟经典书籍世界的乐趣，学会选择自己能够驾驭的阅读书籍，掌握适合自身阅读能力的方式方法，汲取文化养料，提高自身的阅读素养。其成功也取决于新闻媒体的大力宣传与氛围的营造。从根本上说，其成功取决于听众的积极参与热情支持，因为讲座的生命力来自听众。

（三）讲座工作的反思

讲座活动要从业务管理机制、工作机制、工作人员自身素质、硬件设施和社会合作等方面不断创新和拓展功能。通过各种方式加强与听众的沟通，认真听取反馈意见，及时改进服务方式和手段，树立良好的品牌形象，以自己特有的方式向人们提供新知识，传播新思想，为社会发展和提高人民群众素质做出新的更大的贡献。要有针对性地邀请有成果、有威望的校外专家加入主讲人队伍；同时，在选题上力争更加贴近学生，重视学生的关切与选择，提升服务阅读推广的针对性；还要更积极地发挥文化的引领作用，主动去做好学生个体阅读经典和深阅读的延伸服务，积累更多成果，扩大讲座效应。

第三节　重庆大学图书馆以书评促阅读实践

一、书评系统实施背景

（一）“图书馆 2.0”风潮

2006 年，web2.0 风靡全球，以用户为核心的互联网服务是 web2.0 的核心，这与图书馆“读者第一，服务至上”的服务理念不谋而合，因此“图书馆 2.0”应运而生。2006 年，范并思、胡小菁发表了名为《图书馆 2.0：构建新的图书馆服务》文章，其成为国内最早研究图书馆 2.0 的专业文章；2006 年 5 月，上海图书馆召开了“Web2.0 与信息服务”研讨会（Lib2.06），这是国内最早关于图书馆 2.0 研究的专题会议，图书馆 2.0 成为国内图书馆研究的热点；2007

年 4 月，“图书馆 2.0：服务因你而变”（Lib2.07）会议在厦门大学召开；2008 年 4 月，浙江大学图书馆举办了“论剑 2.0”（Lib2.08），北京大学、浙江大学、上海交通大学、重庆大学、“国立台湾大学”的图书馆纷纷展示了自己的图书馆 2.0 研究与实践成果；2009 年 10 月，第四届中国图书馆“馆人合一”（Lib2.09）年会在重庆大学举办，重点探讨如何进一步推动图书馆 2.0 在中国的发展，会后出版了论文集《馆人合一：图书馆 2.0 创新与实践》。与此同时，各大图书馆纷纷开始尝试 2.0 的理论研究和服务实践：上海图书馆、上海大学图书馆、厦门大学图书馆、暨南大学图书馆、重庆大学图书馆等开始提供集成管理系统的改建、联机公共目录查询系统（Open public Access catalogue，OPAC）的多样化输出、信息共享空间等。上海交通大学的 IC 平方创新服务模式、厦门大学图书馆馆藏书目信息 API 开发实例及其应用、暨南大学图书馆 2.0 网站系统、清华大学图书馆网络环境下多源数据集成服务等都取得了不错的成果。

（二）重庆大学图书馆 Lib2.0 实践

阮冈纳赞的“图书馆五定律”被认为是图书馆界的“铁律”。观察发现，五定律中的三个关键词为：书、人、馆。结合当前社会的信息环境及图书馆发展现状，重庆大学图书馆将其内涵进行了延伸，提出了“资源、管理、服务”三位一体的理念。

资源是开展服务的基础，服务是图书馆的最终目标，管理是有效管理资源和提升配置服务的必要手段。“资源”是广义的资源，包含文献、人和设施设备，从“为我所有”转变为“为我所用”；“管理”是从传统的图书文献管理转变为对图书馆人、财、物和知识流的管理；“服务”是图书馆在文献资源整合的基础上开展广泛的网络知识服务。

关于图书馆 2.0 的定义，重庆大学图书馆认为其基本理念是针对读者进行知识服务，重视个体化的共享和参与是其核心价值观。图书馆 2.0 有三个基本思想：图书馆 2.0 是数字图书馆建设的组成部分、馆人合一、以书为本。图书馆 2.0 的五个关键词为：读者、参与、共享、知识、开放。

读者。图书馆 2.0 将充分尊重读者的每一项知识需求；将为读者提供终身服务；将扩大读者的范围，包括现实中的和虚拟网络中的读者；将提供读者需要的知识服务。

参与。图书馆 2.0 倡导并引导读者参与到图书馆的资源建设和服务中，分享自己的知识，构建自己的知识空间。

共享。图书馆 2.0 将具有广泛的共享精神。包括读者的知识共享，如开放存取；读者与读者之间的服务共享，如在线问答；读者与图书馆之间的共享，如书评建设；图书馆与图书馆之间的共享，如基于同一系统架构的"图书馆联盟"。

知识。图书馆2.0的服务限于针对读者的知识服务。知识服务将是图书馆2.0的工作核心。

开放。图书馆2.0将在1.0关注馆藏文献建设和管理的基础上，针对读者需求，采用更多的信息技术、开放接口，从而提供各种类型的文献服务，同时，突破单个图书馆实体办馆模式，共同营建整个社会的知识服务体系。

基于以上图书馆2.0理念，重庆大学图书馆倡导"资源、管理、服务"三位一体协调发展的建设思路，围绕图书馆2.0的三个基本思想和五个关键词，积极创新。2007年10月，重庆大学自主开发的数字图书馆系统正式上线运行，正式开启了图书馆2.0的实践之路，改变了原来集成管理系统以图书为核心的思路，研发了一个"基于用户，面向服务"，真正围绕读者开展知识服务的ADLib2.0系统，读者统一身份认证系统、读者知识社区"个人书斋"、馆际互借与文献传递、科技查新、文献检索、全馆指南、离校手续、通借通还等众多读者服务全面建成，为重庆大学毕业生免费办理"校友借阅证"，提供终身服务；开启重庆市大学城"网上图书馆"，致力于推进重庆市高校文献资源的共建及各项信息服务的共享；开展社会服务，办理社会读者借阅卡，为重庆大学城市民提供免费阅览服务。此外，众多的实体服务也是我们图书馆2.0实践的重要部分。

（三）全民阅读时代大环境

2016年4月18日，中国新闻出版研究院发布的第十三次全国国民阅读调查报告数据显示：2015年，我国成年国民年人均纸质图书阅读量为4.58本，而欧美国家年人均阅读量约为16本，北欧国家达到24本，相比之下，我国的阅读水准仍然较低，阅读水平明显落后。2014年，"全民阅读"首次写入政府工作报告，报告指出应"繁荣发展哲学社会科学，倡导全民阅读"。2015和2016年，"全民阅读"依旧被列入政府工作报告：倡导全民阅读，建设书香社会；倡导全民阅读，构建公共文化服务体系。"全民阅读"提升到国家发展战略的层次。此外，全民阅读法制建设也在紧锣密鼓地开展实施。2013年全国两会期间，115位政协委员联名签署了《关于制定实施国家全民阅读战略的提案》，建议政府设立专门机构，推动全民阅读，2013年8月，国家新闻出版广电总局（现国家广播电视总局）将全民阅读立法列入工作计划。各地方政府也在积极促进阅读立法，如2014年的《湖北省全民阅读促进办法》、2015年《深圳经济特区全民阅读促进条例》等。2015年1月1日《江苏省人民代表大会常务委员会关于促进全民阅读的决定》率先实施。2016年2月，国家新闻出版广电总局关于《全民阅读促进条例》（征求意见稿）已经面向社会公开征求意见。

随着全民阅读浪潮的涌起，图书馆作为现代社会阅读的主体，应承担起“阅读推广”的职责。2008年中国图书馆学会发布的《图书馆服务宣言》明确指出：“图书馆努力促进全民阅读。图书馆为公民终身学习提供保障，促进学习型社会的建设。”2009年中国图书馆学会成立了专门的阅读推广委员会，推进全国图书馆服务工作和阅读活动的开展。2015年10月，教育部高等学校图书馆情报工作指导委员会主办的首届全国高校图书馆阅读推广案例大赛也在华中科技大学顺利召开，大赛共收集到456个参赛案例。其中38个案例在决赛现场参加角逐，并与118个优秀案例参加决赛现场的海报展示。阅读推广活动在图书馆界开展得如火如荼。2014年9月，上海图书馆与东方网签署了《共同推进智慧城市全民阅读全面战略合作协议》，协商共建智慧城市“全民阅读”推广平台。很多图书馆专门设立了阅读推广小组，专人负责阅读推广活动开展，阅读推广活动内容丰富，形式多样，除了传统的讲座报告、读书会、演讲会，也增添了很多诸如空间服务、技术体验、影视欣赏等活动，给读者带来了全方位的阅读体验。

二、“以书评促阅读”的理念

（一）原创书评属于特色馆藏

图书评论，简称“书评”，是指对图书内容、装帧形式等方面进行价值分析和评判后所写的议论文章，是读者选书、作者写书和出版社编辑出版图书的借鉴。书评可以介绍图书基本内容，为读者选择图书提供参考。如亚马逊、京东、当当等网站都具有图书评论系统，为用户提供书评，书评的数量和质量对消费者是否购买这一本书起着重要的参考作用。书评具有导读功能，点明图书的精要所在，帮助读者了解图书内涵，为读者对所读图书进行价值判断提供参考。如著名的联机计算机图书馆中心（Online Computer Library Center，OCLC）开放的维基版联合目录和书评服务、国内的豆瓣网等。读书笔记是每个热爱阅读的人的日常习惯。随着信息技术的发展，人们做笔记的习惯发生了改变，除了少数人记录纸质笔记，大多数人已经开始在博客、微博、书评网站等平台上写读书笔记。在“我的书斋”中的“书评中心”，我们设计了一个类似的记录读书日志的功能，读者可为检索过、借阅过的书籍添加读后感，评论图书检索系统可展示书评，供其他读者参考，以决定是否借阅。此外，图书馆读者书评是对文献资源内容的再次深入揭示，读者对已经阅读过的资源的感悟与评价即为“个性化知识”，对其他读者的选择具有重要的参考价值。此外，书评是读者对书籍的独特见解和读后感，属于原创性文学作品，对图书馆来说，是一笔巨大的财富，是图书馆特色数字馆藏资源，具有重要的保存价值。

（二）分享阅读的知识服务社区

在图书馆 2.0 时代，图书馆的门户系统应该打造成为一个以图书馆文献资源为核心的知识社区系统，它是一个属于读者自己的网络虚拟知识空间，使读者与读者之间、读者与图书馆之间、图书馆与图书馆之间实现全面的交互。于是，一个具有面向服务的体系结构（Service-oriented Architecture，SOA）架构的、展示在互联网上的、给读者使用和经营的“个人书斋”产生了，它是所有爱阅读的人的网络聚集地。重庆大学图书馆 2.0 的知识社区“个人书斋”中每位读者的书斋都有独立的网络地址，是独立的并可以互相访问的社区。书斋包含图书馆传统文献服务的联系、简易信息聚合（Really Simple Syndication，RSS）的定制与阅读、参考咨询服务、文献资源收藏、读书笔记、书评系统、个人图书交易、开放存取空间、校友服务等应用。重庆大学在自主研发和推广图书馆 2.0 系统平台的过程中，为更好地实现资源、管理与服务的“三位一体”，提高读者在阅读推广中的参与度，提升读者服务，开展阅读推广，在数字图书馆个人门户“我的书斋”中设置了“书评中心”这一模块。“以书评促阅读”是重庆大学图书馆 Lib2.0“资源、管理、服务”三位一体理念的进一步延伸，是从简单的文献服务转向读者广泛参与的阅读推广的新实践，其目的是“倡导阅读分享，促进阅读推广”。重庆大学图书馆“书评中心”关联图书馆 OPAC2 系统，以馆藏图书为基础，鼓励读者对图书打分评论，或直接参与馆藏资源的评价，积累的书评可供其他读者参考，引导更多的读者参与阅读。

更进一步讲，读者可以“因书结缘”“以书交友”，共同分享读书心得，享受读书乐趣，营造阅读氛围。

（三）阅读推广创新实践

“书评中心”是重庆大学图书馆阅读推广的创新实践，“以书评促阅读的系统化案例推广”在 2015 年首届全国高校图书馆阅读推广大赛西部地区 32 个案例现场评审大赛中脱颖而出，荣获一等奖，并在全国总决赛中，荣获二等奖。“书评中心”区别于当今大多数图书馆以开展各类读书活动为主的推广策略，植根于网络实体的读者个人图书馆，区别于传统的单向面对读者的信息输出，书评中心鼓励读者撰写书评，实现了读者之间、读者与图书馆的交互，对于引导阅读、提升阅读质量具有重要的作用。研究表明：书评可以帮助图书馆了解读者的阅读心理和阅读倾向，指导图书采访，改善馆藏结构，提高馆藏利用率。读者参与书评能够进一步刺激延伸阅读。读者撰写的书评可以给其他读者提供直观的阅读参考，不同角度、不同视角的评价会激发其他读者阅读此书的欲望，这样，读者之间产生了互动，提高了馆藏资源利用率，促进了阅读推广。

三、“书评中心”的实现

（一）“书评中心”发展轨迹

2007 年 12 月，“我的书斋”个人图书馆初步上线试运行。

2009 年 1 月，“我的书斋”正式运行，开通书评功能。

2011 年 3 月，“书评系统”正式运行。

2011 年 4 月，针对“书评系统”，成立“书香重大”书友会。

2011 年 9 月，“我的书斋”全面改版，实行积分制。“书评系统”实行打分制。

2011 年 10 月，虚拟书友会推广，开展“加入书友会，奖励积分和借阅权限”活动。

2011 年 11 月，针对书评中心，开展“每月书生”“阅读达人”评选。

2013 年 10 月，为了提升用户体验，“我的书斋”再次改进并改名为“重大书斋”，“书评系统”也更名为“书评中心”。

发展至今，“重大·书斋”书评中心由推荐书评、我的书评、好友的书评、大家的书评组成。“个人书斋”首页设有优秀书评板块。

（二）“书评中心”功能设定

1. 链接馆藏 OPAC 系统

在“书评中心”，每篇书评均与 OPAC 系统中对应的图书馆馆藏信息进行交互链接。读者既可以通过书评查询、浏览该书的 OPAC 信息，也可在 OPAC 系统检索到的图书介绍中查看该书的书评。在馆藏 OPAC 系统中，读者除了可以了解图书的作者、题名、馆藏号、馆藏地等详细信息外，还可以看到其他读者的打分及书评。此外，“我的书斋”采用了提醒策略，提醒书友会成员及时完成已借阅图书的评论。

2. 在线知识共享

个人书斋是一个 SNS 虚拟知识社区，“书评中心”是一个集中了读者图书评论的知识共享模块。“书评中心”由“推荐书评”“我的书评”“好友的书评”“大家的书评”“书评管理”五部分组成。“个人书斋”首页设有优秀书评板块。“书评管理”是为馆员设置的书评打分功能。“推荐书评”是由书友会或馆员为所有读者推荐的书评。读者登录个人“书评中心”就可以看到所有书评。通过“找书友”功能，读者可以根据阅读兴趣将其他读者添加为好友，同一专业的同学，根据书斋名或者昵称就可以找到，也可以管理个人好友。

3. 虚拟书友会

重庆大学所有在校读者都会自动获得个人图书馆“我的书斋”账号。在“书评中心”，读者群被划分为书友会成员和非书友会成员。在虚拟书友会，读者可在“书评中心”看到自己撰写的所有书评、推荐书评、好友的书评和其他用户的书评，以书寻友，为友荐书。“书香重大”书友会是虚拟书友会的实体社团组织，其创建于 2011 年 4 月 23 日世界读书日，宗旨是“书香溢满重大，心灵徜徉书海”，旨在充分利用图书馆的文献资源，通过读书交流等活动提高师生的阅读兴趣，扩大阅读范围。重庆大学图书馆将书评中心与“书香重大”书友会这一实体社团相结合，在现实中，以“书香重大”书友会为主导，引导读者在知识社团中按照兴趣形成自由阅读主题圈，举办各类读书活动，鼓励读者参与网上评书、读书沙龙等。书友会成立至今，坚持每月一期“好书推荐”，已举办 36 期；每周一次“与书同名”电影放映，共举办了 150 多场。另外，还发起了晒书会、阅读主题交流等多场次阅读活动。

（三）“书评中心”运作方式

1. 更改借阅流程

更改图书借阅流程是实现“书评中心”的必要步骤。加入虚拟书友会的读者，除了拥有相应的借阅权限外，对所借阅图书的评论或评分将成为借阅流程中的必备环节，并且可以通过书评得到的积分换取图书的借阅权限。书评可以是对图书内容的具体评价，也可以是对图书的评分。读者自愿加入虚拟书友会，即默认自愿撰写书评，分享书评给其他读者，让其作为参考，如图 7-1 所示。

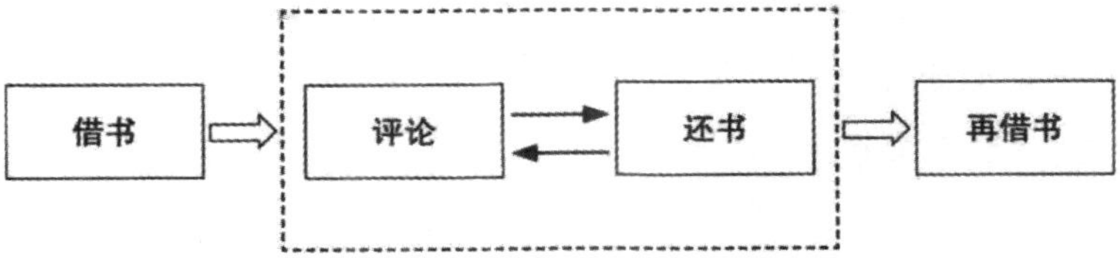

图 7-1　书友会成员借阅流程

评论设定的具体规则如下。

①书评实行自愿原则，借阅过书籍的读者可以选择是否发表书评。对于没有借阅过的书籍也可以发表书评，且不限条数。

②“我的书斋”中点击选择“加入书友会”并成功成为书友会成员的，必须对所借阅的图书进行书评。如没有发表评论，该书即使归还也视为没有归还，只是不计算超期罚款费用，但所能借阅的图书数量会相应减少。

③每条书评不少于 10 字，不超过 1000 字。

④书评内容不经过审核，直接发表在整个书评系统中，供所有读者查阅。

⑤每本书根据读者选择的评价档次（“力荐”记 5 星，“推荐”记 4 星，“还行”记 3 星，“较差”记 2 星，“很差”记 1 星）计算出平均值，显示在单本书的搜索页面，供读者参考。

图书评论有两种方式。

①读者借阅图书后可在“我的书斋”中的“书评中心”查看当前未评论的书籍，点击链接便可进入书评页面进行点评。

②搜索图书时，可在单本书籍介绍页面进行书评。同时，读者可在“书评中心”看到自己撰写的所有书评、推荐书评、好友的书评和其他用户的书评，方便参考他人的读书体会。

2. 实行全面积分制

为了给读者提供尽可能多的有价值书评，“个人书斋”系统全面实行积分制度并对书评中心实施人工打分的管理措施。按照积分累计情况，“个人书斋”读者以书生身份分为童生（0 ～ 99 分）、秀才（100 ～ 999 分）、举人（1000 ～ 2999 分）、贡士（3000 ～ 7999 分）、进士（8000 ～ 19999 分）、状元（20000 分）六个等级。

3. 书评打分制度

2011 年 8 月起开始实行书评积分制度。书评分值为：1 ～ 5 分。馆员和“书友会”社团中两名优秀读者根据书评的质量进行打分，该分值将加入读者的“我的书斋"的系统积分中，获得 10 分分值的书评将会标记为"推荐书评"。

4. 评选优秀读者

为鼓励撰写优质书评，图书馆采取了长效的激励措施。"书评中心"每月评选十名读者为"阅读达人"，五名读者为"每月书生"。"阅读达人"和"每月书生"是针对书评质量开展的活动，系统根据书评数量、书评质量、借阅次数、读者信誉度等对读者进行综合评定，奖励购书卡、U 盘等小礼物。2011 年 11 月至今，已评选读者"阅读达人"330 名，"每月书生"66 名，产生了广泛且良好的影响。

5. 推荐优秀书评

优秀书评具有良好的导读作用，为了扩大优秀书评的关注范围，增强其关注度，图书馆将优秀书评在不同渠道定期进行推送。例如：最新"推荐书评"会在"我的书斋"主页中进行实时展示，读者登录"个人书斋"即可阅读；每月的"优秀书评"将定期在重庆大学图书馆官方微博上公布；"推荐书评"还将有机会发表在重庆大学图书馆馆办刊物《砚溪》杂志和《书苑》报纸上，或单独刊印在图书推介资料中。

6. 积分兑换策略

积分兑换是现代商业体系中常用的促销策略，积分兑换有助于增强用户黏性、加强用户体验等。图书馆积分策略引用到了"书评中心"，读者撰写书评所得的个人积分可用于兑换图书馆纪念小礼品、图书借阅权、节日礼物，参与图书馆"书生达人"的评选活动。如 1000 个积分可换取 2 册图书借阅权（500 分兑 1 册，最多兑 5 册）；500 个积分可兑换《重庆大学学习生活羊皮书》；等等。此外，我们还会不定期进行书友福利活动，如圣诞节、元旦礼物兑换等。

四、"书评中心"运行效果与影响

（一）构建了庞大丰富的原创书评数据库

目前，重庆大学图书馆已积累原创书评 201700 余条、精品书评 12980 条，平均每周新增书评 1000 条左右（数据采集于 2016 年 8 月 1 日）。2009 年，鉴于"书斋系统"运行还不成熟，"书评中心"并没有做相关推广，因此 2009 年和 2010 年书评数量非常少。2011 年 10 月，图书馆改版提升了"书斋系统"，同时实施了积分制度、最佳书生评选、积分兑换礼物等一系列推广活动；2011 年 11 月和 12 月，书评总量有了一个巨大的提升。此后，随着激励制度的稳定持续实施，在2012年—2016年，每年的书评量达四万多条。据统计：2011年—2016年总书评数量达到201570条，是2007年—2010年四年总量的94倍。

（二）提升了馆藏借阅率

为了考察书评对借阅率的影响，我们对馆藏图书进行了抽样，选取了累计书评量前20位、2009年以前入馆藏的图书，调查了其书评、推荐书评量和年均借阅量的变化。本次数据统计截至2015年12月。

根据统计，在“书评中心”推出后，所选取的图书有15种年均借阅量明显有所提高，尤其是文学类和教辅类文献，年均借阅量变化较大，这表明此类图书的借阅率受书评影响较大。可见，“书评中心”的实施对图书借阅率有一定的促进作用。

（三）读者参与度逐步提高，评价深入

以2011年3月“书评中心”正式运行为界点分析，个人图书馆“我的书斋”读者数量从23117人增加至35694人，书友会成员参与评论的人数比例从18%上升至78.4%，书友会成员逐年增加。

“书评中心”运行之初，很多读者无法适应借阅流程的变化，出现了诸如纯字符、书评内容与图书无关、单纯的复制粘贴类的无效评价。为此，重庆大学图书馆果断采取了一系列的激励和奖励措施。经过一段时间的观察，读者的积极性有明显的提升，书评质量有了较大的提高，评价也逐渐深入。

对比发现，相较于2009年简单的一句话评价，2012和2014年的书评内容多是读者发表的个人观点或看法，原创性提高，书评质量也提升不少。

（四）来自读者的反馈

为了了解读者对“书评中心”的看法，笔者随机采访了五名不同学院的读者。其中两名读者表示不了解，从来没有用过；一名读者表示用过，但坚持不了，退出了书友会。来自机械学院的陈同学说，亚马逊和当当的排行榜书籍也是图书馆外借率最高的、评价最多的，别的同学的书评使他受益匪浅。外语学院的田同学说，自己已因撰写书评三次被评为“阅读达人”，收到了图书馆的图书卡，可以买自己喜欢的书籍，非常开心。

五、启示与展望

第一，阅读是无限的，阅读推广是图书馆的使命。图书馆需要确定定期或者长期的阅读推广计划，广泛构建读者参与图书馆管理和服务的可持续性机制

和措施才可能对培养读者阅读兴趣，提升读者阅读质量产生作用。为此，我们还将不断推出新应用，甚至包括围绕图书的应用或小游戏，持续推进全民阅读。

第二，图书馆服务重在“以人为本”。“来自图书馆的毕业礼物”是我们下一步的构想，将每位读者大学四年阅读生活加以总结，形成个人阅读报告，将读者撰写的书评结集成册，并作为礼物送给毕业的同学。

第三，“书评中心”将进一步融合多种媒体，利用微博、微信、个人图书馆 APP、馆内信息平台终端等，尝试将书评系统拓展至移动阅读领域，让读者可以随时阅读、即时发送。

第四，进一步构建读者广泛参与的互动式推广模式。我们将努力改变以传统图书馆为主体的单向推广模式，了解读者所借图书、阅读偏好、所写书评等方面，形成以人物传记、推理小说、旅行美食等多种类兴趣爱好的阅读群体，增强读者与读者之间的互动，实现阅读推广。

第八章　高校图书馆阅读推广创意案例

第一节　武汉大学图书馆卡通形象阅读推广

信息爆炸时代，越来越多的人乐于接受视觉图像，读图成为日常生活中不可或缺的一部分。卡通一直深受不同年龄、不同阶层人们的喜爱，卡通本身简洁的视觉形象，成为读图时代比较理想的视觉传播符号之一。当代大学生群体大多是在卡通动画的陪伴下成长的，对卡通形象有着深厚的感情。我们所熟悉的卡通形象代言的成功案例有：迪士尼的“米老鼠”和“唐老鸭”、麦当劳的“麦当劳叔叔”、海尔集团的“海尔兄弟”等。这些经典的卡通形象代言人经久不衰，有些甚至沿用至今，广受大众喜爱，可见卡通形象代言的强大魅力和特殊地位。

一、卡通形象在宣传推广中的作用

卡通形象代言现在已成为大众喜闻乐见的一种广告形式，其生动、有趣、可爱的形象易为大众接受并喜爱，对于所传递的思想内涵、信息内容有着重要的辅助与推广作用。卡通形象代表的是品牌的形象和个性，目的是实现品牌与受众的有效沟通，现已广泛应用于商业活动与公益活动中。它不仅能够吸引受众的关注而且能依据不同企业品牌的特殊性进行设计，充分突出企业的产品特点，有效地传达品牌的文化精神，建立品牌的美誉度与忠诚度，使宣传效果实现最大化。

卡通形象在宣传推广中的优势如下。

（一）成本较低，可控性高

卡通形象是一个虚拟的形象，从其形象到个性都是由设计师发挥创意产生的，所需要的成本投入主要是设计费用，不需要太多的物质投入。同时，企业自身可随时掌控它的发展变化，赋予它最佳的形态，使它保持积极向上的角色形象，防止负面影响的产生。

（二）表现力强，吸引眼球

卡通形象通常是虚构的，所以有着正常人难以达到的表现力，先进的制作技术和天马行空的创意相结合，增强了视觉冲击力。卡通形象通常鲜明生动、亲和可爱，可拉近与受众的距离，带给受众视觉上和心理上的好感，从而达到传达信息、加深印象的效果。

（三）使用周期长，可衍生大量副产品

卡通形象有较为固定的外形和性格特征，不受时空的影响，因此在生命力上有绝对的优势。卡通形象存在的时间越长，在受众群体心中的影响越大，价值越高。在宣传过程中，图书馆可设计或制作多种类别的虚拟或实体的卡通副产品，创造更多的衍生价值，使品牌形象跃然而出。综合而言，卡通形象是一种投入成本较低，而收益较大的宣传推广方式。高校图书馆在阅读推广过程中，应采用卡通形象宣传方式，这更能投大学生读者所好，抓住他们的眼球，使他们产生亲近与信赖的感觉，形成对图书馆的良好认知与对阅读的喜爱。

二、小布的设计理念

为了拉近图书馆与大学生读者之间的距离，根据大学生的喜好与兴趣，2012 年，武汉大学图书馆馆员张珈利设计了卡通形象——小布，该形象一经推出即成为读者的好朋友，被誉为武汉大学图书馆的虚拟馆员和形象代言人。

（一）小布的形象设计

卡通形象有其特有的存在意义，一开始都需要有一个故事设定，而图书馆卡通形象的最初使命就是改变图书馆在读者心中的传统印象，让图书馆更亲切、更时尚，让读者进一步了解、使用图书馆。小布是英文"book"的谐音，简短清晰，朗朗上口，方便记忆。小布的目标受众是大学生读者，由于他们年轻且富有活力，因此小布的外形设计为一个简约而现代的立体几何造型，头身比例为 1 ∶ 1，整体酷似电脑纸盒小人。每个经典的角色都有其标志性符号，而小布的标志性符号就是它几何脑袋上的那一撮卷毛和它萌萌的方块眼，这使它充满童真，给人以呆萌的印象，具有较强的辨析度，第一时间提升了读者的接受度。

色彩是卡通造型的构成要素之一，也是卡通形象最直观的表现形式，可以帮助传递角色的性格。暖色系在人的心理上易产生舒展的感觉，会形成一种感召力，我们的设计馆员选择了色彩饱满、热情向上、精力充沛的橙色系，给人

温暖、快乐的感觉，突出人物形象，进而引起观赏者的共鸣。同时，橙色与小布的简约几何造型相结合，使其整体活泼而不失稳重，象征着知识，带给人光明和希望，符合现代大学图书馆的特点。

2012年9月，小布第一次出现在武汉大学图书馆新生主页以及读者手册上。作为图书馆的卡通形象，小布有两大基本造型：一是小布置身于传统书刊纸本文献与现代电子资源之中，象征图书馆的印刷型文献和数字化文献相结合的文献保障服务体系；二是小布手持放大镜正在找寻，意喻读者对知识信息的无穷探索。

（二）小布的性格定位

作为大学图书馆的卡通形象，小布的性格定位为憨厚亲切、偶尔卖萌的馆员，这能增强大学生读者的认同感和接受度，同时还能起到心理减压、心情抚慰的疗愈效果。小布的性格主要通过它的“语言”来体现。

“我的前身是图书馆的QQ咨询，然而挂着这个头衔，我却无名无姓，扛着光溜溜的小企鹅头像，就这么在网上裸奔了好几年，无装备、无道具、无背景，堪称标准的‘三无’人员。直到今年暑假前，某个新调来的T姓馆员实在看不过眼，提出要替我整容，要给我进行形象设计，换个比较可爱的头像，给我取名字、穿衣服，让我开微博，甚至还要给我印名片！

我出生于8月6日，是狮子座的。由于我长了一张方方正正的小帅哥的脸蛋，所以大部分同学、包括我自己都以为我是个男孩。直到我亲妈亲口告诉我，我其实是个帅气的女孩！这简直是个晴天霹雳啊！早知道我是女孩，文化活动月的开幕式上，我就应该穿一条漂亮的裙子亮相了！说到服装，哎，什么时候，才能把属于我的馆服发给我呢？你们到底是要我裸奔多少年啊！”

这一段小布的“自我介绍”生动有趣地展示了它的来源和性格特点，俏皮可爱，让人忍俊不禁，同时留下了深刻印象。小布独特的性格特征的展现，拉近了读者与图书馆的距离，使他们觉得图书馆更亲切、更可爱、更有趣了。

三、小布的推广方式

小布形象诞生之后，武汉大学图书馆通过多种媒介方式，全方位地推广小布，并将小布融于图书馆的资源、服务、活动中，借助小布来开展基于读者接受的校园阅读推广，同时在宣传推广中进一步完善小布形象，以获得更好的效果。

（一）印刷媒体推广

印刷媒体推广指主要利用纸质印刷品进行宣传推广的媒体。小布形象被广泛应用于图书馆的宣传海报、读者手册、读者留言板等印刷媒体中，发放给读者或摆放在图书馆内，很好地吸引了读者的眼球，促进了相应的资源与服务的推广。

（二）网络媒体推广

随着新媒体的广泛应用，图书馆的宣传途径越来越多地趋向于QQ、微博、微信等网络媒体，小布也活跃在各类网络媒体上，进一步贴近读者。针对不同网络媒体的特点和作用，图书馆设计了多个主题的小布宣传图。

1. 小布QQ表情系列

小布形象诞生之后，图书馆将参考咨询的QQ头像设置为小布形象，并制作小布表情包，将其导入小布参考咨询QQ的表情中，在解答读者咨询的过程中作为表情发送给读者，给读者带来了惊喜，并引起广泛传播。小布QQ表情使咨询过程更加轻松、活泼，同时也增强了读者对图书馆的好感度。

2. 小布晴雨表系列

微博是图书馆宣传推广的一个重要渠道，为增强微博的关注度和亲切度，图书馆设计了“小布晴雨表”系列图，用于对读者的温馨提示，深受读者的喜爱。

3. 小布节日主题系列

为营造图书馆的温馨氛围，图书馆根据不同节日设计了不同的小布主题形象，以更人性、更有趣的方式发布图书馆的动态信息。如将划龙舟、吃粽子等端午节节日元素与小布结合，营造浓郁的节日气息，并展现图书馆的传统文化沉淀。

4. 小布新生专栏系列

在信息技术高速发展和互联网广泛应用的大环境下，图书馆网站成为新生认识图书馆最直接、最便捷的重要平台。针对新生这一特殊群体，武汉大学图书馆在网站上开辟“新生专栏”，“一站式”展示图书馆的资源、服务、活动等信息。

新生专栏以卡通形象小布贯穿始终，网站整体设计以用户为中心，融合文字、图片、音频、视频、游戏等元素。色彩鲜明欢快、模块简明清晰、语言活泼亲切，融知识性、文化性及趣味性于一体，带给读者耳目一新的全方位阅读体验。

从小布视角建设新生专栏，内容与形式更丰富、更人性、更有趣，使新生主动接受新生入馆教育。这不仅可以使新生更好地认识图书馆、使用图书馆、喜欢图书馆，也是展示与宣传图书馆自我形象、彰显图书馆价值与提升图书馆地位的有效途径，有利于图书馆良好形象的塑造，提升新生对图书馆的热爱度和忠诚度。

新生专栏中特别制作小布主页，向新生读者介绍小布，并告诉读者，可以通过 QQ、微博、电话、邮箱等多种方式与小布联系，小布会帮助同学们解决在使用图书馆的过程中碰到的任何难题。新生读者一入学就认识小布，与小布做朋友，这使小布形象传播更广，更深入人心。

（三）视听媒体推广

视听媒体是集视觉媒体和听觉媒体的功能于一身，通过有声、活动的视觉图像，形象逼真地传递信息的媒体。相较于印刷媒体和网络媒体，视听媒体具有更好的观感效果。小布被广泛应用于新生入馆培训教学、图书馆宣传片等视听媒体宣传中。

2015 年 6 月，武汉大学图书馆推出图书馆 3D 宣传视频，视频主要取材于图书馆实地场景。在场景介绍中特别加入卡通形象“小布”，通过小布的文字、声音、形态等向读者解说图书馆的布局、资源与服务，增加 3D 宣传视频的趣味性和亲切感。如在浏览到图书馆大厅的终端检索机时，点击终端检索机，即跳出小布信息框，介绍终端检索机的使用方法，同时还有小布式的“温馨提示”，在介绍设备的同时推广了图书馆的温馨服务。

“悲剧啊！我查到要借的书了，可是……我没有带纸笔，这可如何是好？

别担心！看到检索机旁边的小纸盒了吗？这是图书馆老师亲手制作的小礼物，里面装有便签本和铅笔，赶紧把索书号抄下来吧！希望这一小小贴心的服务，能给大家带来好心情，让大家更加喜欢图书馆、喜欢阅读。同学们要爱惜使用哦！”

将卡通形象小布嵌入图书馆 3D 宣传视频，不仅有助于推广资源与服务，同时可巧妙而生动地展示图书馆魅力，传播图书馆文化。武汉大学图书馆有一处“热门景点”——理想树，几乎每位读者和游客都会在此拍照留念。3D 宣传视频中，除了对这幅大型壁画的来源、寓意进行了详细介绍，还请小布身着学位服，头戴博士帽，配上“咔嚓、咔嚓”的快门音效，展示学生在此拍摄毕业照的场景，吸引同学们与小布一起来理想树前拍照留影。这也象征着图书馆服务广大读者，帮助他们成长成才的人文精神。

小布系列FLASH动画短片通过"小布"这一主角展示关于阅读的格言警句，在馆内电子屏上播放，以传播阅读理念。

（四）主题衍生产品

卡通衍生产品一般称为卡通周边，如借用某个卡通形象生产的具有一定实用性的文具、服饰、装饰品等。除了虚拟的小布宣传形象之外，图书馆还尝试制作了一些小布主题文创产品，将虚拟形象实物化，如将小布水杯、小布T恤，以及以小布为主题的年历、明信片、贺卡、书签等文创产品作为图书馆阅读推广活动的礼品，以吸引读者参加。小布主题的文创产品，丰富了小布形象，进一步树立了小布品牌文化。

四、小布主题在线游戏

（一）《拯救小布》新生在线通关游戏

新生入学后须领取校园卡，图书馆传统的入馆教育方式是"先培训，后开卡"，即分院系集中培训讲解、集体参观导览，然后发放读者手册等宣传资料，这些过程完成之后再统一给新生开通校园卡的图书馆使用权限。由于新生入校之后马上开始军训，所以上述工作多在"十一"假期之后完成，即新生最早10月才能使用图书馆。这一方面要花费大量的时间、人力、物力，另一方面也使图书馆错失了向新生宣传推介的最好时机。针对信息时代大学生读者的新特征，将传统的入馆教育转变为更灵活、更便捷的新型网络化、游戏化方式，是图书馆入馆教育工作的有效尝试。

2014年9月，武汉大学图书馆推出《拯救小布》新生在线通关游戏（此游戏由馆员涂艳玲、张珈利等设计制作），该游戏为在线答题，将图书馆的历史、概况、资源、服务和文化活动等信息融入游戏中。

游戏目标人群为本科新生，新生在线玩游戏达到一定分数，完成通关，即可在线开通校园卡的图书馆功能，同时在玩游戏的过程中潜移默化地使他们了解图书馆。

1. 游戏架构

该游戏采用Flash+Javascript3.0+ASP+SQL技术开发制作，读者通过校园卡的账号、密码登录游戏进行答题。游戏分为五个关卡，即"穿越时空门""遨游智慧海""玩转迷宫图""书香嘉年华""菜鸟须知"，分别考查读者对图书馆的概况布局、信息资源、服务设施、文化活动、借阅规则等信息的熟悉程度。每位读者将随机分配到40道通关题，至少答对24道题才能完成通关。

2. 游戏设计

游戏设计上具有以下特色：科学性，题型与题量设计科学合理，游戏操作简单，完成全部关卡人均大致需要 5 ～ 8 分钟，不会引起读者厌烦；教育性，游戏网站上嵌入通关秘籍（《读者手册》《玩转图书馆 PPT》、“新生专栏”）供新生学习参考；竞赛性，游戏通关之后，新生可以去排行榜查询自己的成绩和排名，排行榜前十名将获得精美奖品；互动性，游戏完成之后可填写问卷及时反馈游戏中的体验和感受，以便后期游戏的完善；美观性，游戏界面采取手绘黑板背景，以卡通形象小布为主角，并配以趣味音效，凸显校园生活气息，使新生在游戏过程中获得良好的视听体验。

3. 游戏效果

《拯救小布》新生在线通关游戏于 2014 年初步推出，总参与人数近 6000 人次，通关率 86%。根据游戏调查表的 600 多份数据统计分析，80%的新生都喜欢这种更胜于传统的入馆教育方式，94%的游戏者对游戏的风格、形式、设置表示赞赏。这种“游戏化”“在线化”“实时化”的入馆教育方式突破了时空界限，与传统方式相比，至少提前一个月开通了新生校园卡的图书馆功能；其所倡导的探索性、主动性学习方法，为新生创造了耳目一新的图书馆“初体验”，提升了新生读者的信息素养，也增进了读者对图书馆的感情。新生入馆教育是学生利用图书馆的启蒙教育，主要是让新生了解图书馆的资源、服务、设施及规章制度，为大学生充分使用图书馆打下良好的基础。新生入馆教育是大学生培养信息素养的起点，可引导新生从被动地接收信息向积极主动地寻求信息、运用信息转变，加强新生高效获取信息与处理信息的能力。《拯救小布》新生在线通关游戏以卡通形象小布为主导，一方面节省了新生入馆教育工作投入的财力及人力；另一方面寓教于乐，吸引新生主动接受教育，调动了新生的积极性。这不仅可以使新生更好地认识图书馆、使用图书馆、喜欢图书馆，也是展示与宣传高校图书馆自我形象，彰显图书馆价值与提升图书馆地位的有效途径。

（二）《拯救小布之消失的经典》经典名著在线游戏

经典阅读推广是大学素质教育的一个重要组成部分，是完善大学生人格和知识体系不可或缺的途径。大学生阅读经典，领会经典中的人生智慧和思维方式能培养大学生的人文精神，帮助他们汲取经典中蕴含的丰富知识和营养，从而提高其文化素养和综合能力。2015 年武汉大学读书节力推经典阅读，为了吸引更多读者参与，图书馆继 2014 年推出《拯救小布新生游戏》广受读者好评后，特别定制开发了一款与经典阅读相关的在线游戏——《拯救小布之消失的经典》（此游戏由馆员涂艳玲、张珈利、周燕妮等设计制作）。

每一个游戏都有一个动人的传说，我们的传说是这样开始的——春天来了，樱花开了，精灵们也开始苏醒。精灵："听说武汉大学图书馆正在举办读书节……"精灵："哦……我们也要参加读书节。"在一个月黑风高的夜晚，一大波精灵向图书馆奔袭而来，偷走大量经典名著的篇章、桥段，造成大量书籍缺字、断句，甚至有很多书连著者的姓名都缺失啦。武汉大学的书虫们，快来救救这些经典名著吧！只要答对一道题，就能拯救本书！

这一段背景情节的设计增强了游戏的故事性，引导读者逐步进入经典阅读的世界。图书馆将古今中外经典名著相关内容制作成知识点，置入到动画游戏中，让读者在游戏中作答，逐步通关。为方便读者快速了解游戏，武汉大学特别在移动图书馆页面上推出了《拯救小布之消失的经典》精简版，手机下载超星移动图书馆客户端，点击"消失的经典"模块，即可在线玩手机游戏。

《拯救小布之消失的经典》经典名著在线游戏从设计、宣传到实施、统计结果皆经过多方探讨与精心设计，总体呈现出"人物角色风格卡通化、游戏背景故事情节化、奖励机制标准多元化"的特点，走出了一条以"萌宠风、侦探风、竞技风"为特色的风格路线。

1. 艺术设计上，注重体现武汉大学元素

游戏从人物、情节到风格设计，均为原创。人物角色是图书馆的卡通形象小布，故事情节围绕武汉大学的樱花节和读书节展开。游戏主体分为古夏之门、神舟之境、玛雅之森、异域之巅四大关卡，并设有四大精灵——李白·贝鲁鲁特、独眼·艾比特、鲁尔和卷福·蓝，它们的命名都与经典书籍有关，造型也因而各具特色，含有丰富寓意。

2. 题目内容上，重经典，接地气

游戏题目内容围绕古今中外经典书籍设计，且接地气，主要选取经典著作中的流行语、时尚内容，源自经典作品的电影、歌曲、品牌等，让读者认识到经典书籍并不都是晦涩难懂的，而是有趣好读的。如"2015 年央视春晚上，莫文蔚演唱的歌曲《当你老了》的歌词出自哪位诗人？"有些题目还巧妙结合了图书馆的资源与服务，如"哪位诺贝尔文学奖获得者来我馆做过讲座？""下列哪本书不属于最近一年武汉大学图书馆借阅排行榜前十名？"题目内容涉猎广阔，包括小说、诗歌、戏剧等，具有普适性，任何学科、任何年级的读者都可参与答题。

3. 游戏流程上，鼓励读者全程参与

在游戏开发测试过程中，武汉大学面向全校师生广泛征集游戏题目，并邀请有经验、有兴趣的学生参与游戏的开发、设计，组织学生社团参与游戏压力测试、容错测试、游戏上线监测等环节，充分发挥读者的主观能动性，使读者在参与活动过程中，主动关注、搜集、接收有关经典名著方面的知识，从而推进经典阅读推广工作。

4. 用户体验上，操作简单，互动性强

游戏规则简单、参与方便，注重与读者实时互动，并在各个细节处提升游戏参与者的荣誉感。每位读者有十次闯关机会，最终排行榜前十名可得到大奖。为了增加游戏乐趣，激励更多读者参与，游戏中设置了“幸运读者”的环节，逢“十”登录的读者自动成为幸运玩家，并获得一份礼品。游戏结束页面特别感谢参与游戏制作的读者，借此提升读者对游戏活动的热情度与忠诚度。除了游戏核心本体之外，读者在游戏相关网页中也可以得到更丰富的配套信息，还可在线填写有奖调查问卷，及时反馈游戏中的体验和感受。

5. 游戏平台管理简单，扩展方便

游戏采用 Flash+Javascript3.0+ASP+SQL 技术开发制作，注重数据的实效性和读者互动功能。读者可以在游戏中即时获取各种游戏相关数据、个人信息，查询游戏最新排行榜，等等。游戏管理人员可以通过电脑端对题库进行实时增删修改，题目一经修改，游戏中立即生效更新。游戏正式上线之后，图书馆根据游戏运行状况、读者调查问卷及使用反馈，适时调整游戏难度，并针对游戏背景开展后期的周边宣传，如在微博和微信上实时报道游戏排行榜进度、解答部分调查问卷中读者提出的疑问、公布游戏设计中的一些趣味花絮等。游戏平台管理简单，可以不断扩展主题和功效，一次性开发，反复投入使用，可以说是以较低的投入获得了较高的收益。

《拯救小布之消失的经典》经典名著在线游戏以图书馆卡通形象代言人小布为主角，形态呆萌、文字俏皮、音效搞怪，带给读者新奇的阅读体验，大大增加了游戏的趣味性，吸引了众多学生参与进来。游戏于 2015 年 4 月 22 日武汉大学读书节开幕式后正式推出，截至 2015 年 5 月 22 日游戏结束，历时一个月，总参与人数超过 4000 人次，全校参与院系超过 40 个。游戏推动了同学们阅读经典的热情，不同院系间和同学间的竞争呈现白热化趋势，游戏排名榜每天均发生变化。截止游戏结束日，回收游戏调查问卷近 200 份，问卷中近 90%的读者表示，这种游戏化的活动方式对经典阅读起到了很好的推广作用。

五、小布的推广效果

小布作为武汉大学图书馆的卡通形象，是图书馆与读者之间重要的情感纽带。它改变了图书馆传统的阅读推广模式，增强了阅读推广活动的趣味性，变阅读为悦读，提高了读者参与度。同时，卡通形象小布的使用，拉近了读者与图书馆之间的距离，一定程度上也有助于树立现代图书馆的新形象，使图书馆变得更时尚、更亲切、更人性。

（一）卡通形象小布拉近了图书馆与读者的距离

图书馆以小布为沟通桥梁，及时与读者沟通互动，传播爱与正能量，更亲切有趣，更能吸引读者。如在“感恩节”时，图书馆在微博上以小布口吻发布了以下感恩心语。

今天是感恩节，小布终于有机会向读者朋友们坦露心声了！感谢亲爱的朋友们，无论春夏秋冬、阴晴雨雪，永远不辞辛劳地陪伴我、喜欢我，让我感慨万千、感激涕零！小布感恩图报，特献上感恩心语，也希望各位同学像小布一样，勇敢地向爱护、帮助你的人表达感谢吧！没有火鸡，可是有小布，图书馆永远欢迎你！

此微博引起了众多读者的转发与评论，读者们纷纷表达对小布的喜爱，并感恩图书馆和馆员的辛勤工作。小布很“萌”的形态、很“暖”的话语、很“忙”的行动，使图书馆具有了强大的生命力，比单纯的文字方案更具有传播优势。从而拉近了图书馆与读者之间的距离。

（二）卡通形象小布成了图书馆宣传推广品牌

小布最突出的特点是它独一无二的视觉识别性，它以鲜明的造型、呆萌的表情、明快的色彩为特点，使读者轻松记住。如今，小布已全面参与到武汉大学图书馆各项阅读推广活动中，无论是读书节，还是新生文化活动月以及毕业季等大型活动，都能看到小布的身影。以小布形象为主题的海报、书签、笔记本等文创产品都成为深受读者喜爱的活动纪念品。

小布全年无休，无时无刻不在，并喊出了“外事问百度，内事问小布”的工作口号，是最勤奋的馆员；小布具有“百变外形”，不同季节、不同天气、不同节日均有不同的服饰装扮，形成了系列标识；小布情绪丰满，有节日时的温暖关怀，有轻松时的诙谐幽默，也有违规时的严肃批评，富有人情味；小布与时俱进、不断创新，从纸质海报到动画短片，从 QQ 到微博、微信，从 3D 造型到在线游戏卡通形象，其内容都在不断丰富提升。在发展完善过程中逐渐形成了小布表情包、小布当家、小布晴雨表以及小布主题游戏等系列品牌符号，促进了武汉大学图书馆的宣传推广。

（三）卡通形象小布树立了现代图书馆良好形象

小布传达了温馨、人性、亲和的图书馆形象，让图书馆变得更时尚，一定程度上展现了武汉大学图书馆的现代风格理念。图书馆通过小布寓教于乐，让读者在游戏中获得启示，为图书馆的持续发展注入了更多活力。小布也受到了业界的称赞。如微博名“知网寻蜜”称赞武汉大学图书馆“有这样一个互动可爱的咨询馆员，你怎能不愿意和它沟通呢”；微博名‘方正阿帕比’评价小布“相当洋气，相当热情！看到了图书馆对读者的主动”，并认为“武汉大学图书馆如此热情主动、与时俱进地吸引学生来馆读书，我们“方正阿帕比”应该向他学习，多针对读者关心的节日开展活动，吸引读者，增加好书的曝光率”。

面对新时代大学生，传统的馆舍规模、馆藏数量等已不再是高校图书馆的核心优势，它们面临新的挑战，即图书馆服务重新定位，实现“资源依赖型”“技术支持型”向“文化主导型”的转变，通过独具特色的文化魅力吸引大学生。武汉大学图书馆集思广益、迸发灵感，成功打造了卡通形象小布，探索出了更为人性化、趣味性的创新服务。

六、图书馆卡通形象设计

卡通形象超越了文字的局限，为图书馆增添了许多有趣活泼的元素，促进了图书馆与读者的交流互动与情感融合。同时，优秀的卡通形象又拥有着一定的艺术性，其相关的衍生商品或品牌也有着不可估量的消费群体，影响力不容小觑。

随着读者文化与生活需求的日益多样化，卡通形象将进一步发展，得到更大范围的使用。

（一）图书馆卡通形象的类型选择

卡通形象的类型可分为四大类：卡通人物形象、卡通动物形象、卡通植物形象和其他卡通形象。

1. 卡通人物形象

我们接触过的卡通形象大部分为人物类形象，如肯德基的“肯德基上校”麦当劳的“麦当劳叔叔”、旺旺食品的“旺仔”、海尔品牌的“海尔兄弟”等。人物形象可以说是在卡通形象中运用最为频繁并且较为成功的类型，其以人的形象为原型，不仅在外形设计上高度拟人化，而且被赋予了鲜明的人物性格，能够较容易地体现出品牌的个性魅力，并且引发大众的共鸣。旺旺食品使用“旺仔”儿童作为其所有产品的卡通形象，“再看，再看，我就把你喝掉”这句著名广告语有种令人过目不忘的魔力，使得旺旺品牌的特色鲜明，识别度非常高，为品牌传播带来了极大的便利和推动作用。

2. 卡通动物形象

将大自然种类繁多的动物形象进行拟人化的设计，可有效发挥卡通的夸张性，摆脱人物形象的造型局限。如大众熟知的大白兔奶糖已经潜移默化成为国货代表，其奔跑白兔的形象标识也沿用至今；服饰品牌大嘴猴的标志为一只好似无表情的大嘴巴猴子，其可爱形象深入人心。

卡通动物形象的形态各异，并且具有可爱、亲和等特点，能够拉近产品与消费者的距离，带给受众视觉上和心理上的好感。

3. 卡通植物形象

卡通植物在卡通形象设计中运用较少，原因是植物的形象拟人化较为困难。将植物作为卡通形象代言人的设计元素的原因多为品牌名称是以植物命名，或是产品成分含有该植物成分。如某药业就以葵花作为卡通形象，葵花总是向着太阳微笑，是一种非常富有朝气和活力的植物。葵花卡通形象身着白衣，拥有可爱的眼睛、大大的脑袋、灿烂的笑容，象征博爱和永恒。同时，此药厂还为不同品种药物设计了系列家族卡通形象，如小葵花、葵花姐姐、葵花爷爷，其分别代表该药厂的儿童药、妇科药和其他常用药品。针对不同的消费群体选择不同的卡通形象，有效适应产品特性，形成强大的传播力。

4. 其他卡通形象

除了以上几种特征明确的卡通形象之外，企业还可根据品牌形象设计、创造出一种全新的拟人化卡通形象。其中最具趣味的当属以产品造型为原型设计的卡通形象，如米其林轮胎的品牌标志“米其林”，其最初的创意来源于“堆起的一堆轮胎，看起来像一个人”。类似的卡通形象还有以饼干造型为原型设计的趣多多曲奇人、以巧克力花生豆造型为原型设计的 M&M 巧克力豆人等。设计者把原本没有生命的物体赋予了生命和个性，使其拥有表情、言语和动作，可爱又赏心悦目。这类卡通形象能带给消费者直观的感受，极具创意、夺人眼球。

不同类型的图书馆根据其资源和服务推广对象、图书馆文化传统，以及地域特色、民俗文化，可选择设计不同类型的卡通形象。如少儿图书馆可针对少儿读者的特点，选取可爱的人物元素、动物元素进行卡通形象设计；高校图书馆可根据学科专业特色及校园环境特色，选取植物元素、建筑元素或其他元素进行拟人化设计；可选取图书馆文化和阅读文化元素进行卡通形象设计，如纸质图书、文字符号、书虫等；还可针对特定主题活动设计卡通形象，如读书节卡通形象、经典阅读卡通形象等。

（二）图书馆卡通形象的塑造原则

近年来，卡通形象在各行业中的运用越发广泛，各种风格的卡通形象层出不穷，但并不是所有的卡通形象都能够取得成功，有的只是昙花一现，有的甚至并未实现预期的效果。想要设计出成功的卡通形象代言人，就需遵循一定的塑造和设计原则。

1. 卡通形象要体现精神内涵

卡通形象是展现品牌形象、表达品牌价值、与受众进行沟通的重要工具，品牌的精神内涵通过卡通形象的传播，使受众产生喜爱之情并接纳产品。在卡通形象设计之初，就要考虑选择或创造的元素所代表的寓意，这个寓意必须符合品牌的文化背景和精神内涵，这样才能有效塑造卡通形象，充分传达品牌理念，进行有效宣传。图书馆作为公益性文化机构，服务是其基本宗旨和核心价值观，它遵循开放、公益、平等、自由、创新等原则。图书馆卡通形象要能代表图书馆的办馆理念、服务特色与发展目标，以文化的保存与传播为己任，以读者的需求和进步为目标。

2. 卡通形象要具有独特造型

卡通形象的造型是进入大众眼帘的第一印象，因此设计出一个特别的、深入人心的造型尤为重要。首先，要注意比例的协调，要符合形式美的造型规律，卡通形象的头身比例通常是 1 ∶ 4，1 ∶ 3，1 ∶ 2，甚至 1 ∶ 1（如小布），不同的比例会展现出不同的人物特色；其次，要注意色彩的搭配，可与品牌标志相呼应，在颜色的反差、搭配和对比上要恰如其分；再次，要突出形态特征，外形上要简洁、可爱、生动、流畅，使其更自然，并且可以适当做一些夸张处理，使卡通形象生动鲜活、富有个性。整体造型应该具备美感和一定的特点，能够引起读者共鸣并且给人留下深刻印象。图书馆卡通形象的造型要体现该图书馆的特色，并结合自身实际，切勿“千馆一面”。设计时要遵循人性化原则，可引入心理学、生理学、行为科学和人体工程学等相关知识，使整体形象符合大多数读者的普遍习惯，使读者更容易理解和使用。

3. 卡通形象要凸显鲜活性格

卡通形象的塑造，不仅是造型和动作的塑造，更是个性的塑造。设计者不能将卡通形象视为无思想、无心灵的“物”，而应该赋予其人的心灵，赋予它情感、思想和语言，让其具有像人一样的悲伤、愤怒、欢乐等情感，具有骄傲、温和、粗鲁等性格，有血有肉，带给受众真实感和亲切感。只有抓住了卡通形象的内在“性格特征”，展现其“性格魅力”，才能更好地体现其“形神兼备”的“形象魅力”。图书馆的卡通形象须本着“人本化”的基本思维，摒弃正襟危坐、高高在上的姿态，用生活化、人性化等喜闻乐见的内容与形式，使读者感受到卡通形象是一个真实的、有血有肉的人，而不纯粹是宣传工具，从而增加对卡通形象的信任。

4. 卡通形象要开发衍生产品

卡通形象在设计之初必须结合产品开发统一考虑，在表现形式和技术手段上要考虑适用于平面、立体和电子媒介的传播和再创作。如注意合理选择设计软件，使用矢量文件，以便于各方面的宣传，以及制作成各种材质的衍生品的可行性，等等。随着数字技术和媒体传播以不可预估的速度发展壮大，卡通形象在未来推广中的发展将更趋于多元化。对于图书馆而言，卡通形象的设计要从平面形象发展到立体形象，从静态形象发展到动态形象，从虚拟形象发展到实体形象，在遵循传统卡通形象的设计原则、开发流程和推广方式的基础上，勇于创新、拓展思路，探索新的可能性。

5. 卡通形象要顺应时代发展

随着时代的发展、社会的变迁，人们的审美观念也在不断变化发展，卡通形象也要与时俱进。卡通形象不仅在设计之初要符合当代主流的审美观念，还要随着时代的变迁不断变化更新，顺应大众审美的发展趋势。腾讯 QQ 的企鹅应该是互联网行业最知名的卡通形象了，它的形象改变过五次，从瘦长的拟物化企鹅、胖胖的红围巾企鹅、剪影版企鹅，再到现在更扁平、中性化的企鹅，每一次改变都代表了一种新的设计潮流，甚至反映了互联网的不同发展阶段。图书馆的卡通形象也应随着图书馆的资源、服务的变化而变化，从纸质阅读到数字阅读，从文化素养培育到信息素养提升，不断适应读者需求和喜好。

（三）图书馆卡通形象的开发流程

卡通形象开发不是普通的宣传设计，而是一个复杂而系统化的过程。很多企业对卡通形象的关注点只在外形设计上，要求设计出的形象卡通一点、可爱一点、具有亲和力等，而忽略了对卡通形象推广的全面而系统的规划。遵循完整的卡通形象开发流程至关重要。

1. 分析品牌的主要诉求

在进行卡通形象设计之前，要准确分析诉求目标，明确卡通形象的存在意义。这一过程不仅有利于设计工作的顺利开展，还能提高效率，保证设计成果的质量。图书馆卡通形象的主要诉求是吸引读者、推广阅读，因此卡通形象的造型、神态、性格、行为等诸方面都要围绕这一诉求，而不能自相矛盾。此外还要凸显该图书馆的地域、风格、色调等元素，保证卡通形象的唯一性。

2. 进行充分的前期调研

可对市场上各企业、文化机构、公益活动的卡通形象资料进行广泛搜集和分析了解，以把握卡通形象的普遍规律和受众的喜好趋向，将其作为卡通形象的创作依据。图书馆的卡通形象受众若设定为大学生读者，则需研究“90后”“00后”大学生的阅读需求与行为规律，明确设计方向，有效开展设计工作。

3. 卡通形象设计的步骤

卡通形象的设计具体包括以下几个步骤：第一，要把卡通形象的性格设定作为优先考虑的步骤，若没有完整的人物性格设定，就不能准确地设计出适合的人物造型和动作；第二，卡通形象整体造型设计，要通过外形、色彩、表情、动作等一系列要素体现角色的内涵特性。高校图书馆可根据学校男女比例、学科特色、馆藏特色、校园文化等元素来进行卡通形象的设计和开发。

4. 撰写文案与故事脚本

设计出的卡通形象最终将被用于不同途径的宣传活动中，因而需要为其设计明确的宣传主题，如广告语、宣传文案，甚至故事情节，使卡通形象成为一个鲜活的生命，这有助于提升宣传效果。例如，可以紧跟大学生读者热追的电视剧、电影网络流行语来设计图书馆卡通形象的宣传口号，从而增强其吸引力。

5. 通过多方媒介宣传推广

卡通形象设计出来之后，要进行宣传推广，这就需要借助一定的传播媒介来完成。在数字化技术迅速发展的今天，传播媒介日益多样化，常用的媒介渠道有二维媒体（海报、招贴画、橱窗、条幅等）、三维实体（卡通人型、卡通玩具等）、视听媒体（FLASH、动画短片、微电影、在线游戏等）、网络媒体（如网络表情、壁纸、屏保、电子贺卡等）以及现场活动（拍照、表演、抽奖、发放卡通形象周边礼品等）。媒介不同，对卡通形象的形式选择也各有不同。此外，还可以通过策划营销活动来引起读者关注，急速提高其知名度与影响力。

第二节　天津财经大学图书馆话剧比赛阅读推广

大学阶段是大学生提高阅读能力、增加阅读量的黄金时期，但有些大学生在面对各种文化、接触各类媒体时容易产生浮躁心理，不愿意坐下来品读一本书，进而逐渐减少了阅读的时间，陷入了文化快消费的处境。在当下各种快节奏的生活中，阅读这种保持心灵宁静的方法被逐渐淹没在各种眼花缭乱的信息更替之间。网络、手机、电视等多种媒介手段出现之后，高校图书馆传统的阅读推广模式就显得相对单一。读书征文、读书心得等传统的阅读活动对学生的吸引力越来越小，同学们的参与兴趣也呈下降趋势，大学生阅读推广显得力不从心。怎样在大学校园中推广阅读，让阅读以大家喜闻乐见的形式开展起来，成了当务之急，因此高校图书馆在继承传统的前提下如何创新阅读推广形式，积极拓展更广阔的阅读推广思路显得尤为重要。天津财经大学图书馆已举办三届"书与剧的碰撞，你与我的思扬"话刷比赛，它是由校图书馆主办、思扬读书会承办的一项阅读推广活动，是图书馆为阅读推广所做的有益探索和尝试。

一、思扬话剧比赛的创立缘由

思扬话剧比赛的创意最早来自学生的提议。同学们受中学时代课本剧的启发而萌发要做话剧比赛的想法。中学时代，老师为了调动大家的学习积极性，让大家将书中的经典片段改编成课本剧在舞台上进行展演，如《孔雀东南飞》《梁山伯与祝英台》《荆轲刺秦王》《鸿门宴》等经典片段。走进大学，专业知识学习成为大学生的主要任务，他们很少有时间再从课本中阅读经典。受此启发，一部分学生觉得可以以课本剧的形式进行阅读推广，以前是将课本中的内容搬上舞台，现在可以将名著中的经典片段呈现在舞台上；以前是展演，现在可以用比赛的形式来激发大家的参与热情；以前是原文再现，现在可以根据自己的理解进行创新。

此外，图书馆在指导"思扬读书会"活动中发现天津财经大学学生话剧社团的很多学生非常喜欢话剧这种艺术表现形式，但大多数话剧社团的剧目通常只能面向本院系学生展示，他们缺乏一个面向全校展示的平台，会员遍布各系的思扬读书会恰恰可以成为搭建这个平台的最佳选择。

还有一点也很重要，那就是天津有着深厚的话剧基础，话剧这种艺术表现形式也深受大学生的喜爱，这使得校园话剧成为大学校园文化的载体之一，话剧社团具有不同于其他社团和组织的性质和特点，对培养大学生综合素质、繁荣校园文化具有特殊作用，是大学生校园文化的重要组成部分，是实施素质教育、培养高素质人才的重要途径，在校园文化建设和培养全面发展的高素质人才方面具有不可低估的作用。天津财经大学目前有各类学生话剧社团十多个，几乎每个系都有一个话剧社。校内众多话剧社是基础，而话剧社又是学校众多社团中最受学生欢迎的，这说明话剧这种表现形式是学生最容易接受的，这样就为组织话剧比赛奠定了良好的群众基础。比赛无疑为学生搭建了一个竞争、切磋与交流的平台，这样就调动了大家参与的积极性。

针对这种情况，我们决定大胆尝试，以经典名著为基础，由思扬读书会牵头组织校内各话剧社团，用话剧形式展现经典名著，将经典名著改编成话剧（片段），把经典名著中静止的画面、无声的场景，从学生的理解视角鲜活地呈现给读者，将其作为我们阅读推广活动新的尝试，这样能有效地激发读者阅读原著的兴趣，提高读者参与度，能获得更为持久、广泛的推广效应。

二、主题的选择与诠释

迄今为止，天津财经大学图书馆已经成功举办了三届比赛，比赛创建伊始明确话剧比赛的目的是激发大学生阅读的兴趣，帮助大学生养成正确的阅读习惯，最终在校园里形成一定积极的影响，营造大学生崇尚阅读的氛围。话剧的一个很大的优势在于，它能简化深刻枯燥的文学著作。很多大学生无法坚持阅读的一个理由就是书过于枯燥难懂。用话剧来呈现书籍的主题无疑会使书籍变得生动形象，这种方式更容易被大学生接受，有利于提高大学生的参与度。话剧由两个重要的部分组成：一个是优秀的剧本，一个是优秀的表演。经典文学恰恰能够给剧本提供最好的核心价值。不论是对书籍原始故事的改编还是再创作，剧本创作者只有在对该文学价值观深入了解的前提下才能写出完美的剧本。当我们分享这些优秀剧本的时候，更多的读者将了解到这些优秀的书籍。除了剧本，舞台的表现力也必不可少，演员精彩的演绎必将吸引人的眼球。通过这些表演提高大学生的阅读热情，也许不同的人会有不同的理解，但是引起关注这一目的已经达到。

图书馆、思扬读书会所举办的话剧比赛有别于校内其他部门和社团举办的话剧比赛，其所定位的话剧主题与经典书籍相关。其主题“书与剧的碰撞，你与我的思扬”，从名称来看，前半句表达了我们选择话剧这一艺术形式对于推广阅读经典书籍的重要看法。这本“书”指的是经典名著，而经典名著是永远不会过时的养料。大学生应该去体会这些经典名著的魅力。于是，我们为此提供了一个舞台，那就是“剧”。将“剧”的创作方向划分到经典名著这一方面，就是为了让大学生阅读这些书籍，同时也是为了让大学生参与其中，以另一种艺术形式让大学生重新看待阅读和名著。主题的后半句“思扬”两字一语双关。一方面是契合话剧承办方思扬读书会的名字，另一方面寄托了话剧比赛对于大学生放飞思想的期望。解放大学生的思想，完善大学生的价值观，成为话剧比赛的目的。

三、社团的筛选及活动的实施

（一）活动的前期组织与实施

在 2014 年、2015 年成功举办两届话剧比赛后，第三届话剧比赛延续了以往的主题。改编经典著作，将书本和话剧有机结合起来，重现经典，延续经典。从三届比赛的过程来看，活动的前期主要经历了三个阶段。

1. 第一阶段

思扬读书会指导老师与部长、团成员开会制订话剧比赛的前期工作计划，不断完善比赛形式，对于第一届、第二届话剧比赛，主要是保留其成功部分，弥补其遗憾，在参考前两届话剧比赛相关资料的基础上查漏补缺并有所创新。

2. 第二阶段

按照社团意见，在图书馆老师指导下制定具体工作流程，确定人员职责。

会长及副会长负责各个话剧社之间、各个部门之间的沟通和协调工作。

①邀请评委。

②邀请主持人。

③联系摄像、摄影人员。

④在社团内部招募志愿者，让其作为场控人员。

人力部：协调各个话剧社，统计各个话剧社比赛时所需要用到的道具。

①联系各话剧社负责人，发放邀请函，协调比赛时间。

②按规定时间向话剧社收取剧本，并交给学术部以便其汇总和审核。

③比赛前组织话剧社抽签决定上场顺序。

④采购比赛用品，定制奖杯、奖状，定购奖品，租借道具。

⑤赛后归还租借道具。

活动部：负责初赛的策划及协调，比赛时的串场，制作评分表和安排场地座位等工作。

①精密策划，保证比赛无漏洞。

②组织赛前彩排及串场工作。

③安排串场节目。

④制作评分表、比赛流程表。

⑤安排各社团在报告厅的候场区域及亲友团座位。

⑥整理比赛过程的影像资料。

⑦赛后组织各部门总结工作。

宣传部：PPT制作以及比赛时仪器的控制。

①制作邀请函。

②准备相关宣传资料（海报、视频、音乐、PPT等）。

③派技术人员在比赛过程中控制电脑及相关设备。

④设计奖杯、奖状样式

秘书处：推送比赛消息通知，进行赛前比赛信息推广。

①在微信公众平台上推送话剧比赛及参赛社团的消息。

②组织前期网投。

③将比赛结果及比赛照片推送到微信公众平台。

学术部：筛选初赛剧本。

①写宣传语。

②汇总剧本出处，节目名称。

③审核剧本是否符合参赛要求。

志愿者：负责会场布置、服务、清洁工作。

①布置会场。

②场控，维持秩序。

③通知话剧社出场。

④搬道具。

⑤记分。

⑥赛后合影，打扫会场。

3. 第三阶段

各个部门准备到位以后，进行最后的工作排查。比赛前组织话剧比赛志愿者培训，根据参与时间进行明确分工，做好赛前的相关准备工作，确保话剧比赛顺利举办。

（二）话剧社团的组织与筛选

话剧比赛离不开各话剧社团，从已举办的三届比赛来看，从第一届担心参赛社团偏少，到第三届比赛需要通过初赛和决赛两个阶段进行，见证了活动受学生欢迎的程度。第三届比赛由于报名的社团比较多，受时间和场地限制，我们进行了初赛。为公平起见，初赛由思扬读书会组织，所有报名参与的社团通过各个话剧社拟展演的命题剧本，初步判定各个话剧社的表现能力以及舞台控制能力，确定通过同题表演方式决定晋级决赛社团。各社团代表为评委，在初赛前三天公布剧本——《雷雨》节选，在短时间的排练后考查话剧社的舞台表现能力，9 个话剧社轮流上台进行一个 5 ～ 10 分钟的小型演出，最终选出 6 个话剧社参加决赛。

初赛评分细则：每个话剧社出一个代表作为评委，思扬读书会出三个人作为评委，重点考查舞台表现能力和台风，评分采取扣掉最高分和扣掉最低分、最后取平均分的制度。

初赛流程：①赛前定时推送剧本；②赛前抽签决定上场顺序；③主持人开场；④各个话剧社轮流上台表演；⑤评委评分；⑥公布分数，选出进入决赛的名单。

四、决赛的实施

各话剧社团经过初赛选拔，六个社团以较高的表演水平成功进入总决赛，为学校师生呈现了一场精彩绝伦的话剧演出。思扬读书会对决赛的方方面面做了细致入微的策划，主要包括赛前各方人员沟通、赛前会场布置、特别演出人员邀请、活动演出流程以及评委选择及评分细则拟定。

（一）赛前各方人员沟通

话剧比赛早期由图书馆主办，第三届比赛前学工部也参与其中，均由思扬读书会承办，各院系话剧社团出演，组织活动与演出活动分离，因此，与话剧社的赛前沟通必不可少。为了给学生更大的展示空间，保证正确的阅读导向，图书馆事先对参赛话剧剧本做汇总审查，要求参赛话剧社团展演剧目取得所在学工部专职书记的同意，话剧社才可投入排练和比赛。图书馆在话剧表演的剧本、人员、演出形式、道具方面，积极和学生管理部门沟通，只在大的原则问题上进行把关，对具体细节不进行过多的干涉，尽量给予话剧社更大创作空间，对于一些不适合学生的题材和不文明的台词进行审核，在演出到位时间、顺序、道具搬放、评比原则以及彩排等各方面都积极沟通，最终使比赛成为各学生话剧社团的盛会。此外，活动组织所涉及的各分工部门、演出会场地申请、主持人串场、评委邀请等各事项都需要在赛前协商好，各方达成共识是活动举办的前提。

（二）赛前会场布置

赛前会场布置主要分为两个方面：一是会场装饰，二是演出设备到位。对于会场装饰，我们进行了细致的分工，一方面，使用了气球串、拉花等装饰物，并张贴了醒目海报；另一方面，对观众席、准备区进行细致的区域划分。演出设备方面，图书馆给予极大的帮助，灯花、地麦、话筒、音响、背景屏均已到位。

（三）特别演出人员邀请

秉承通过话剧比赛达到读书交流的宗旨，图书馆还邀请了校外天津朗诵艺术团以及本校个人兴趣工作室话剧社来参与演出，但不直接参与比赛。一方面，在话剧题材、演出形式方面双方进行了交流、学习；另一方面，也借机宣传了话剧比赛的举办宗旨，扩大了影响力。另外，图书馆还邀请校灵魂舞社、校舞团等校内其他社团为活动开、串场，活跃场内气氛，增添活动趣味，同时也起到吸引师生、宣传读书交流活动宗旨的效果。

（四）活动演出流程

活动流程大体分为舞社开场、话剧社演出、主持人串场、公布比分、颁发奖状这五个环节，细节方面还包括道具摆放及回收、通知话剧社上场、PPT 准时播放、评分录入等。话剧社演出顺序按照抽签决定，保证公平公正，同时中间时段以及结尾由特邀嘉宾出演，为评分录入、计算及奖状书写预留时间；表演间隙由主持人串场，同时进行道具回收及摆放，最后公布比赛分数、颁发奖状。

（五）评委选择及评分细则拟定

为了保证比赛的公平公正，评委选择方面，由校教务处、宣传部、图书馆等相对面向全校的部门领导和艺术学院及中文系专业教师担任评委。为体现学生的参与，在组织第一届比赛时我们现场抽取 30 名学生担任大众评委，考虑到各话剧社到场粉丝不均衡，从第二届起改为参赛话剧社中各出一名人员充当大众评委，以保证话剧的评分质量，又兼顾大众的审美。评分细则方面，从主题、节目编排及团队合作、表演技巧、效果、时间控制五个方面进行比分分配，同时对教师评委、大众评委进行“七三”加权，得到最后的总分。根据详尽的决赛活动策划，在图书馆馆员、思扬读书会学生们的辛勤努力下，整个话剧比赛设想一一得到具体实施，保证了比赛的成功举办。

五、网络及校园推广设计

（一）思扬话剧比赛推广平台系统

考虑到思扬话剧比赛活动的主要对象是学生，依据他们接收信息来源的习惯，前期宣传活动主要依托于“天财思扬读书会”这一公众号，图书馆网页和校园网网页只发布官方信息，活动具体进程则通过思扬公众号定期推送平台及朋友圈转发来推行，学生可借此了解话剧比赛详情以及参与网上投票。"思扬"秘书处负责汇总话剧比赛相关消息并及时发布。如第三届初赛消息，在活动完毕当天即行推送，宣布晋级决赛的话剧社名单并为话剧比赛决赛进行了出场社团的预告（包括预赛晋级话剧社团和直接晋级的话剧社团）。每届比赛距决赛还剩十一天时，公众号开始陆续发出各参赛话剧社的社团介绍、比赛剧目介绍以及特邀嘉宾介绍的推送。由人力部与话剧社和嘉宾取得联系，再向各话剧社社长采集该社团文字与图片材料交到秘书处，然后由秘书处部员编辑、排版并发出，各话剧社团成员积极转发推文。在距离话剧比赛还有十天时，开始每天发布倒计时推送，为话剧比赛造势，并在公众号举行投票活动。话剧比赛决赛时，由天财记者团及图书馆提供图片素材，思扬读书会提供文字素材，再由秘书处整合成推送回顾比赛的全过程。

（二）思扬话剧比赛活动投票系统

思扬话剧比赛借助微信公众号的投票系统举行最具人气奖的投票活动，以公众号原有用户人数为基础，依靠天津财经大学各大院系参赛话剧社团成员的拉票，提高思扬话剧比赛的影响力，借此提高思扬读书会社团及公众号的知名度和关注度。最具人气奖投票活动开始于话剧比赛举行前八天，在举行投票活动的前两天先对最具人气奖的投票比赛进行预告及造势，并对话剧比赛进行倒计时和造势。投票活动的图片文字材料由人力资源部向各话剧社长采集，然后交由秘书处进行编辑，编辑完成后由各话剧社社长确认其信息准确性和需要更改的内容，然后在倒计时第八天的12：00准时以微信推送的形式发送投票推文，面对全校正式开始投票，并设置了公众号的菜单栏和关键字自动回复系统，使同学们便于直接从公众号中直接寻找投票推文进行投票。各大话剧社团成员为提高其在校人气，竞相拉票转发，全校同学为支持自己院系的话剧社，或自己喜欢的话剧社，竞相参与投票。同时学生也开始关注思扬读书会的公众号，提高了思扬读书会的知名度。在这个过程中图书馆和思扬读书会的影响力得到了提升，投票通道截止到话剧比赛前一天的24：00，三届比赛共有近2.2万人次参与了投票，关注思扬读书会公众号的人数在投票活动中也有显著增加。

（三）校内媒体宣传

话剧比赛的媒体宣传共分为三个部分：图书馆多媒体宣传、公众号线上宣传以及校园其他媒体宣传。

在图书馆多媒体宣传方面，思扬读书会在比赛两个星期前依据参赛话剧社递交的相关图文资料，由宣传部进行宣传 PPT 的制作，制作完成之后在图书馆大厅的大屏幕上滚动播出，并附加决赛倒计时。

在公众号线上宣传方面，思扬读书会的公众号提前一个月进行话剧比赛的宣传活动，介绍相关书目，并在决赛前十天，以每天介绍一个参赛话剧社和线上投出最具人气奖的方式进行多元宣传。

在校园其他媒体方面，邀请记者团进行跟踪报道，在最具校园影响力的校园新闻上占据一期的头版。

六、学校思扬话剧比赛宣传推广活动的设计

（一）前期联络工作

一场精彩的比赛不仅仅需要承办方的全力以赴，同时也少不了参赛者的热情与付出。也正因如此，人力部在赛前主要负责与参赛话剧社的联系工作。下面，分阶段详细说明联系过程中的优点与需要注意的地方，即分别对报名、初赛前以及决赛前三个时间段进行阐述。

1. 报名

我们话剧比赛时间定为每年 11 月上中旬，选择这段时间进行比赛是因为此时学生基本没有考试，新入学的学生互相之间已经比较熟悉，每年 10 月份学校社团纳新也已告一段落，活动对学生的正常学习影响最小。比赛前期，人力部通过多种途径了解学校正式注册的校级话剧社团联系方式，并初步确定每一个话剧社的参赛意愿。随着各话剧社陆续完成换届、纳新，最终确定参加话剧比赛的名单以及各个话剧社的联络方式。在持续跟进与两次确认报名意愿之后，报名正式结束。

2. 初赛前

通常由图书馆指导思扬读书会和参赛话剧社召开赛前讨论会。会上，图书馆、思扬读书会指导老师就比赛宗旨、相关事项听取各话剧社团的建议和想法，与各社团就剧目选择、表演时间和比赛规则进行商讨，图书馆在把握大原则的基础上，放手让思扬读书会的同学们具体实施相关计划，依照赛前讨论会达成的共识，落实每一个细节。对于一场比赛来说，制定规则是最重要的事情之一。在举办第三届话剧比赛时，由于参赛话剧社团较多，依据规则，图书馆事先邀集各个话剧社的负责人通过商议达成基本共识。根据前两届经验，增加了初赛环节，在这个过程中，各话剧社负责人与人力部进行联系沟通，在沟通过程中，坚持基本规则，不轻易改变。

对一些不确定的细节问题，图书馆指导学生通过及时与会长以及部长团成员进行商讨来解决问题。这一过程锻炼、培养了学生分析、解决问题的能力，也增进了学生对图书馆的了解。

3. 决赛前

经过初赛，有三个话剧社无缘决赛，由于时间比较紧张和参赛社团之多超出预料，我们对比赛规则不得不又做出微调，对于决赛准备过程中出现的种种问题更要仔细考量，不要轻易给各话剧社模糊的答案。为了保护学生参与活动的积极性，尽可能考虑大多数话剧社的感受，我们力求做到专业、透明、公平公正。同时，图书馆人力部也充分考虑各个话剧社排练的辛苦，还进行了一次赛前探班。通过这样的活动，思扬读书会和话剧社之间的联系更加紧密，同时思扬读书会也掌握了参赛选手排练的细节，对话剧更加了解了。

在话剧比赛期间，思扬读书会与各话剧社团的交往使学生认识和感受到最为关键的不仅仅是语言，还要站在不同角度进行换位思考，一个良好的氛围让话剧比赛不仅成为视觉盛宴，还充满温暖和情谊，加深了思扬读书会和校内其他社团的联系。

（二）话剧比赛的前期宣传准备工作

"酒香也怕巷子深"，任何一个成功的活动都离不开前期的宣传。只有进行积极的对外宣传，活动才能吸引更多的参与者，我们才能把话剧比赛办得有声有色。对此，图书馆和思扬读书会下设的宣传部通过以下几种方式开展前期的宣传准备工作。

1. 制作多种形式的邀请函、宣传海报

邀请函上简要介绍了比赛的主办方、承办方、内容、形式、时间、地点以及联系人等信息。宣传部将不同的话剧比赛邀请函分别送给学校的各话剧社团、话剧比赛拟邀请的助演社团以及各位评委老师。邀请函由学生专门设计，具有中国水墨风格韵味，淡青色的背景融入了荷花、佛塔等古典元素，富有传统文化的艺术魅力。

宣传部多名学生共同制作多种宣传海报，并根据使用需求从中选出两种，一种贴在学生公寓和人流比较集中的地方，一种放在话剧比赛签到处和比赛现场。

2. 制作三套话剧比赛 PPT

组织方邀请各个参赛话剧社提供本话剧社的简介及参赛剧目的简介，根据他们提供的资料制作PPT。一套PPT用于介绍“书与剧的碰撞，你与我的思扬”、话剧比赛的时间、地点，并且简要介绍参赛话剧社及表演剧目，图书馆将该PPT在图书馆大厅屏幕上循环播放，以提高活动的知名度。第二套PPT在比赛开始前放映，介绍比赛承办社团——思扬读书会，并详细介绍各参赛话剧社和本期参赛剧目的改编书籍。第三套PPT用于比赛串场，重点包括开场背景、各个话剧的背景及音乐、颁奖以及闭幕的背景和音乐。

在话剧比赛前十天，图书馆通过图书馆大屏幕显示话剧比赛倒计时，并介绍活动内容、时间、地点，以倒计时的方式使学生关注本次比赛，并吸引感兴趣的同学前来参加。

与此同时，在活动的三个阶段通过思扬读书会官方微信平台发布活动信息，第一阶段推文介绍初赛的情况，第二阶段推文介绍参赛话剧社的简介、宗旨以及出演过的话剧，第三阶段推文介绍话剧比赛决赛倒计时。通过社团成员的转发扩大影响力。设置最佳人气奖，通过微信平台进行“最具人气的话剧社”的线上投票活动，借助各个话剧社的转发提高活动的关注度和参与度。

七、活动带给我们的启示和思考

（一）活动效果

2016年11月18日下午，话剧比赛落下帷幕。思扬读书会的话剧比赛已经在校园中陪大家走过了三个年头，渐渐被大家所熟知，将名著名篇改编为话剧的这种形式也越来越被大家认可和接受，大家通过编排、表演、观赏话剧来感受阅读的乐趣。比赛期间，台上的演员们用精湛的演技诠释他们对名著名篇的理解，以他们独特的方式呈现一出出精妙绝伦的话剧；台下的观众们被演员所感染，时不时爆发出连续不断的掌声和欢呼声。话剧比赛秉承公平公正、面向所有喜欢读书和话剧表演的学生这一原则，立志为校内话剧社提供一个展现自我的平台，为在校学生提供一场近在身边的话剧盛宴，获得了各话剧社团的认可，并在学生中获得了广泛的赞誉。

（二）活动亮点与提升空间

1. 舞台效果绚丽

从门口的各个话剧社的海报展览到内场的气球彩带装饰，加之以专业的追光灯等，力求给观众提供一场完美的视听盛宴。

2. 社团在逐年的探索中不断前进

各话剧社团演出总体水平不断提高，承办组织水平、手段不断进步。通过地麦以及舞台灯光等，营造更为逼真的舞台效果，同时比赛邀请了众多专业的评委为话剧进行点评，大大提高了比赛的专业度，各话剧社团得以在比赛中交流成长。

3. 题材多样，内容丰富

改编自《仲夏夜之梦》的《仲夏夜狂想曲》，在给人启发、使人开怀之外，让人思索爱情的意义；改编自鲁迅作品的《论雷峰塔的倒掉》，将人性的自私和愚昧暴露无遗；《人质》荒诞却发人深思，让观众啼笑皆非，思考人性的美丑善恶；《追风筝的人》演绎经典，向观众展现人性的背叛与救赎，揭示人性的美丽；《我的长征》向长征致敬，向革命烈士致敬，警示人们铭记历史、不忘初心；《雷雨》则带观众重回那个雨夜，见证大家庭的爱恨纠葛。比赛充分体现了同学们的创造力及表演能力，丰富了同学们的课余生活。

4. 题材新颖独特，不乏创新

在众多参赛话剧中涌现出了不少原创剧本，例如，《信中人，镜中人》带观众一起走进东野圭吾笔下的《解忧杂货店》；《聊斋 · 连城》以话剧形式展现聊斋故事，为我们带来新的视觉享受；《第三十六次自我救赎》则回归生活，揭示了在爱情和生活中挣扎的夫妻的心理；还有多个话剧社团以不同的表现手法和演绎方式诠释了欧 · 亨利的作品。

5. 表演逼真，多种媒介结合

在话剧表演过程中，利用音响、道具、灯光、LED 大屏等营造逼真的舞台效果，使观众身临其境。

6. 具有一定的社会影响力

话剧比赛得到了学校师生的热烈反响，在社会上也引起了广泛的关注，天津北方网对第三届比赛的报道更是扩大了比赛的影响力，从而大大激发了人们对话剧的兴趣，提高了人们对话剧的关注度。

活动整体上圆满成功，然细思过程，仍有许多可改进之处。例如，如何使名著名篇改编更切合学校整体氛围，场地布置以及装饰怎样有条不紊地提高赛前准备的效率，音响设备如何也让后排观众得到更好的听觉体验，这些都有待我们今后改进。

（三）启示和思考

1. 放开思路，勇于实践

高校图书馆阅读推广的主要对象是学生，不断拓展新的阅读推广形式是时代的需要。传统的阅读推广模式形式相对单一，对学生的吸引力越来越小，同学们的参与兴趣趋于下降，因此在继承传统的前提下创新阅读推广形式，积极开拓更广阔的阅读推广思路显得尤为重要。话剧比赛以话剧这种形象直接的宣传手段向学生传播经典名著，学生话剧社团在名著改编、话剧编排、剧目欣赏这一系列过程中，会自觉地思考和回味名著名篇，话剧本身所具有的潜移默化的教化作用同时也使大学生的自身思想水平得到提高，使他们对文学作品的阅读更深入，更细微投入。此种阅读推广形式，我们认为完全可以推广到其他图书馆实际工作中，如将话剧形式换作其他剧种或者微电影等，它们都是具有可操作性的。

2. 要善于利用网络等新媒体

微博、微信等新媒体以其快捷、互动、高效率的沟通等特质引起了大学生强烈的文化共鸣，迅速成为大学生认知世界、发表观点、参与公共事件的主要方式和手段。话剧比赛就采用了微信平台这一目前比较流行的手段，推送话剧比赛剧目及参赛社团消息，组织进行最具人气话剧社团前期网络投票，为正式比赛造势，三次网络投票约有 2.2 万人次参与，参与人数接近学校在校生数的 40%，比赛的过程、结果及相关图片视频也借助微信平台及时推送给学生。信息广泛传播的同时也扩大了活动的影响，我们已进行的三次话剧比赛，我校校园网均在显著位置予以报道，第三届比赛活动，天津市主流媒体北方网也第一时间做了详细报道，进一步提高了图书馆在学校和社会中的知名度。

3. 积极探索工作方法，善于活动形式的创新

阅读推广思路、方法、手段、形式要创新，只有创新才能吸引读者，只有读者积极参与，我们才能进行阅读推广，否则一切将成为空谈。我们在阅读推广活动中发现，传统的诸如读书心得交流、新书推介、图书漂流等在读者中的影响力趋于下降，读者的主动参与意识越来越弱，如何吸引读者来馆，使其积极主动参与、响应图书馆主办的阅读推广活动，这需要我们积极思考和探索。三次话剧比赛让我们感受到，新颖的、多样化的阅读推广形式更容易被学生所接受，以话剧形式进行的阅读推广比单纯的课堂教育、自己独自阅读书籍更容易被学生接受。实践证明，用话剧这一形式表现名著经典是我们对阅读推广形

式的一次成功的探索与尝试，得到了读者的广泛响应。

4. 要善于调动学生社团和学生工作部门的积极性

图书馆承担着日常借阅、参考咨询等繁杂的工作，人员和精力终归有限，阅读推广工作会占用图书馆相当大的人力资源。如果想既做好阅读推广，又尽量少占用图书馆正常人力资源，我们就需要找到一个平衡点，充分调动和利用学生社团和学生工作部门的积极性，找到图书馆和阅读推广活动的共同点并加以整合，这将对图书馆阅读推广会起到事半功倍的效果。图书馆在活动中起到联络、整合的作用。三次比赛活动充分证明，相信学生，引导和鼓励他们自己组织活动，既能调动他们的积极性，也能节约图书馆人力资源。通过参与话剧排演及组织参与活动，学生的社会认知能力及自主思考能力也得到了提升。

第三节　湖南大学图书馆“一校一书”阅读推广

阅读的境界当如陶渊明的“好读书，不求甚解”。但这必须跟下面一句“每有会意，便欣然忘食”连起来才有意义。其实，这也是很多读书人的共同体会。加拿大作家曼古埃尔的《阅读史》中，有一幅摄于 1940 年伦敦大轰炸期间的照片很感人：坍塌的图书馆，靠墙的书架并没倒下，瓦砾堆中，三个男子还在怡然自得地阅读。这固然体现了对抗厄运、坚信未来的精神，但也不妨解读为：“阅读”是必要的日常生活，是生命存在的标志。阅读推广也是如此，或有陶渊明的“欣然忘食”之态；或有《阅读史》三男子生命存在标志之感——这才会有阅读推广人与阅读人之间的共鸣……

一、活动缘起

2013 年，湖南省高等学校图书情报工作委员会在湖南省普通高等学校图书馆发起“一校一书——经典、精读、经世”阅读推广活动。活动每年举办一次，历时八个月。活动主旨为：在大学生之中创造交谈和讨论的议题，进而促使大学生主动阅读，以提高大学生的批判性思考能力、创造力、表达力和想象力，为营造书香社会贡献图书馆的一分力量。为进一步扩大活动的影响力与参与面，2015 年，湖南省教育厅下发《关于在全省普通高校组织开展“一校一书”阅读推广活动的通知》（湘教通〔2015〕213 号文件），该活动得以“升级”，并由湖南省教育厅主办，湖南省高等学校图书情报工作委员会组织，湖南省全体普通高等学校实施。

（一）“一校一书”阅读推广所产生的效益

2013 年至 2015 年，“一校一书”阅读推广活动开展三年来，创造了不菲的效益，主要体现在以下几个方面。

1. 参与学校越来越多

三年间，参与第一阶段“阅读方案设计与阅读宣传”的学校从 37 所增加到 42 所，并且有部分高职高专院校也主动参与进来。参与第三阶段“优秀读书心得”评比与交流的学校从 22 所增加到 31 所。

2. 读书心得数量与质量并举

2013 年度、2014 年度“一校一书”阅读推广活动中全省大学生提交的读书心得均为 1 万篇左右。到 2015 年，全省“一校一书”阅读活动撰写读书心得的学生超过 2 万人次，排名靠前的分别是湖南师范大学、湖南城市学院、湖南涉外经济学院、长沙理工大学、南华大学和吉首大学。读书心得撰写最多的为湖南师范大学，达到 2549 篇，占全校学生的 19%。

3. 活动形式丰富多样

读书心得仅仅是一个方面，在“一校一书”阅读推广活动中，各校开展了形式多样的活动，并且形成了一部分具有特色的活动案例。以 2015 年为例，各校开展的阅读推广活动项目达 300 多项，参与的读者远远超过 100 万人次。

4. 取得了一批标志性成果

2015 年，湖南省高校图工委主编了《2013—2014 经典、精读、经世：湖南省普通高校“一校一书”阅读推广活动集萃》（由湖南大学出版社出版）；参编了中国图书馆学会组织的“阅读推广人”系列教材之《图书馆时尚阅读推广》第五章《“一校一书”阅读推广》。与此同时，开发了湖南省高校“一校一书”阅读推广网，网站包括“一校一书”“荐书台”“读者原创”“经典阅读”“读书之道”“行业动态”等栏目，并通过回溯建库，上传了 2013 年、2014 年“一校一书”阅读推广活动的所有数据，总数据达到 3000 余条，为全省普通高校阅读推广工作提供了一个基础网络平台。

（二）活动中产生的问题

虽然全民阅读或阅读推广的社会环境、政策环境已经非常有利，但是在大学的阅读推广实际工作过程中，组织者还是会有不少的困惑，主要体现在以下几个方面。

困惑一：阅读推广由谁来组织发动？图书馆，还是其他职能部门？

困惑二：图书馆组织发动阅读推广活动，其他职能部门不配合，怎么办？

困惑三：好不容易组织一个阅读活动，参加者寥寥无几，怎么办？

困惑四：每个报告都需要组织学生来听，而有些学生来到报告厅就是玩手机，怎么办？

困惑五：缺乏资金怎么办？

困惑六：阅读推广活动就是图书馆刷存在感吗？

而在阅读推广活动过程中，大学生也存在不少困惑，主要体现在以下几个方面。

困惑一：图书馆组织的活动，我有必要参加吗？

困惑二：课程太紧了，好不容易有休息时间，去参加阅读活动，值吗？

困惑三：读书？我不会读吗？我怎么考上大学的？

困惑四：奖品或纪念品是什么？

困惑五：去吧，正好到报告厅蹭免费 WIFI!

如何解决以上这些问题？ 2016 年，湖南大学图书馆提出了“抓住需求，创新形式”的阅读推广内涵发展模式。

二、活动总体方案设计

2016 年，湖南大学图书馆在进行大学需求调查的基础上，重新梳理了阅读推广的目的与方向，进一步明确了阅读推广的主体，制定了完善的概念性方案。

（一）明确阅读推广的目的

根据大学的性质与特点，2016 年，湖南大学图书馆从阅读、人才培养、营造书香校园三个维度明确阅读推广的目的。

从阅读的角度看，其目的是培养大学生良好的读书习惯；从人才培养的角度看，其目的是提升学校内涵建设水平和人才培养质量；从营造书香校园的角度看，其目的是形成全员、全程、团队学习的读书氛围。

（二）根据需求确定阅读推广的方向

以图书馆为主体开展阅读推广活动有其特殊性。图书馆本来就是收藏文化、传承文化之所，切忌把“阅读推广”当成“阅读宣传”，要充分考虑其知识性、趣味性、启发性与专业性。因此，根据目的与需求，从活动方式、组织主体、活动重点、渠道等方面确定阅读推广的方向是必不可少的环节。

（三）明确组织主体，获得资源上的支持

大学阅读推广不是哪个部门、哪个单位一家的工作，单独依靠图书馆也很难将活动做到有效果、有效益、有持续性。因此，湖南大学由主管校长牵头，以图书馆为主体，联合校办、宣传部、教务处、学工部、团委、文学院、岳麓书院、计财处等部门或院系共同推动阅读推广活动的开展。

（四）精心挑选推荐书目，引爆交流热点

湖南省高校“一校一书”阅读推广活动的主旨就是通过每个学校每年推荐一本或者几本图书进行精读，以在大学生中创造交谈和讨论的议题，进而促使大学生主动阅读，提高大学生的批判性思考能力、创造力、表达力和想象力，最终达到营造书香社会的目的。

如何向大学生推荐阅读图书呢？湖南大学采用“1+1”的方式，即由读者从湖南省高校图工委发布的指导书目中投票选择一本；由专家推荐的方式产生另外一本。

本书目从《中国出版传媒商报》与腾讯网、《北京晨报》、当当网、《中国出版传媒商报》与新华网、《新文化报》、“深圳读书月”组委会、《新京报》《经济观察报》《南方都市报》《重庆晨报》《中外书摘》、新浪网、《都市时报》《亚洲周刊》、凤凰网、亚马逊中国、《作家文摘》《海西晨报》《中华读书报》《出版人》杂志与北京开卷信息技术有限公司、《光明日报》、社会科学文献出版社、京东图书、商务印书馆、中华书局、北京时代华文书局、人民文学出版社与《当代》杂志、书香“羊城阅读月”组委会、生活·读书·新知三联书店、中国教育新闻网与《中国教师报》、上海市新闻出版局“中国最美的书”评委会、中国社会科学出版社等机构或媒体推出的541种好书中按推荐频次产生。本书目由中国图书馆学会阅读推广委员会整理，由学生投票产生精读图书一种。

根据读者投票和专家推荐结果，2016年湖南大学的精读图书为《平凡的世界》和《论语》（胡遂教授推荐）。

（五）统筹时间进度，选择或创新阅读推广活动形式

湖南大学图书馆从2006年开始阅读推广工作，期间开展了不少活动，如图书展览、你选书我买单、图书漂流、签名活动、征文活动、损毁图书展、电影展播等，根据学生需求与效益进行筛选，保留一些有效果、有影响、有需求的活动项目，如学生馆长选聘、读者权益日、“一校一书”读书心得征文。另外，根据目的与方向，策划了两项新的阅读推广项目，即“潇湘读书人——寻找湖大读书种子”和人文素质教育公选课程“经典阅读之《论语》”。

（六）注意事项

①概念性方案只是一年阅读推广活动的总体安排，相当于宏观的计划方案，要落实这一方案，对每个活动项目有必要设计具体的操作性方案。操作性方案一般要包括目的、目标、组织团队、活动时间、活动地点、活动流程、活动内容描述、氛围营造、宣传、预算等内容，确保每场活动都有章可循、有据可依。

②对于方案中的创新性活动，要进行多层面的必要性与可行性分析，尤其要注意分析活动的导向意义、大学生的偏好、资源的可用性和活动控制的有效性。

③要注意与教务处沟通，了解学校课程安排、考试安排的密度。对于课程、考试高密度区间，不宜安排大型的阅读活动。

④每项活动都要有绩效信息收集表。在阅读活动中，很多图书馆都注意照片信息的收集，但却忽视了绩效数据的收集。有效的绩效数据对于活动的评价、对比、总结具有决定性作用。绩效数据一般包括活动直接参与的学生数量、活动间接参与或关注的学生数量、学生或相关职能部门与院系对活动的评价、宣传稿的数量与渠道、投入的人员与财务数值等等。

⑤阅读推广活动要有专人负责。目前阅读推广组织方式主要有四种：阅读推广部、阅读推广专岗、阅读推广项目团队、临时组合。虽然四种方法各有优劣，但采用“临时组合”的方式进行阅读推广难以明确责任、权利和义务，最终结果很有可能是将阅读推广变成走过场、流于形式。

三、“潇湘读书人——寻找湖大读书种子”活动

“潇湘读书人——寻找湖大读书种子”是2016年湖南大学阅读推广活动子活动之一，活动不仅仅关注形式的创新，更重视阅读内涵的建设，试图将阅读推广人与大学生融为一体，使他们共享阅读的快乐。

（一）方案概述

1. 活动目的

2016年，湖南大学考虑在学校寻找、选拔一批热爱读书的大学生，亮出他们的风采，引领学校的学风潮流。

2. 活动目标

通过海选、中选、终选等环节，选拔出30人左右的最佳读书人，作为湖南大学的读书代言人，并将枯燥沉闷的读书活动以丰富多彩的形式呈现出来，

在校园生活中创造交流和讨论的议题，吸引学生的眼球，提高活动的有效性和参与度。

3. 活动主题

本次活动主题为“潇湘读书人——寻找湖大读书种子”，“读书种子”一词最能概括出优秀读书人的品质和特征。《现代汉语大辞典》将“读书种子”解释为：“读书人，能读书做学问的人。指在文化上能承先启后的读书人。”《齐东野语·书种文种》中说：“山谷云：‘士大夫子弟，不可令读书种子断绝，有才气者出，便当名世矣。’”

4. 活动组织方

本次活动由图书馆组织发起，并由宣传部、教务处、团委、文学院等共同举办，由北京世纪超星公司提供技术支持。

5. 活动时间

安排在 5 月初至 6 月初，40 天时间，学校课程相对较松的时间段。

6. 活动流程与内容

活动共分为七个阶段，每个阶段都可获得不同的积分，选手完成每个阶段的任务可获得相应积分。具体来说，分以下几项内容。

①报名与海选。在全校范围内选出 200 人。

②读书训练营。选手参加读书训练营；按参加次数与时长获得积分。

③在线竞赛。选手通过手机客户端进行经典阅读，在知识网上计时答题，按正确率获得积分，按积分高低 200 进 100。

④“冰书挑战”。选手将自己的个人读书专题发布到指定网络平台（超星云舟平台），接受社会大众的订阅和评价，并按订阅与评价获得积分。

⑤读书剪影。选手将在校园里捕捉到的精彩读书瞬间拍摄下来，上传到指定平台，按订阅量与评价量获得积分。按积分高低取前 30 名进入第六个阶段。

⑥书海导航。对选手进行分组后，由图书馆的五位老师对选手进行为期三天的师徒式信息素养教育培训。

⑦决战麓山。进行分组经典阅读知识现场决赛，决出团队名次和个人名次。

（二）实施过程

1. 报名与海选

报名参赛的选手于规定时间内到达指定地点进行海选面试，海选时间为两天，共选出 200 人。宣传海报贴在学生生活园区和教学楼的宣传栏中，宣传内容具有感召力和亲和力，“我们在寻找湖大的读书种子，您是那一颗吗？无论是与不是，报名行动吧，让我们一起播下这颗读书的种子”。海选方案如下。

①海选形式为评委面试。

②由学校教务处、宣传部、团委、文学院等机构的教师以及图书馆的工作人员担任评委。

③根据选手个人介绍、读书心得、评委提问三个环节的综合表现进行评判。

2. 读书训练营

请名家给通过海选的 200 名选手进行指导，分享他们的读书心得，名家包括学校专家、教授、名师等，训练时长为两个晚上（6 小时 8 个学时，每参与 1 个学时计积分 10 分）。训练营内容如下。

①活动开幕式，引导所有选手进入选拔状态。

②名家分享读书的乐趣与方法。

③专家教授进行国学经典与现当代文学作品导读。

④讲师讲解培训活动所需辅助工具的使用方法。

3. 在线竞赛

采用手机 App 集中在线限时答题形式，200 道题目（单项选择与多项选择），限时 30 分钟，答对一题计 1 分，最高 200 分。题目内容包括两部分：第一部分为经典阅读知识，考查选手平日的阅读积累；第二部分为集训内容，考查集训课程选手的认真程度。题型如下。

（单项选择）恋人经常说“我爱你一生一世”，请问在中国古代一世为多少年？

A.12 年　B.30 年　C.50 年　D.100 年

（单项选择）“天行有常，不为尧存，不为桀亡”是谁的观点？

A. 孔子　B. 孟子　C. 荀子　D. 老子

（多项选择）“维纳斯”是希腊神话中的什么女神？

A. 爱神　B. 美神　C. 酒神　D. 欲望之神

在线竞赛积分加上训练营积分，按排名高低取前 100 名进入第四阶段冰书挑战。

4. 冰书挑战

在线竞赛获胜的百强选手将个人推荐最经典的图书以专题形式分享至指定手机平台（超星云舟平台），专题可以以文字、图片、视频等多媒体形式制作，以专题的订阅量与阅读量作为获取积分的评判标准。挑战时长为10天。10天内，选手必须完成专题的制作、推广，并尽可能地提高订阅量与阅读量。

5. 读书剪影

读书剪影与冰书挑战同时、同平台进行。选手上传与读书有关的照片专题，以专题的订阅量与阅读量作为获取积分的评判标准。挑战时长为10天。10天内，选手必须完成专题的制作、推广，并尽可能地提高订阅量与阅读量。

冰书挑战与读书剪影环节结束后，根据100名选手的累积分取前30名进入第六阶段——书海导航。

6. 书海导航

书海导航分为两个环节，分组热身与导师培训。分组热身采用活动的方式将30人分成5组，并确定每组的导师，组成5个团队，每个团队设计自己的队名、LOGO、口号。这一环节的意义在于培养团队意识、合作意识、参与意识。各团队组建好以后，由图书馆信息导师采用师傅带徒弟的方式进行信息素养培训，训练选手利用图书馆的能力与信息检索的能力。

同样，这一环节也设计了积分，以组队元素作为积分依据，形成决赛的初始分。

7. 决战麓山

通过个人积分赛和团体赛的总决赛，最终评选出“湖南大学读书种子”冠军、亚军、季军和团队一等奖、二等奖、三等奖。决赛共分五轮：日积月累、脑疾手快、暗流涌动、身心接力、龙争虎斗。

第一轮：日积月累（基础赛）

5个队每个选手采用60秒10道题计时赛的形式，不会答的题目可以过，但不能补答，可以思考，答错不扣分。每道题10分，6个选手总分为600分。本轮成绩同时计入个人与团体。题目示例：

A. 李清照的《如梦令》里的“绿肥红瘦”是描写什么季节的景象？（晚春）

B. 石头城是对我国哪座城市的美称？（南京）

C. 中国古代“双手抱拳举过头顶，鞠躬”，这是什么拜礼？（长揖）

D. 与万里长城、秦始皇陵、秦直道并称为“秦始皇四大工程”的是哪座宫殿？（阿房宫）

E. 徐志摩、胡适等作家是属于哪一个文学流派的？（新月派）

F. 孔子的消极思想是什么？（忠君尊王）

G. “斯芬克斯之谜”中的“斯芬克斯”的身躯是什么？（狮子）

H. “公子为嬴停驷马”的下一句是？（执辔愈恭意愈下）

I. 曹植七步成诗，相传历史上还有一位三步成诗的人，他是王安石还是寇准？（寇准）

J. “醉里挑灯看剑，梦回吹角连营”，是岳飞还是辛弃疾的作品？（辛弃疾）

第二轮：脑疾手快（5 进 4）

5 个队采用抢答赛的形式，每 6 题一组，每组答题完毕后往左轮换一个位置，本轮共 5 组 30 道题，每题 10 分，答对加 10 分，犯规（包括提早按钮、观众提示等）、答错或者抢到后 5 秒之内不能作答扣 10 分。本轮成绩同时计入个人与团体。

本轮结束后，总分最低的队伍淘汰（注：成绩相同时采用 1 题抢答方式确定被淘汰队伍）。

第三轮：暗流涌动（4 进 3）

本轮采用风险题的形式，风险题共两轮，分别为 2 组 10 分、20 分、30 分的题目。4 个队根据积分情况确定选分策略。选分采用背靠背的形式，每个队用 30 秒时间将选分写在白板上，根据选分从成绩最低的队伍开始答题。答对加相应的分值，答错扣除相应的分值。第一轮全部结束后，开始第二轮的选分。

本轮成绩同时计入个人与团体。本轮结束后，总分最低的队伍淘汰（注：成绩相同时采用 1 题抢答方式确定被淘汰队伍）。题型示例：

（10 分题）文学史上有四部《变形记》，有一部作品写人变成甲虫的经历。它的作者是谁？（卡夫卡）

（20 分题）在中国近代史上，有四位研究历史的名家，他们被后人称为“前辈史学四大家”。他们是谁？（陈寅恪、吕思勉、陈垣、钱穆）

（30 分题）中国传统文化的核心是“道德”二字，道德的基本内容可以用“五伦”“八德”来概括，“八德”指孝、悌、忠、信、礼、义、廉、耻。五伦指什么？（父子有亲，君臣有义，夫妇有别，长幼有序，朋友有信或父子、君臣、夫妇、长幼、朋友）

第四轮：身心接力（3 进 2）

本轮采用计时接力猜猜看的形式。3 个队从总成绩最低的开始答题。当主持人说“开始”后，6 位选手进入答题位（A、B、C 三个位置，每个位置相距 3 ～ 5 米，呈品字形），A 选手出题，给 B 选手提示（提示不能有题目中的任何一个字），B 选手准确给出答案，回答一个题目后，六位选手按顺时针方向变换位置，进行答题循环……每个队的比赛时间为 150 秒，答对一题计 10 分，每队题目总量为 20 个，不会的题目可以选择放弃。

本题题型主要为名著书名、作者、重大历史事件等。从本轮开始，成绩只计团队，不计个人。本轮结束后，总分最低的队伍淘汰（注：成绩相同时采用1题抢答方式确定被淘汰队伍）。试题题型包括：人物类，黄庭坚、陶渊明、苏轼、冯梦龙、陈寅恪、胡适、特洛伊战争、明治维新、不结盟运动、武丁中兴、四面楚歌、陈桥兵变、戊戌变法；著作类，《史记》《创业史》《射雕英雄传》《沙恭达罗》《汤姆·索亚历险记》《爱丽丝梦游仙境》《田园交响曲》。

第五轮：龙争虎斗（2进1）

本轮采用无限制抢答的形式。主持人提示"开始出题"后，2个队选手进入答题状态，主持人开始读题，每道题目四个提示，选手可以在任意时候按动抢答器并回答问题，回答错误扣10分，回答正确加10分，回答错误时，主持人继续读题，各队可以按前面规则继续抢答，直到本题全部读完，无选手回答正确，题目作废。题型示例如下。

题目1

提示一：韩愈。

提示二：中国古代"文艺复兴"运动。

提示三：搏弄骄体文。

提示四：恢复先秦两汉的散文传统。

答案：（唐代古文运动）。

题目2

提示一：中国图书馆。

提示二：1975年。

提示三：22。

提示四：分类排架。

答案：《中国图书馆图书分类法》或《中图法》。

经过长达2个小时的竞赛，选手在团结、紧张、分享、活泼的气氛中完成了整个比赛。随着颁奖音乐的响起，"潇湘读书人——寻找湖大读书种子"的选拔活动全部结束。参赛选手作为湖南大学读书人的形象代表，分布在不同的院系，在竞赛后也将继续引领湖南大学健康向上的读书风气。

四、"经典阅读"课程建设

（一）方案概述

1. 建设目的

"经典阅读"课程以《2015年政府工作报告》提出的"促进全民阅读，建设书香社会"为纲领，以湖南省教育厅2015年第213号文件（《关于在全省普通高校组织开展"一校一书"阅读推广活动的通知》）为指导，通过引导学生对传统经典的阅读，使他们获得知识、学会思考、培养品格，并通过知识竞赛、国学剧表演等方式，使学生展示自己的阅读体验，聆听他人对于经典的感悟，结识不同学科领域的朋友。

2. 建设目标

通过经典阅读，一是帮助大学生树立正确的价值观、人生观、世界观；二是利用互联网的魅力，营造书香社会；三是在大学生中创造交谈和讨论的议题；四是促使大学生主动阅读；五是提高大学生的批判性思考能力、创造力、表达力和想象力。

3. 建设思路

国学经典著作历来是图书馆进行阅读推广的重点内容，它们一般是历史选择出来的"最有价值的书"，是被主流价值所承认的传世之作。但是，由于经典原著语言上的障碍，要推广它们其实并不容易，因此湖南大学图书馆加强了与教务处的沟通，并与教务处达成协议，即如果学生完成了图书馆要求阅读的内容和作业，则教务处承认他们的学分。这样的政策大大提高了学生参与经典阅读活动的积极性。图书馆创新了阅读推广的方式，将阅读推广工作融入课堂教学，2016年面向全校本科生开设了公共选修课"经典阅读之《论语》"。

4. 课程基本信息

该课程的负责人为图书馆馆长郑章飞教授，课堂设置为16学时，1学分，课堂容量为90人。

（二）实施过程

1. 选课

2016年8月份，该课程进入学生的选课系统，供学生自主选择。由于前期设计科学，选课第一天，就达到了学校教务处设定的选课人数上限90人。后来有很多学生反映，很遗憾没有抢到课。全校有土木、电气、机械、公共管理、外语等 20 多个院系的学生选修了这门课程。

2. 课程形式

专家导读 + 翻转课堂 + 课堂讲授 + 小组讨论 + 情景表演 + 知识竞赛。

3. 授课

课程共上 5 次课，每次 3 ～ 4 节。每周二晚七点在图书馆报告厅开讲，开展四个专题讲座、一次知识竞赛 + 国学剧情景表演。

第一次课内容是“《论语》导读”。选课学生加上慕名而来的 150 多名学生齐聚一堂，聆听胡遂老师解读《论语》。胡老师以中央党校《学习时报》刊登的文章《一介儒生习近平的文化情结》入手，阐述了儒学的现代价值，解读了《论语》的核心思想“仁爱”，引导同学们走进孔子生活的时代，体验孔子“明知不可为而为之”的责任与担当。胡老师对《论语》的解读，感染了在场的每一位同学，现场气氛十分活跃，师生互动频繁，课程结束之后，同学们围着胡老师讨论孔子和他的弟子们，同学们纷纷表示，要像孔子一样，修身养性、积极进取，做“仁智双修”的儒家传人。

第二至第四次课程由图书馆的老师负责讲授，通过带领学生精读《论语》篇章，介绍了孔子的人生经历、孔子的人格修养、孔子的教育事业等内容，使学生了解《论语》的创作背景、主要内容及历史价值、现代意义；解读《论语》中的名言警句、哲理故事，感受《论语》的魅力，学习孔子诚信、自省、律己、百折不挠等精神品质，激发了学生阅读中国古代文化经典的兴趣和热情。

完成了四次专题讲座之后，任课老师开始指导学生组织国学课程情景表演的工作。选课的 90 位同学按照相同的兴趣爱好分成四个组：睿思组、博学组、广智组、仁爱组，每个组派出三名同学参加知识竞赛，其他 19 名同学参加国学剧表演。大家分组讨论、刻苦排练，都希望在舞台上能展示自己对《论语》的理解、对国学的热爱。

第五次课也就是最后一次课，该课程的汇报演出在图书馆报告厅举行，邀请了湖南大学教务处副处长李勇军，湖南大学图书馆馆长郑章飞、图书馆书记陈希等担任评委。汇报演出分为两个环节，第一个环节是《论语》知识竞赛，第二个环节是情景剧表演。在《论语》知识竞赛环节，同学们发挥聪明才智，踊跃答题。在抢答题环节，仁爱组、博学组反应迅速，身手敏捷，屡屡争相抢答，创下优异战绩。在列举出自《论语》的成语时，博学组组员们齐心协力，一口气列举出十二个成语，赢得一片喝彩。选手们机智作答，现场气氛十分活跃，为观众带来了一场精彩纷呈的智力对决。

在情景演出环节，选手们穿越到春秋战国时期。广智组话剧《四子侍坐》带领大家走进伟大的教育家孔子的课堂，展现了探讨式教学方式的精彩魅力。仁爱组话剧《子见南子》重现了春秋时期孔子周游列国时，与卫灵公夫人南子见面的情景。而睿思组的古礼表演《成人礼》则展现了延续至今的成人礼仪式及其精髓，使观众充分感受到礼制中谦卑和感恩的精神。最精彩的要数博学组带来的《孔子麓山行》，他们以穿越剧的形式，设想孔子来到东方红广场的情景，展现了优秀传统文化与现代文化的交流与融合，让现场观众对孔子及优秀传统文化肃然起敬，也让观众感受到了"传承经典，不忘初心"的国学精神。

五、活动的效果评估与启示

（一）效果评价

湖南大学阅读推广活动，2016 年开始的主体活动有 15 项，子活动更是多达 30 余项。活动整体参与人数达到数万人次，最重要的是，实现了从阅读推广形式创新向内涵建设的重大转变。

重形式的活动如"阅读推广进农村"，选择了湖南省第一个中共党支部所在地湖南省蓝田县三甲乡三家村村办太义图书馆，通过捐赠图书带动农村阅读。如"读者权益日"，连续举办了 11 届，通过宣传与彰显读者阅读权利，来引导读者进入图书馆，参与人数由最初的 1000 余人达到 2016 年的 9000 余人。如"学生馆长选聘"也已成功举办 4 届，每次报名考试的学生都达到 100 人以上，通过"学生馆长"这一职位引导大学生了解图书馆、熟悉图书馆、参与图书馆建设，收集更多大学生对图书馆反馈的意见与建议，了解大学阅读的需求等。这些活动更加注重宣传、提高吸引力。

重内涵建设的活动如"潇湘读书人——寻找湖大读书种子""'经典阅读'课程"，这两项活动要求组织者深入了解大学生需求，了解相关文学常识，深入阅读相关经典。这些活动将阅读推广与本科教学、人才培养紧密结合起来，对于提升图书馆阅读推广的质量、图书馆的品位与地位都具有重要意义。

"潇湘读书人——寻找湖大读书种子"活动持续了一个多月，影响面广、参与度高，对参赛选手的影响尤其深刻。有个大四的学生说："这是我大学以来参加的最有意义的活动，老师的创意太棒了！"而教务处认为这样的活动能够极大地提升学生的综合素质，塑造良好的读书氛围，因此这项活动被教务处吸纳为通识教育选修课，并命名为"阅读实践训练"，共 32 学时，1 学分，选课人数上限为100人，于每年的世界读书日前后开始上课。同时，通过这次活动，教务处也认可了图书馆阅读推广与素质教育的潜力，直接同意按阅读推广方案将“经典阅读”课程吸纳为通识教育选修课。

“经典阅读之《论语》”课程结束后，通过与选课的学生交流发现学生对阅读指导、读书互动交流、学习效果的检验与显化，具有强烈的要求。同时，学生对我们开展的读书活动充满了热情和期待，学生在课程结束之后都感觉增长了知识、锻炼了能力，加深了对国学经典知识的理解。课程情景演出的初衷是希望同学们能够积极参与课程学习，汇集智慧，展现大学生的文化知识和文艺风采，也使国学走进每一位同学的心中，引导大家阅读经典、爱上经典，使国学经典大放异彩。教务处副处长李勇军老师高度赞扬了这种形式，认为它达到了课程教学形式的新高度，为课程建设提供了一种新方向。

（二）活动启示

第一，阅读推广需要形式，更需要内涵，两者是相互包容、相互促进的关系。创新形式在前，内涵建设在后，先有创新的形式才可能吸引更多的学生了解图书馆、关注图书馆，只有通过内涵建设才能够使阅读推广深入人心，取得持续发展；形式的侧重点在于宣传、推广，内涵的侧重点在于人文素质提升与人才培养。

第二，通过阅读推广的内涵建设，可以使更多的大学生主动成为“阅读推广人”。如“经典阅读”课程，将“经典”的高度、“阅读”的体验和思想交流碰撞出的“火花”融合起来，引导学生认认真真读经典、读原典，使学生从单纯的语言学习和专业学习中走出来，接受更高层次的人文熏陶和通识培养；通过分组后的交流讨论，使学生体验阅读的社会性，培养独立思考的能力，重塑其知识结构体系。同时，也自觉不自觉地引导学生做湖南大学校园的阅读推广人，向其他同学传递阅读价值观念。

第三，图书馆人进行有效的阅读推广，迫在眉睫的工作是阅读推广人团队建设。应该说，无论是从政策上、社会舆论上、理论研究上，还是实际需求上，通过阅读推广引导全民阅读，营造“读书好、好读书、读好书”的阅读氛围，目前已经非常成熟。但是，为什么我们的阅读推广活动有时还是显得苍白无力或者流于形式，使参加者寥寥无几呢？最大的原因就是我们没有专业的阅读推广人队伍，或者说我们缺少能够与大学生进行心灵沟通的阅读推广人队伍。我们要建立自己的阅读推广人队伍甚至团队，先自己做读书人，以精读经典的心态开展阅读推广。只有这样，才有共鸣，才有收获，才有持久，也才有快乐。

第四节　沈阳师范大学图书馆“阅读推广人”活动的创意与实践

阅读推广是高校图书馆的核心工作，是现阶段高校图书馆最引人注目的服务之一。在各高校图书馆挖空心思开拓阅读推广思路之时，为将图书馆阅读服务推向深入，沈阳师范大学图书馆在各种阅读推广基础上，打造了“阅读推广人”行动计划，组建阅读推广部门和推广人队伍，加强推广策划和理论研究，建立“阅读推广人”聘任长效机制，形成本校阅读推广服务体系，并不断实现变革与创新。通过多种渠道、形式和载体向学生传播阅读理念、开展阅读指导、提升读者阅读兴趣和阅读能力。“阅读推广人”实践不仅赋予一个图书馆鲜活的生命力，而且赋予一所高校文明沉稳的性格和超越表象的深度和高度。

高校图书馆在服务转型与创新的环境下，经过多年的探索与实践，已经认识到阅读推广的重要性，确认“阅读推广”才是高校图书馆的主流服务和核心工作，并积极探索阅读推广的新模式。沈阳师范大学（以下简称沈师大）图书馆积极应对服务转型时代的挑战，图书馆服务一直跟随社会的变化而不断变革。图书馆的阅读推广，在追求主题内涵深化的同时，不断追求阅读形式的创新。图书馆在广泛开展阅读推广活动的基础上，不断研究和探讨如何打造有创意、聚人气、有实效的阅读推广，选择了一条利用“阅读推广人”开展阅读推广的路径，取得了良好的阅读推广效果。

每个高校都会有一批学术名师、专家教授和优秀辅导员，他们在校园内是深受爱戴的优秀教师。沈师大图书馆充分利用了这些高校中最重要的阅读推广人力资源，在壮大“阅读推广人”团队力量、增加名师授课的同时，也为专家教授们提供了传道授业的平台，使其自身价值得到更大发挥，进而形成一种多赢局面。为了优化“阅读推广人”的资源结构，图书馆聘请社会知名作家、著名记者和企业家等发挥引领和示范作用，打造了图书馆人担当阅读推广核心、校内名师与社会名人为“阅读推广人”主体、校园“学霸”与读书社团为有力推手的组织系统，采取了经典阅读与主题深化相交叉、“真人图书”与多种阅读相结合的多种推广方式。在实践中图书馆十分注重学生的互动性、参与性，充分体现学生的自主原则、对话原则和参与原则；了解读者的感受和需求，进而选择令读者青睐的阅读实践路线，使阅读活动具有时效性、创新性、发展性和较高性价比。

连续两年来，“阅读推广人”开展的“创青春”创新创业主题阅读系列活动、“享阅读”名著经典系列阅读活动、各种讲座与学术沙龙活动等达一百多场，学术沙龙色彩纷呈，经典阅读多姿多彩，真人图书馆有声有色，读书会活动马不停蹄，各种阅读竞赛联翩而至，图书馆内座无虚席，学生热爱阅读的习惯逐步养成，校园阅读蔚然成风，营造了校园阅读的大氛围，掀起了阅读推广的新局面，图书馆阅读推广收到前所未有的新成效。

一、“阅读推广人”活动及其现状

国际上已发出“全民阅读”的倡议，我国也于1997年开始倡导全民阅读，并借鉴了“阅读推广”这个词，该词逐渐发展成为国内图书馆界、出版界的一个常用词、高频词。全民阅读活动在“阅读推广”行动引导下逐步推向高潮。

（一）“阅读推广人”的概念

阐述“阅读推广人”的概念，首先要明确什么是“阅读推广”。关于“阅读推广”的定义有很多，比较权威的有张怀涛先生的定义：“阅读推广顾名思义就是推广阅读；简言之就是社会组织或个人为促进人们阅读而开展的相关活动，也就是将有益于个人和社会的阅读活动推而广之；详言之就是社会组织或个人，为促进阅读这一人类独有的活动，用相应的途径和方式，扩展阅读的作用范围，增强阅读的影响力度，使人们更有意愿、更有条件参与阅读的文化活动和事业。”这是张怀涛先生整合各家见解，最郑重、最周全地给“阅读推广”下的定义。王波先生也对“阅读推广”进行深入论证。他认为：“阅读推广，就是为了推动人人阅读，以提高人类文化素质、提升各民族软实力、加快各国富强和民族振兴的进程为战略目标，而由各国机构和个人开展的旨在培养民众阅读兴趣、阅读习惯，提高民众的阅读质量、阅读能力、阅读效果的活动。”王波先生对“阅读推广”定义的表述，更为大气和简洁。

随着阅读推广工作的组织与实施，一批专职与业余的“阅读推广人”队伍逐步走向成熟。那么，如何定义“阅读推广人”呢？2012年，《深圳市阅读推广人管理办法》规定：“阅读推广人是指市民个人或组织阅读机构，通过多种渠道、形式和载体向公众传播阅读理念、开展阅读指导、提升市民阅读兴趣和阅读能力的专业和业务人士。”2014年，中国图书馆学会在“阅读推广人”培育行动中也对阅读推广人进行了定义：“阅读推广人是指具备一定资质，能够开展阅读指导、提升读者阅读兴趣和阅读能力的专职或业余人员，培育对象包括各级各类图书馆和科研、教学、生产等相关企事业单位人员及有志参与阅读推广事业的其他社会人员。”以上定义说明，一方面“阅读推广人”是一种社会身份，另一方面“阅读推广人”也是一种荣誉。其最主要的作用就是推广阅读，推广的形式和渠道多样化，而目的是培养公众的阅读兴趣、提升人们的阅读能力和素养，推进全民阅读。高校阅读推广与社会阅读推广相比具有特殊性，高校的"阅读推广人"面对的工作空间、受众群体、推广内容、阅读深度都有一定要求。有人结合中国图书馆学会对"阅读推广人"的阐述，对阅读推广人的定义做了进一步界定："高校图书馆阅读推广人既要具备一般图书馆员的资质，更要具备一定的策划组织能力、编写推荐书目的能力、公关能力、书评能力等，能够开展阅读指导、提升读者阅读兴趣和阅读能力的专业馆员。"在阅读推广工作中，"阅读推广人"发挥着重要的推广作用、凝聚作用和指导作用。

（二）"阅读推广人"应具备的素质

"阅读推广人"是个崭新的社会身份，"阅读推广人"是有门槛的，不是什么人都能做、什么人都可以胜任的。无论是社会上的"阅读推广人"，还是高校的"阅读推广人"，最基本的是要热爱阅读、热心公益事业；要具备一定的资质，要懂教育、懂阅读、懂读者，做到率先垂范，爱阅读、常思考，具备较高的文化素养和职业道德，还要有一定的组织能力与群众基础。

高校"阅读推广人"的受众群体完全是本科及以上的读者，具有一定的阅读能力，具备了一定的专业知识，形成了一定的世界观体系，"阅读推广人"如果没有一定的知名度和影响力可能不会引起重视。因此，作为高校图书馆的"阅读推广人"，首先应具有爱岗敬业的践行能力与坚毅力、良好的职业品质与态度，树立一切为读者服务的宗旨，熟知图书馆资源及新技术，具备图书馆学基础知识和管理学知识、知识服务能力、应付突发事件的危机管理能力等一般图书馆馆员所具有的资质。同时，高校图书馆"阅读推广人"还应具备引导读者阅读的能力、编写推荐书目的能力、策划组织及评估能力、不断创新阅读推广活动形式和内容的能力、较强的公关能力、撰写书评的能力、媒体技术能力以及能自己结合阅读中积累的经验发现新的阅读方式等其他特殊能力。不管遇到多大的困难，都要坚持阅读推广梦想，坚持不懈地将阅读推广推向新高度。

（三）"阅读推广人"的价值与作用

"阅读推广人"在整个全民阅读建设中扮演着非常重要的角色，是全民阅读建设的重要人力保障。"阅读推广人"是图书馆服务转型的标志之一，其改变了传统的服务模式，主动积极寻求阅读引导的新方式，将书、人、生活有机地融合起来，扭转了部分高校学生不爱读书与图书馆资源受冷落的局面，成为学生读书学习的引路人。此外，"阅读推广人"作为社会名人、校园专家，本身就具有品牌价值，他们是大学生的榜样。他们可帮助学校创建多层次的读书“导赏”机制，进而健全校园阅读系统。“阅读推广人”丰富了全民阅读推广模式，不断创新阅读推广方式，保障了阅读推广活动的可持续发展。

“阅读推广人”是阅读推广工作的组织与实施者，其对校园阅读文化建设的重要作用主要体现在以下几个方面。

1. 引导作用

高校“阅读推广人”在阅读推广活动中开列了专题书目，组织了经典阅读、专业沙龙等活动，既传授专业知识，又传递阅读理念与价值，使学生懂得了读什么书和怎样读书，提高了学生的阅读意愿，使不爱阅读的学生爱上阅读，使喜欢阅读的学生更爱阅读。

2. 帮助作用

高校“阅读推广人”一般阅读经验丰富，学术造诣较深，善于沟通传授。他们通过推广活动，帮助不会阅读的学生学会阅读，帮助迷茫的学生跨越学习障碍，辅助学生培育纯正的阅读品位和明确学习目标。

3. 凝聚作用

“阅读推广人”通过“一对多”的活动形式，使得分散的读者能够凝聚成各类阅读团体、学习组织。而这类阅读团体既可以使更多力量参与到阅读推广工作中来，助推校园阅读文化，又使得学生之间得以充分交流、相互激励，使他们共同提升阅读素养，从而进一步凝聚校园文化正能量。

4. 品牌作用

一位有名气的“阅读推广人”本身就是一种阅读品牌，他可以成为一个学校、一个领域、一座城市、一个地区的“形象符号”。“阅读推广人”还是打造阅读推广品牌的中坚力量，通过他们的推广，可以赋予大学生文明沉稳的性格和超越肤浅表象的阅读深度和研究高度。

（四）“阅读推广人”建设现状

伴随着“全民阅读”建设的深入开展，“阅读推广人”这一角色应运而生并逐渐得到重视。《全民阅读促进条例》（征求意见稿）第十六条规定：“各级人民政府应当建立阅读推广人队伍，鼓励和支持教师、公务员、大学生、新闻出版工作者等志愿者加入阅读推广人队伍，组织开展面向各类读者群体的专业阅读辅导和推广服务。”《深圳经济特区全民阅读促进条例》第十二条规定：“鼓励具有阅读推广专业知识和阅读推广实践经验的阅读组织和个人作为阅读推广人，为企业、学校、社区、养老院、福利院、军营等单位提供公益性阅读推广服务。”第十三条规定：“市、区文化主管部门可以组织培训阅读推广人，为阅读推广人开展公益性阅读推广活动提供必要的支持和保障。”《湖北省全民阅读促进办法》第十六条提出，“教育机构应配备阅读推广教师”。这些相关政策促进了“阅读推广人”队伍的发展壮大。

1.“阅读推广人”的构成

作为“阅读推广人”，首先应具有较强的阅读意愿，“阅读推广人”应该热爱阅读。其次应具有阅读推广意愿，“阅读推广人”应自愿并乐于从事阅读推广工作，还应以身作则，能够在阅读内容和阅读方法上起到指导作用。目前国内的“阅读推广人”多为全民阅读活动的组织者、各类图书馆馆员、民间读书会创办人、出版部门的推销者、图书的经营者、教师、文化志愿者等。如2014年11月，北京阅读季评选的“十大金牌阅读推广人”包括：天奇创投管理合伙人纪中展、“爱阅团”创办人、新阅读研究所研究员李一慢；悠贝亲子图书馆创始人林丹；怀柔图书馆馆长王建军；“一起悦读”俱乐部创办人石恢；昌平圣学图书馆馆长徐继新；德胜社区教育学校图书馆教师宋群；童立方亲子绘本馆馆长刘艳红；同道读书会负责人赵聚；等等。显而易见，“金牌阅读推广人”中图书馆方面的人员居多。此外，还有著名作家，如浙江师范大学儿童文学研究所研究员彭懿、上海师范大学教授梅子涵、中国台湾地区绘本作家方素珍等。有创业者，如中国台湾地区儿童阅读推广人张大光等。有全职妈妈，如知名草根阅读推广人喆妈等。不难看出，他们从事的多为儿童阅读推广工作。

实践表明，我国的“阅读推广人”大致可分为：大众层面的阅读推广人，如“红泥巴”网站创始人阿甲、各省评选的阅读推广人；儿童阅读层面的推广人，如上海师范大学师大的梅子涵、浙江师范大学的方卫平等；妈妈群体的阅读推广人，如天心阅读文化网的职业阅读推广人李静等；语文教学界阅读推广人，如“亲近母语”课题组的徐冬梅、北京师范大学的陈晖等；高校图书馆阅读推广人，如图书馆阅读推广部门的专职人员、各高校选聘的学校阅读推广人等。以深圳市2012年“阅读推广人”培训班学员为例，其身份构成如下：来自民间阅读组织者52人（占38.2%），图书馆职员27人（占19.9%），中小学教师13人（占9.6%），企业员工7人（占5.1%），机关公务员6人（占4.4%），全职妈妈4人（占2.9%），其他行业从业者27人（占19.9%）。“阅读推广人”的构成呈现多元化的特征。与社会不同，高校“阅读推广人”结构具有特殊性，由于条件的限制，图书馆馆员、教师、高校辅导员和一些社会名人成为“阅读推广人”的主要构成人员。如三峡大学文学与传媒学院彭红卫教授荣获2014年度湖北省“十佳阅读推广人”；沈阳师范大学的“阅读推广人”外聘的有著名作家、企业家、记者，校内的有长江学者、知名教授、优秀辅导员和研究生代表。

2.“阅读推广人”的培育

深圳和上海在“阅读推广人”培育工作方面进行了大量的探索。早在2012年，“深圳读书月”组委会、深圳市文体旅游局就开始了深圳市“阅读推广人”公益培训活动。通过“授课 + 交流 + 实践”的方式，从知识结构、实践能力两个方面提高“阅读推广人”的专业水平。

中国图书馆学会于2014年12月10日召开以“全民阅读推广的转型与升级”为主题的全民阅读推广峰会暨“阅读推广人”培育行动启动仪式。会议通过专题报告、业务讲座、代表交流互动和专题研讨等形式，提升全民阅读推广的水准和质量，并借此凝聚业界智慧，进一步推动全国全民阅读工作的建设与发展。截至2016年7月，中国图书馆学会“阅读推广人”培训班已经举办了5期。培训后，中国图书馆学会组织了“阅读推广人”等级考试，一些参加培训的人员顺利通过考试，获得了“阅读推广人”基础级徽章。

在中国图书馆学会号召下，从2014年起，北京、上海、江苏、浙江、湖南等许多省市纷纷招募聘任“阅读推广人”，并开办“阅读推广人”培训班，使更多的人加入“阅读推广人”的行列。2015年2月4日，深圳图书馆举办了中国图书馆学会“阅读推广人”培育行动教材编写会第一次会议。该教材将于近期出版，同期持续开展“阅读推广人”培育行动的培训工作，包括“阅读推广人”基础级培训、少儿阅读培训、数字阅读培训、经典阅读培训等。深圳计划5年内培养800位“阅读推广人”。

2015年4月，上海市“阅读推广人”计划暨首期“阅读推广人”培训班正式启动。浦东图书馆作为示范性试点单位，以“阅读推广人”工作组为领导小组，负责阅读推广人管理办法、认证细则、培训课程方案等制度设计，以及阅读推广人培训计划的实施、阅读推广人认证等具体管理协调工作。各地还举办了“阅读推广人”志愿者推广活动，通过教材课件、课程授课、观摩实践、水平测试等环节对培训者进行测试。从理论与实践上对学员进行指导，分享成果与实战经验，为各级各类图书馆培养阅读推广业务骨干。

二、"阅读推广人"活动策划与实施

"阅读推广人"活动一般由省市等各级公共图书馆组织与实施，并且大多开展的是青少年和儿童阅读推广活动。高校图书馆开展"阅读推广人"活动的为数不多，但也不乏"阅读推广人"活动的成功案例，沈阳师范大学图书馆的"阅读推广人"计划就为高校图书馆的阅读推广树立了样板。

（一）"阅读推广人"活动的背景

1999 年至今，中国出版科学研究所（现更名为中国新闻出版研究院）进行了十三次大规模的全国国民阅读调查，调查结果显示，虽然每年的图书阅读率都有一定幅度的上涨，但与其他国家相比，我国的国民阅读量仍差距较大。在高校中，自 2010 年开始，图书借阅量普遍呈下滑趋势，以沈阳师范大学图书馆为例，2010 年图书借阅量为 130 万册，到 2014 年，借阅量已经下降到 78 万册，下降幅度接近 50%，且大学生的阅读行为普遍存在功利性、浅阅读等问题，需要引领和指导。

鉴于此，沈阳师范大学图书馆从 2010 年开始举办读书文化节，千方百计推广阅读活动。为了强化阅读推广，2014 年组建专门的阅读推广部，想方设法促进校园阅读推广。图书馆认为，阅读推广不仅仅是图书馆人的责任，各界人士要齐心协力，将阅读理念推广至每一个人。经过精心策划，沈阳师范大学图书馆于2015年世界读书日前夕，在各种阅读推广活动基础上，推出"阅燃星火·共享书香"的"阅读推广人"行动计划，在学校里寻找热爱阅读、乐于分享的师生，为他们提供空间和平台，根据他们的身份和特点，量身打造阅读推广活动，在校园内播撒阅读的种子，带动大学生读者的阅读热情。

（二）"阅读推广人"活动的设计与实施

沈阳师范大学图书馆在原来的阅读推广小组基础上，正式成立了阅读推广部，由馆长助理兼任阅读推广部主任，馆内抽调精干力量从事阅读推广工作。经过阅读推广部的认真准备，首先发起了"阅读推广人"行动计划，并开始宣传与选聘工作，在学校教师和学生社团中招聘"阅读推广人"，开展各种阅读推广活动，广泛传播阅读理念，达到倡导校园阅读风气、引领读者阅读方向、激发学生阅读热情的目的。

沈阳师范大学图书馆在组建"阅读推广人"团队过程中，特意设计了宣传海报。"阅读推广人"团队借埃及神话中的"五芒星"搭建团队架构。团队以推广阅读为核心，五个层面的阅读推广人像围绕在周围的五颗星星，他们的阅读推广活动相互交织，相互辉映，以点带面，连接一体，形成充满魔力的“五芒星”，凝聚无穷力量，唤醒读者的阅读热情。

整张海报以绿草蓝天为背景，象征着阅读的春天即将到来，广阔的天空预示着阅读推广事业发展拥有广阔的空间和美好的未来。画面中心是一本翻开的图书，指代阅读。周围环绕的手臂，寓意图书馆与各层面“阅读推广人”共同承担阅读推广的重任，同心协力做好阅读推广工作，携手迎接阅读的春天，同时圆形有圆满之意，寓意阅读推广事业终将在大家的努力下圆满成功。在广泛宣传和细致工作之下，“阅读推广人”行动方案进入实施阶段。

（三）第一批“阅读推广人”的选聘与实践

2015 年，沈阳师范大学第六届读书文化节在筹备过程中，策划了首批“阅读推广人”的团队架构，分别从学术带头人、教师、辅导员、图书馆馆员、学生五个层面招募。所选取的五个层面的人员各有所长，在大学生读者群中享有较高威望和号召力，他们在阅读推广活动中既各有侧重，又相互交融。

首批 10 位“阅读推广人”中，贺绍俊教授和孟繁华教授属于学术带头人，两位教授均是国内文学评论界的领军人物、第六届鲁迅文学奖的获得者、茅盾文学奖的评委，在业内颇具威望和影响力。教师层面的“阅读推广人”有王力春和金星两位青年教师。王力春老师是沈阳师范大学“国学达人”，他热心于传统文化推广，先后创办“兰亭书院”“子衿国学会”，主编《子衿》会刊。金星老师是 2014 年度辽宁省“最佳藏书人”、沈阳师范大学“阅读达人”，平时在课堂上经常向学生推荐阅读专业经典图书。辅导员层面上聘请了马克思主义学院的刘君杰和教育科学学院的魏泽两位老师。图书馆馆员“阅读推广人”分别是图书馆采购员胡永强和读者协会学生社团指导老师芦金梅。学生层面的“阅读推广人”，分别从本科生和研究生中选聘了两位读书社团的负责人。

在 2015 年沈阳师范大学第六届读书文化节上，学校领导为首批 10 位“阅读推广人”隆重颁发聘书。

首批“阅读推广人”团队组建后，图书馆与 10 位“阅读推广人”共同策划举办了一系列阅读推广活动，将阅读推广活动实践推向高潮。

读书节开幕式上，贺绍俊教授做客“向忱讲坛”，提出“首席阅读推广人”寄语，“那些优秀的文学图书，以理想主义的灯火照亮了人们的精神空间，也让更多的人感到活得有尊严。因此，我要隆重地向大家推广优秀的文学图书，我也愿意以一名读者的身份和一名阅读推广人的身份，向文学表示崇高的敬意”。同时为广大读者解读《平凡的世界》这部畅销数十年的当代经典，为读者解读文学的魅力。活动期间，贺绍俊教授还利用自身的影响力邀请了当今文坛知名作家，《来生再见》《湖南骡子》《黄埔四期》的作者何顿，为大学生解读他的抗战题材作品中所蕴含的民族精神；邀请解放军出版社总编辑、小说《亮剑》的责任编辑董保存大校做客“向忱讲坛”，为广大读者讲述苏联红军出兵东北始末，为读者带来了文化与精神的盛宴。

孟繁华教授在读书文化节期间做客“向忱讲坛”，为广大读者带来“当下中国的思想文化环境”专题报告，他将本人多年的读书心得与大家分享，帮助大学生分析当下的文化环境，鼓励大学生多读书，通过读书修身立德，形成大学所倡导的自由精神和独立思想，对大学生读书有着极强的现实指导意义，让同学们受益匪浅。

王力春老师自创的品牌活动，颇具影响力。其先后创办“兰亭书院”“子衿国学会”，主编《子衿》会刊，每月都在图书馆举办读者沙龙，做客真人图书馆。他还通过“论语”“一分为二道德经”等国学讲座，品经论典，推介国学精粹，引导阅读，与同学们分享国学经典、书法审美与基本技法，传递儒家的生活方式、处事态度和东方学人的儒雅风度，进而传播中国博大精深的优秀传统文化。

金星老师是2014年度辽宁省“最佳藏书人”、沈阳师范大学“阅读达人”，他指导的“鲤鱼读书沙龙”已举办数十期。他为学生做了《法辨：中国法的过去、现在与未来》读书沙龙活动，与大学生共同品读分享这部法学著作的精髓。在图书馆举办的论文写作大赛期间，金星老师为全体参赛学生做了“如何选题以及专业研究热点与趋势分析”的相关培训，帮助大学生提高学术实践能力，提升他们的科研素养。通过他的读书沙龙与学生分享专业阅读理念，荐读学术著作，同时还多次邀请法学专家做客沙龙，助推学生专业学习。

刘君杰老师连续两年组织“与书为友·以书会友”大学生读书爱书活动；魏泽老师所做的“品读《少有人走的路》”读书沙龙活动，用阅读开启学生的心智成熟之路。胡永强老师一直通过好书角、新书展架等渠道向读者推送馆藏图书。芦金梅老师与读者协会的同学们组织读书沙龙、英语角、真人图书馆等多项阅读活动，目前真人图书馆已有88本真人图书上架，这些活动已成为图书馆阅读指导的品牌，在学生中已经形成一定的影响力。学生“阅读推广人”依托各自的读书会与校内其他学生社团合作组织更加活泼灵活的阅读活动，成为阅读推广的得力助手。

（四）第二批“阅读推广人”的选聘与实践

2016年读书文化节期间，图书馆继续推行“阅读推广人”行动计划，聘任了第二批“阅读推广人”。在面向校内招募的同时，将视野扩大到社会，即面向社会招募“阅读推广人”，希望能够利用社会知名人士的影响力和传播力，吸引更多的大学生读者走进阅读的世界。经过细致的筛选与沟通工作，图书馆第二批“阅读推广人”团队成功组建。

第二批“阅读推广人”团队中，在校外聘用了具有“文艺界草原三剑客”称号之一的国内知名作家鲍尔吉·原野，《光明日报》辽宁记者站站长毕玉才，沈阳著名企业家、辽宁省明明德传统文化教育基金管理办公室主任刘奇。这三位“阅读推广人”都乐于参与推动全民阅读的事业，曾分别做客本校“向忱讲坛”与沈阳师范大学进行读书、做人、做事等方面的学习交流，都愿意用自己的力量助推大学生正向成长。

校内的“阅读推广人”仍延续五个层面的人选，同时兼顾“阅读推广人”的专业背景，以期对大学生的专业阅读起到指引作用。校内“阅读推广人”聘任了法律与公共政策研究中心主任、2015 年教育部“长江学者奖励计划”特聘教授姚建宗博士，校书法教育研究所所长杨宝林博士，马克思主义学院党总支书记李福岩教授，数学与系统科学学院孟宪吉副院长，文学院赵慧平教授，戏剧艺术学院迟煦老师以及优秀研究生代表。

这些“阅读推广人”无论身份、地位如何，他们共同的特点是都热爱读书，对读书有着自己特殊的感悟和见解，并且热心公益，乐于分享，愿意与大学生交流他们的读书经历与心得，与大学生共同探讨阅读中的乐趣。

以 2016 年沈阳师范大学第七届读书文化节为开端，第二批“阅读推广人”相继与图书馆共同策划推出了各自的阅读推广活动。这不但使“阅读推广人”活动得到确认，而且使其呈现出新的特色、新的魅力，凸显了“阅读推广人”活动发挥的无与伦比的指导作用。第二批“阅读推广人”根据自己的特点，打造了丰富多彩的系列化的主题栏目和推广活动，如“鲍尔吉·原野经典十日谈”、刘奇的“创新创业主题阅读”系列活动等，这些活动无不具有极大的魅力。

外聘“阅读推广人”鲍尔吉·原野，系辽宁省公安厅专业作家，辽宁省作协副主席。在大陆出版“原野文库”等 60 种散文集、长篇小说和短篇小说集；在中国台湾地区出版《现代文学典藏——鲍尔吉·原野散文集》等 2 种散文集。曾获《人民文学》杂志散文奖、蒲松龄短篇小说奖、文汇报笔会奖、内蒙古文艺特殊贡献奖及金质奖章。他应邀成为沈阳师范大学第二批“阅读推广人”。鲍尔吉·原野老师首先向大学生读者推荐了 10 部经典著作《小银和我》《安娜·卡列尼娜》《契诃夫小说选》《古诗十九首》《杜甫诗选》《霍乱时期的爱情》《与风景对话》《九三年》《汤姆索亚历险记》《草叶集》，并为每一部作品撰写了推荐语。围绕这些作品，原野老师精心准备了10场读书沙龙活动，与大学生一起逐一解读这10部作品的经典之处。从2016年4月21日开始，陆续举办了原野经典系列讲座之一："谁在与神灵说话——希梅内斯的《小银和我》"读书沙龙；经典系列讲座之二："清澈中的悲悯——《契诃夫小说选》"；经典系列讲座之三："汉朝的清音——《古诗十九首》"；经典系列讲座之四："幽默与童真的混合——《汤姆·索亚历险记》"；经典系列讲座之五："美与童真——《安徒生童话选》"，全年计划完成10讲。鲍尔吉·原野老师的每场讲座都座无虚席，他以诙谐幽默的讲授技巧和耐心细致的交流互动，赢得学生的喜爱。通过对10部经典的详细分析和讲述，在引领精品阅读的同时达到培育大学生文学写作素养的目的，创造了"听君一席话，胜读十年书"的阅读推介效果。

外聘"阅读推广人"毕玉才，现任《光明日报》辽宁记者站站长，高级记者，辽宁省社会科学院特约研究员。历任《辽宁日报》要闻部记者，《辽宁法制报》总编助理，《辽宁农民报》总编辑。出版《影响辽宁》《感动辽宁》《点亮朝阳》等七部作品集。毕玉才记者热心于推广阅读，曾多次应邀为沈阳师范大学大学生做讲座。在读书文化节期间，他以"你不知道的辽宁"为主题，以生动形象、幽默诙谐的语言讲述了辽宁地域鲜为人知的故事，与师生分享了辽宁悠久的历史和文化，让与会师生充分了解了辽宁悠久的历史、源远流长的古文化，增强了师生热爱家乡的情怀和建设家乡的信念。

著名企业家刘奇，系加拿大PQI工业科技有限公司总裁，沈阳普祺汽车部件有限公司董事长，辽宁省民营科技企业家协会秘书长。他所做的"新工业革命的机遇与挑战"的报告，作为图书馆第七届读书文化节"创·青春"创新创业主题阅读重要活动——"创业大讲堂"首场报告震撼开讲。报告以工业1.0到工业4.0的变迁为线索，讲述了每个时期的代表人物与重要事件。他结合自身的创业经历和人生感悟，诠释了新一代的企业家精神，讲解了新时代的创业观。在互动环节，刘奇董事长热情解答了同学们提出的关于就业、创业、北漂等问题，他中肯地指出了当代大学生中存在的"好高骛远"和"计较小利"的两个大问题。他鼓励同学们大学的前两年要努力学习、磨炼品格，大三之后增加社会实践并要开始规划人生。谈到"北漂"问题时，他指出在哪里"漂"不重要，只要志存高远，并努力造好自己这艘小船，到哪里都能扬帆远航。刘奇董事长的精彩演讲使在场师生深受震撼与启发，他的广博见识与谆谆教诲为大学生的学习生活及职业规划提供了有益建议。

在2016年读书文化节启动仪式上，鲍尔吉·原野和刘奇老师在接受"阅读推广人"聘书的同时，鲍尔吉·原野老师还将他的多部手稿捐赠给沈阳师范大学图书馆，刘奇老师也向图书馆捐赠了图书，这些手稿和图书可让大学生对阅读推广老师的造诣增加更深层次的了解、理解与感悟，实现睹物思人的鞭策作用。

书法学博士杨宝林教授，系沈阳师范大学书法教育研究所所长、文学院中国古代文学与古典文献学教授，兼任辽宁省书法家协会理事、辽宁省高校书法协会联合会顾问，被誉为名副其实的学者型书法家。杨宝林教授热衷于“阅读推广人”的工作，在第六届大学生读书文化节“爱国主题楹联竞赛”活动中，为全校楹联爱好者做了“楹联的创作与欣赏”讲座。他详细介绍了楹联的产生及发展过程，指出楹联之所以源远流长是因为其独特的形式特征，其中最重要的当属声律和对偶。报告深入浅出，引人入胜，通过实例充分解读楹联之精妙，展示了楹联学的高雅格调和独特意境，对弘扬中国传统文化，促进社会文明发展具有深远意义。

沈阳师范大学戏剧艺术学院的迟煦老师利用专业优势，以朗诵的形式与同学们共读经典，同品名篇，在读书节开幕式上带领他的团队以诗朗诵《用读书点亮人生》拉开读书节的序幕。迟煦老师在履行“阅读推广人”职责期间，做了“朗诵技巧与训练”的推广计划，第一部分：朗诵概说；第二部分：朗诵技巧；第三部分：朗诵训练；第四部分：朗诵指导，整体计划经过四期完成。通过朗诵技巧的训练，向学生传授朗诵的准备和表达等技巧，并进行诗歌朗诵、散文朗诵、小说朗读、议论文和说明文朗读、童话寓言朗读的不同段落练习，指导学生诵出节奏美、旋律美和意境美。该活动吸引广大学生的参与，每个经过训练的学生都能将各种朗诵素材创作成为舞台作品，使学生受益匪浅。

李福岩教授系沈阳师范大学马克思主义学院教授、哲学学科负责人，兼辽宁省社会科学联合会党的创新理论研究中心特约专家，辽宁省马克思主义学会、哲学学会、“中国梦”战略思想研究会理事等职，从事马克思主义理论教学与研究 26 年。他围绕自己的专业，通过读书沙龙活动向大学生推荐并解读专业经典书目，以《自由人联合体的美好理想——品读〈共产党宣言〉》为题，向大家深入浅出、通俗易懂地讲解了这部伟大的著作，让参与沙龙活动的同学们深刻理解了《共产党宣言》的内涵和思想，并坚定了共产主义伟大理想。

沈阳师范大学赵慧平教授系沈阳市劳动模范，沈阳五一劳动奖章获得者，辽宁省普通高校专业带头人，其在文学理论、文化学领域具有较深造诣。作为文学院院长、教学名师的赵慧平教授，曾多次参与阅读推广活动，如“在读与写中愉快生活”等。现在作为名正言顺的“阅读推广人”，他又带来了“新世纪之交，我们一起读鲁迅”的系列讲座，与文学爱好者共同分享鲁迅的文学世界和精神魅力。赵老师一再强调读书与写作都是生活中令人愉快的事情，通过读书、写作能够与所有的人实现精神的对话和心灵的沟通。读书和写作能使自己超出个人生活经验与思想的局限，获得更为丰富的精神生活空间，让生命更有质量。

姚建宗教授系教育部"长江学者"，国家级教学名师，全国十大"杰出青年法学家"，教育部法学学科教学指导委员会副主任委员，中国法学会常务理事，中国法学会法理学研究会副会长，国家社会科学基金学科规划评审组专家，辽宁省高等学校"攀登学者"。现为沈阳师范大学法律与公共政策（法律政治学）研究中心主任，法学学科的领军人物。姚建宗教授在百忙之中积极担当"阅读推广人"，为学生做"读书与我们的生活"讲座，在法律与公共政策方面（包括法理学、法哲学、法律社会学和法律政治学理论等），为大学生开展多场讲座与读书沙龙活动，指导大学生法学学科书籍的专业深度阅读，助力学校的阅读推广活动。

孟宪吉副教授系沈阳师范大学数学与系统科学学院副院长，被学校评为"我心目中的好老师"。孟宪吉老师多次指导大学生参加全国数学建模竞赛和省级教学质量工程项目，其学生多次获奖，被学校评为优秀指导教师。他在应邀担任"阅读推广人"后，凭着强烈的事业心，脚踏实地地开展指导工作，提出数学和系统科学方面的阅读书目，以"春蚕吐丝"般的奉献精神，培养学生的阅读能力、创新能力和就业竞争力，强化对学生实践能力的培养。

沈阳师范大学图书馆选聘的第二批"阅读推广人"，无论职位高低，无论专业如何，无论工作多么繁忙，都能积极履行"阅读推广人"的责任与义务。他们主动热情，策划的各种阅读活动精彩纷呈，有声有色、多姿多彩的阅读系列活动布满了整个年度学程。

三、"阅读推广人"活动的绩效评价

沈阳师范大学图书馆推行"阅读推广人"行动计划两年来，制度逐渐健全，队伍日趋稳定，活动积极创新。聘任的两批"阅读推广人"分别开展了读书沙龙、专家讲坛、经典书目推荐、真人图书分享等形式多样的系列活动，每一期活动都收到了意想不到的良好效果，发挥了较大的阅读推广作用。

（一）"阅读推广人"以其知名度和吸引力创造了较大的社会影响力

沈阳师范大学图书馆"阅读推广人"团队中有外聘的社会媒体名流、知名军旅作家和知名企业家，有校内学识渊博的著名学者和深受大学生喜爱的教学名师，还有大学生身边的“学霸”。他们以其自身的知名度和吸引力，积极推动校园阅读工程，组织大学生读书活动、传播经典优秀读物、开展阅读指导活动，组织策划的读书项目或活动有创意，内容丰富，形式生动。专家学者关于读书的观点和推荐的图书都引起大学生的广泛关注；企业家们丰富的人生阅历使得他们的读书观对大学生产生切实的说服力和号召力；朝夕相处的研究生、本科生“学霸”经常为学弟学妹们传经送宝，特别是专题性的系列活动，每一期活动都为下一期做了宣传，引发大学生的期待和阅读的欲望。“阅读推广人”积极传播健康的阅读理念，不断创新阅读推广方法，积累了丰富的推广活动经验，使阅读推广的受众面越来越广，推广价值与引领作用越来越大。

（二）“阅读推广人”以其丰富学识和引领作用对学生的成长影响深远

“阅读推广人”自受聘以来，以“推进校园全员阅读、建设书香校园”为己任，“阅读推广人”团队为在校园撒播经典阅读种子、传播读书技巧和方法方面做了大量工作。他们在引导学生阅读中注重解决三个问题：为什么阅读，读什么书好，怎样阅读。通过他们的言传身教，学生真正懂得择真而读、择善而读、择美而读，并学会精读、略读、快读、默读和听读等读书技能，懂得要为自己成为合格人才而读。“阅读推广人”除以主讲人身份做讲座，传播个人的学习奋斗经历外，还邀请社会知名人士为校园学子开拓阅读视野。他们以其渊博的学识言传身教，推广专业经典，引领学生阅读方向；他们发挥自身优势，推送馆藏资源，组织读书社团，指导大学生阅读行为，培养学生阅读习惯。全体“阅读推广人”在各自的领域，发挥自身优势，勇于担当“阅读师表”的社会重任，做好学生阅读的引路人，全面释放他们的光与热，对在校大学生的成长和校园人才培养意义重大，影响深远。

（三）“阅读推广人”在阅读推广活动中发挥了最大的通约性

沈阳师范大学图书馆与“阅读推广人”共同策划推广计划时，对活动的科学性、合理性和预期目标展开论证，注重活动实效，不停留在表面指标上，不搞应时应景或运动式活动，建立可持续发展的阅读推广体系。“阅读推广人”行动的实施，实现了培养阅读习惯的目的，解决了阅读的惯性和持久性问题；提高了阅读质量，解决了阅读的内容和品位问题；提高了阅读能力，解决了阅读的方法、技巧，即阅读效率问题；提高了阅读效果，解决了阅读的理解水平，即阅读的消化吸收问题。同时，阅读兴趣、阅读习惯、阅读质量、阅读能力、阅读效果这五个概念在阅读推广活动中具有最大的通约性，规约了阅读推广的内涵和外延，一切阅读推广活动都是围绕着这五个范畴来开展的。此外，高校图书馆"阅读推广人"具有内行性和懂教育、懂馆藏、懂读者的明显优势，专家承担传道授业、引领读书的重任，而辅导员和学生联系密切，方便开展阅读活动，并能以阅读活动为载体促进其他工作的开展，他们是学生阅读的引路人，是高校图书馆"阅读推广人"队伍的最好选择。

（四）"阅读推广人"切实有效的推广成为高校阅读推广的最佳模式

"阅读推广人"是校园阅读的引路人，对学生阅读兴趣的激发、阅读能力的培育、阅读习惯的养成，起着不可替代的作用。因此，建立稳定的"阅读推广人"队伍是高校和高校图书馆需要开展的一项重要工作。社会上的文化名人、知名企业家、成功人士与校内高素质的教师、学生代表均是高校"阅读推广人"队伍稳定、重要的力量。他们喜爱阅读并乐于分享阅读心得，担起帮助大学生读书的重任，担任"阅读推广人"具有明显的优势，可行性和操作性强。图书馆推行"阅读推广人"计划，在确定"阅读推广人"后，要对"阅读推广人"进行系统培训和科学管理，积极与所聘"阅读推广人"沟通，交流阅读推广活动目的和实施计划，进行活动策划；让"阅读推广人"做出自己的阅读推介活动计划，由图书馆阅读推广部来统筹安排、组织实施，并对他们的阅读推广工作提供必要的帮助。阅读推广工作是今后一个时期高校乃至全社会的一项不可忽视的工作。在高校各部门的保障和支持下，采用多种切实有效的工作方法实施"阅读推广人"计划，其良好的操作性、实效性与可持续性是高校图书馆阅读推广的最佳模式，其达到的推介效果是无与伦比的。

四、关于"阅读推广人"活动的启示

通过"推广阅读人"活动的实施，沈阳师范大学图书馆的阅读推广不断掀起高潮，大学生热爱阅读的习惯不断养成，他们十分关注和愿意参加各种阅读活动。阅读推广不仅仅是图书馆人和"阅读推广人"的事，全校师生乃至全社会每一个人都义不容辞。

（一）构建专业化的"阅读推广人"团队

在策划"阅读推广人"招募过程中，要拓宽"阅读推广人"聘任的视野，走出校园，面向社会媒体、企业、团体、军营、社区等不同领域寻觅人选，利用推广人的优势，让他们在擅长的领域尽情发挥。同时要挖掘大学生身边的力量，在教师团队和读者之星中聘任"阅读推广人"，树立身边的榜样，在校园中营造阅读的氛围，打造阅读时尚，充实"阅读推广人"队伍。目前，"阅读推广人"的队伍还很薄弱，在社会上还没有形成气候，所发挥的作用比较有限。

因此，必须加强培养“阅读推广人”团队，通过培训班系统的专业培训，“阅读推广人”发展成为一个崭新的社会专门职业不是没有可能。这一职业正在一批业余推广人、读书人、爱书人以及卖书人中“孕育”，推动“阅读推广人”职业化，对“阅读推广人”进行等级评定，并做好优秀“阅读推广人”的评选工作，这是全民阅读工程的需要，是提高中华民族文化水平的需要。

（二）借助名人效应建设“阅读推广人”队伍

名人效应在阅读推广中具有很大优势，他们以其自身的知名度和影响力来助力校园“阅读推广人”建设。借助名人效应，将各类名人纳入阅读推广人队伍中来。在各类名人中选择恰当人选，在其自愿的前提下，将其聘任为“阅读推广人”，利用其知名度和影响力来激发阅读推广对象的阅读热情，效果显著。进行明确分工，加强社会名人与专业“阅读推广人”的协同互助。社会名人难以全程参与到阅读推广中来，可对“阅读推广人”进行如倡导者、组织者、讲述人、指导者等明确分工，使其各有侧重，加强各类“阅读推广人”的协作。注重名人的身份特征与群体阅读需求的对应关系。大学生因专业的原因形成群体阅读需求，因此，阅读推广要“对症下药”，要根据不同专业群体需求特征来寻找相对应的名人。名人本身的权威性和较强的专业性，可确保阅读推广的质量。利用名人效应来发挥“激励”手段的作用。名人效应能够有效激活包括物质激励、精神激励、竞赛激励、舆论激励等各种激励模式，如亲笔签名或签名照，获得偶像或权威的肯定，名人对阅读事迹的赞赏及宣传等，都有利于广泛营造热爱阅读的舆论氛围，激发大学生的阅读兴趣。

（三）阅读推广应从文化传承向学术引领拓展

校园阅读推广与社会阅读推广无论在内容、形式或在受众群体上均有不小的差别。社会阅读推广肩负起面向全社会推广文化理念、传播文化精神的重任，激发全民阅读热情，引领高雅健康的阅读风尚，尤其关注少年儿童的阅读推广工作，较多体现的是普及阅读文化，提升社会民族修养和文化传承。高校阅读推广担负的是学校的人才培养责任，在文化传承的基础上，更多注重经典阅读、专业拓展与学术研究的引领。阅读推广不能以活动形式来应景，追求一时热闹，丢掉了活动的主旨与核心。高校阅读推广活动中被推荐的“好书”既要具备阅读价值又要体现专业价值，既要符合主流育人观念又要启发人性思考，既要注重文化传承又应引领学术研究拓展。因此需聘任具有不同学科背景、高水平、专家型的“阅读推广人”，形成校园阅读的推介系统，以学术沙龙为依托，以经典阅读为核心，以提高写作研究水平为目的，助力大学生专业学习和创新能力的提升，助推高校人才的培养。这才是高校"阅读推广人"努力追求的推动效果。

（四）重视"阅读推广人"行动方案的创新

随着新媒体的不断发展，高校图书馆读者信息需求和阅读习惯也在不断改变，"阅读推广人"应针对这些改变，不断创新阅读推广活动的模式。目前高校的阅读推广活动存在两种现象，一是尴尬应景、追求表面热闹；一是重视理论研究、忽略实践探索，二者在一定程度上均不能切实融入阅读活动的推广热潮中。因此，各高校图书馆"阅读推广人"活动需要重视创新与实践的研究，借助一切力量创新阅读活动的引导和推广。"阅读推广人"活动创新应有三层含义，一是更新，二是创造新的东西，三是改变。创新作为一种理论支持人们进行创新思维，"阅读推广人"也要不断创新，突破已有常规阅读推广模式的局限，以新的方式、视角去开展阅读推广活动，策划出新颖独创的推广方案，深化推广的活动内涵，产生新颖、独到、有指导阅读意义的行动计划，增加新的阅读品牌，从而实现阅读推广常态化、活动形式多元化、经典阅读轻松化、主题阅读更深化、专业阅读加强化的推广局面。这是"阅读推广人"计划可持续发展、长盛不衰的法宝。

综上所述，"阅读推广人"是我国"全民阅读"工程中新出现的一种具有重要意义的角色，是全民阅读建设中重要的人才保障。目前"阅读推广人"机制建设尚处于发展初期，相关研究与实践仍不够成熟。沈阳师范大学图书馆的"阅读推广人"工作没有成型的模式可用来参考借鉴，只是在阅读推广的大目标上摸索前行，"阅读推广人"活动的创新与发展，仍需接受实践的洗礼和检验。因此必须基于我国教育实情，借鉴国外先进理念，从实践中摸索出一套适合我国国情的高校图书馆"阅读推广人"建设的方法。只有阅读推广活动不断创新，才能激发学生读书的长久积极性，看到阅读推广的力量，看到"阅读推广人"的赤子之心。

第五节　同济大学图书馆"论语大会"开创阅读推广新形式

同济大学图书馆闻学堂推出的"玩转经典·论语大会"系列阅读推广活动，以知行合一为宗旨，突破传统的阅读形式，大胆探索阅读推广的新思路和文化活动的新方法，将国学经典与游戏相结合、阅读与体验相结合、学习与互动相结合、文化性与趣味性相结合，以全新的形式来诠释国学经典，辅助经典学习，激发师生对传统文化的学习需求和热情，潜移默化地引导他们进行自我文化素质修养的目的。

国学经典是文化之根，民族之魂，自立之基。以《论语》为代表的儒家文化是深入国人骨髓的“文化基因”和道德准则。闻学堂2014年下半年将儒家经典作为阅读推广主题，引进课程、组织展览、论语笔会等，以及游戏形式的“论语大会”，全方位立体地实现“读经典，扬国学，知《论语》学做人”的活动目标。

一、“论语大会”开创阅读推广的新形式

《论语》乃是孔子弟子及再传弟子追记孔子言行思想的著作，其全文采用语录体，章节简短，每事一段，语句多警句形式。《论语》内容广博，涉及政治、教育、礼仪、经济、文学、天道观、认识论等，反映了孔子伦理体系最基本的思想，即“仁”，以及实施“仁”的手段和途径“礼”。

面对国学经典《论语》，我们应如何传承？怎样知行合一？孔子的语录经典如何能身体力行地呈现？流俗于一场古礼表演，汉服秀，还是继承中创新和突破？作为以提高学生素质、推广阅读为目的的大学图书馆而言，答案毋庸置疑，《大学》中汤之《盘铭》已经回答了我们的疑问，即“苟日新，日日新，又日新”。

“论语大会”正是闻学堂推出的创新形式的互动体验式的阅读推广项目。为了配合课程的学习和检验，推广和践行《论语》经典阅读，“论语大会”以知行合一为宗旨，将互动性、趣味性与知识性相融合，以“闯关游戏”这种轻松的形式拉近古圣先贤经典与当代青年的距离，向青年推广儒家经典《论语》，使他们阅读、学习《论语》，更重要的是激发他们的兴趣和主动学习的愿望，使国学经典得以传承。

二、“论语大会”的特点

第一，活动将儒家经典《论语》中的相关知识点和内容进行了精心设计，精选了《论语》原文中的诸多知识点，如经典原文、论语成语、论语谜语、论语人名、论语地名等，将这些知识点作为考察内容，并与活泼的形式相结合，以激发大学生对于《论语》的学习兴趣和热情，使他们主动去阅读《论语》，践行《论语》，真正意义上做到对中华文明的传承，和对传统文化的复兴。活动为了优化参与体验与效果，从游戏规则题库、道具、现场布置等方面进行全面的准备，并对所有活动中应用的文字道具、内容进行了传统文化的包装，游戏中各环节、卡片、名称均引用《论语》原文中的成语。如争分夺秒、蛛丝马迹、成人之美等。

第二，“论语大会”将文化性与趣味性无缝对接，丰富了活动内容，做到

了寓教于乐。现场设置了多回合赛制，参赛者重重闯关，在运动中答题，在游戏中学习知识，现场气氛十分活跃。参赛者可通过个人或协作解答、抢答论语相关的问题，结合搜寻线索、设置障碍的游戏形式，在团队协作、智谋角逐、争分夺秒的条件下去完成指定任务，在游戏中应用《论语》知识，对《论语》阅读和学习情况进行检验。

第三，“论语大会”更是对学生综合能力的检验。现场的游戏和互动环节需要团队的配合，需要学生运用综合能力想出解决问题的方法，考查内容涉及学生素质的各个方面，是对《论语》学习情况的检验，也是对大学生综合素质的考察，包括观察力、团队协作、信息检索、逻辑思维、反应速度、策略运用等综合能力。

第四，“论语大会”是图书馆特定主题活动和文献推广的一种手段。《论语》的阅读推广从引进课程起步，通过阅读推广活动，课程平均听课人数远超过选修人数，阅读听课人数达1500人次。在此基础上，“论语大会”吸引了来自校内外总计近百名论语的学习和爱好者报名（含旁听生），经过校内选拔、淘汰、层层答题和筛选，18名选手脱颖而出组队进入决赛，现场通过寻找提示卡或完成任务获得信息卡，解答信息卡来找到更多线索，并完成赛程目标。参赛选手中年龄最小的是来自华师大二附中的高一学生。

第五，举一反三是“论语大会”的特点之一，也是活动的最大优势。活动可全盘复制，在其他院校、中小学进行复制重演；主题可更换，形式可移植，可以应用于其他主题的类似活动中，如闻学堂唐诗大会、老子大会等；活动模块可增减，内容可调整，可采用拼盘形式，非常灵活。另外，文化包可共建共享——包括题库、道具等，可分主场、分场等，甚至定制App。从此，古代国学经典，可以“玩”起来阅读。

三、“论语大会”活动实施与效果

探索大学生最喜闻乐见的活动形式并将游戏引入阅读推广，“论语大会”尚属首次尝试。前期“论语大会”策划团队做了充分的调研和准备，了解国内热门的电视节目、益智游戏和互动体验方式，并规划了详细的赛制和赛程。

正式实施中，主要根据前期分析准备道具用品，根据形势定位设计环节，最终以游戏的形式确定相应的情景任务和规则等。具体如下。

第一，前期分析需要了解用户特征和学习者的水平，以确定合适的难度；对《论语》内容进行分析，以确定游戏的内容和任务；对目标进行分析，以保证参加活动的参与者有所收获。

第二，在前期调研和分析的基础上，进行了“论语大会”游戏形式的定位，确定以央视“中国成语大会”和浙江卫视“奔跑吧兄弟”为蓝本。因此，我们要设计出如何让学生“跑”起来的游戏，同时也要准备丰富的题库以应对各种情况。此活动侧重考察点包括论语原文在内的多种能力，如观察、分析、检索、判断等。

第三，继而进行游戏过程的设计，主要包括情景设计、任务设计、游戏规则设计、现场互动与反馈设计等。

①情景设计，以传说营造情景，设置了“在图书馆寻找神奇密钥”的故事背景，用道具来完善场景，并由此引发任务，令参与者身临其境，增强代入感。②任务设计，将通关游戏作为蓝本，每一关都有不同的任务，分别将论语原文、成语、人名、谜语等考察点融入游戏任务中；每一关也有各自的规则，争分夺秒是计时赛，蛛丝马迹则重点在“寻找”，九星连珠则不仅靠知识，运气和谋略都很重要。③游戏规则设计，必须考虑游戏的可玩性、可行性，一些帮助游戏顺利进行的特殊的设计尤为重要。④互动反馈体现在三个字——找，答，谋，即知识与行动力的最佳组合，当然速度也是关键因素。队员可以运用谋略，即特殊功能的卡片帮助自己的队伍，阻碍他队的进行，如手足无措卡可以令其他队员暂停活动一分钟。

“论语大会”突破传统的阅读形式，通过国学经典与游戏相结合、阅读与体验相结合、学习与互动相结合、文化性与趣味性相结合的方式，春风化雨润物无声，达到了激发师生对传统文化学习的热情，使他们在潜移默化中提升自我修养、文化素质。活动参与者对本活动给予了较高的评价。节选如下。

“相信通过这次比赛，大家不仅对论语有了进一步的了解，也增进了彼此间的友谊，认识了来自不同学校的小伙伴们。希望能够有更多的人通过闻学堂的活动来了解、学习、欣赏论语，欣赏我们源远流长、博大精深的中华文化。”

（通讯员人文学院 14 级李漪）

“我们通讯员的任务是在第二关、第三关跟拍选手，抓取最有爱、最精彩的瞬间并对观众进行实时播报。我们都化身专属摄影师，以跟进的选手为模特去创作，我抓取的同学张嘴大笑庆祝胜利的图片就引来了观众的一片笑声。虽然不是自己参加比赛，可是作为全场最近距离观看比赛的旁观者，我们都感到比赛十分有趣、十分紧张。

论语大会不仅考验选手对论语的熟悉、理解程度，还考验选手的合作能力和应变能力，既有趣又有意义，希望明年还能有幸参与到论语大会中来。”

（通讯员人文学院 14 级于小凡）

“我叫郑素素，是一名大三的学生，很荣幸这次能够担任此次论语大会的志愿者。论语大会正式开始的时间是9：15，但是我们志愿者需要早点到，提前做一些准备。早上八点钟我们就到了闻学堂，虽然时间还早，但是那里负责的老师们已经忙碌起来了。

此次论语大会的魅力之一也正在于此，它会让我们所有人都完全参与到其中，享受这整个过程所带来的乐趣。

经过了前两关的厮杀，选手们来到了第三关，这一关的难度很大，要求也很高，用刘强老师现场点评的话来说就是既需要“斗智”又需要“斗勇”，选手们在答题，而我们通讯员也会跟着一起思考。不得不佩服这些选手们对论语的了解，他们对论语中很多的典故和成语都信手拈来。所以此次论语大会表面上看是一个生动活泼、参与度很高的活动，但实际上却是一个检验选手们对论语了解程度的很好的平台。

我作为志愿者参与到本次论语大会之中，感到收获非常大。既目睹了精彩的比赛，又对论语中的一些知识多了新的理解。更重要的是，我们虽然不是比赛中的选手，但是我们也全身心地投入到这整个的过程中，并且在其中贡献出自己的一分力量。”

（志愿者郑素素）

四、小结

相对于传统阅读推广活动而言，“论语大会”是集趣味阅读、竞技游戏、互动体验为一体的全新模式。活动对讲授《论语》导读课程的老师是一种新的启发，受到了百家讲坛刘强教授的高度赞扬，他还担任现场点评嘉宾，指导同学检验学习成果，同时其生动活泼的游戏形式受到了学习传统文化国学经典的同学的喜爱，师生们也希望此活动可以持续举办。

“论语大会”即得到了师生的认可，也对图书馆阅读推广人提出了新的挑战。尤其是传统经典阅读领域更需要推陈出新，以新颖的创意吸引读者、育化读者、寓教于乐，更好地做好阅读推广工作。

第九章　高校图书馆经典阅读推广案例

第一节　华中师范大学图书馆以经典阅读为中心的阅读推广活动

大学是青年学子读书成才的园地，图书馆是大学生最爱的校内读书场所。大学生除了要借助本专业教师的引导在图书馆获取专业知识领域的读物，也要阅读那些与他们心理成长和人格完善有关的课外书籍。但目前调查结果显示，大学生的阅读活动正在受到教育功利化和网络传播方式的影响，面对专业学习和就业的压力，大学生阅读活动普遍存在着主题单一、工具性阅读多于心理支持性阅读等特点。手机的普及和网络的便捷，也让碎片化阅读、浅阅读成为大学生追捧的一种阅读方式。因此，如何激发当代大学生的读书兴趣，提高他们的阅读质量，引导他们阅读经典，是高校图书馆阅读推广活动的重点，也是难点。自 2011 年起，华中师范大学图书馆就成立了专门部门并安排专人负责阅读推广活动，尤其是每年围绕世界读书日开展以经典阅读为中心的“文华阅读季”阅读推广系列主题活动，其内容丰富多彩，形式灵活多变，成为深受我校学生欢迎的阅读品牌。

华中师范大学图书馆是如何开展这些活动的呢？下面以经典阅读的系列活动为例，做一简要的介绍。

一、活动开展前的准备工作

（一）阅读推广团队：活动成功的保证

阅读推广活动，需要优秀的阅读推广馆员，需要一个优秀的阅读推广团队，单靠图书馆一个单位的几个人很难做好这项活动。为了做好这项活动，华中师范大学图书馆成立了由馆长直接领导，专业馆员负责，图书馆员、教师、学生、各社团代表、各学院学研会代表等组成的活动小组，并与本校职能部门、本地区兄弟院校图书馆、社团以及社会组织，如省青年联合会等建立多元合作关系，共同策划、组织、实施活动。这其中图书馆人员主要负责活动的创意、指导和各项活动开展的协调工作，学生社团、各院系学研会代表及其他小组成员，主要负责活动的执行和宣传推广工作，同时也要参与各项活动的策划。阅读推广活动因为与学生共同主办，既调动了学生的积极性，也让活动的设计更贴近学生的需求和爱好，有利于活动的宣传推广，加强了学生与图书馆的交流和沟通，促进了学生与学生之间的分享，与社会团队的合作则能够开阔学生的视野。

因为学生社团和学生会成员处于流动的状态，所以必须有一个过硬的馆员团队作为支撑，由他们承担学生团队工作的指导任务，并且建立健全相关的管理制度。这样从人力资源和管理制度两个方面，保障阅读推广活动的顺利开展。在策划设计过程中，我们特别注意活动设计中的关联、注意创新性和常规性活动相结合、持续性活动与轰动性活动相结合、学术性与趣味性相结合、讲座与互动相结合，以便增强阅读推广活动的效果和影响。

（二）经典：阅读推广活动的核心内容

华中师范大学图书馆根据本校文化特点和馆藏特色，将经典阅读作为推广活动的中心任务。以品读中华经典为主，旨在通过与先哲前贤进行跨越时空的对话，让中华文化在经典阅读中得到传承，让读者领会传统文化的精髓，提升读者的文化品位，愉悦人生；同时解析经典的成书特点、理论价值，以激发读者的阅读兴趣，引导学生学习经典，在经典解读过程中增长知识、涵养精神。正如梁启超所说，作为中国的学人，有必要读一些中国传统经典，有个最低限度的必读书目；对那些“最有价值的文学作品”和“有益身心的格言”还需要熟读成诵。

（三）丰富多彩：吸引学生的源泉

在许多大学校园里，各种特色活动、专家讲座、社团活动总是精彩纷呈，学生可选择的余地非常大，如何将学生的眼球吸引到阅读推广活动中来，是策划者和组织者应该充分考虑的问题。

1. 选题的系统性

华中师范大学图书馆每年一度开展的“文华阅读季”活动，都预先确立一个主题，使阅读推广活动既有统一的规划，又有多种多样的安排，以避免这一活动因跨年度而中断，使各个选题之间尽可能保持一定的关联性，使阅读推广活动具有较强的系统性。这样的风格定位让学生产生连续参与的欲望，形成一种约会意识，从而产生一批忠实的粉丝。

2. 形式的多样化

阅读推广活动保持形式多样化，可以吸引学生关注的目光，激发他们参与的积极性，激发他们的求知欲。在设计活动时，我们动员和利用各种人力和物力资源，以设计出丰富多彩的活动。活动的形式有专家学者的讲座，也有和学长的谈心交流；有漫画展览，也有书法欣赏；有音乐会，也有演讲比赛；有严肃的对话，也有活泼的讨论；有碎片化的阅读，也有连贯性的阅读；有室内活动，也有室外活动。活动的合作者有校内学生社团、学生会和研究生会，也有校外相关单位；有兄弟院校图书馆，也有一些企业组织。我们期望借助灵活多变的形式，开展丰富多彩的活动，从而获得较大的成果。

3. 时间安排

华中师范大学图书馆“文华阅读季”活动通常安排在每年 3 月下旬至 6 月中旬，以避开忙碌的开学季和考试季。而讲座、沙龙等大部分安排在周三、周四下午或晚上，这两个时间段正是学生稍有空闲的时候。这样的安排给学生提供了参与活动的时间，有利于保证到场的人数。

二、以经典阅读为中心的活动内容

（一）讲座：中华经典导读系列活动

为了做好中华经典导读，我们特别注意它的准确定位，从选题范围的规划到每个选题的确定，从学生的阅读需求到主讲嘉宾的选聘，都要彰显这项阅读活动的基本特质。

1. 定位

开展阅读推广活动，举办一场读书讲座，首先要明确核心听众。高校图书馆举办讲座的主要对象是高校读者，这些读者的受教育层次、阅读水平、欣赏能力等都比较高。我们把读书会的核心听众确定为在校学生，即主要面向在校大学生和研究生，举办一系列专题读书会。

2. 确定选题

有了核心听众之后，再来规划选题范围。选题范围的规划决定着讲座的成败，所以不能盲目和草率，应该精心设计、系统规划，采用有主题、成系列的选题形式，使每一次讲座既能独立成篇，又具有一定的关联性，在广大听众中培养一种约会意识。在确定选题时，既要重视它的学术价值，又要关注它的现实意义。高校图书馆的读书讲座必须考虑在校学生的基本需求。从讲座的内容来看，如果听众一无所知，就很难产生参与热情，相反若是了然于心，也不会有太多关注。这就是文学评论界常说的"熟悉的陌生人"理论。从听众的角度来说，要讲究最佳的审美间隔，不能超出听众的审美期待，或者完全处于听众的预料之中。所以，华中师范大学图书馆举办"中华经典导读"系列讲座，从具有神秘色彩的《周易》开讲，接着讲先秦文化元典：《论语》《孙子》《老子》《庄子》等，而第二期主要讲四大文学名著：《三国演义》《西游记》《水浒传》《红楼梦》，接下来再讲李白诗歌的张力、《诗经》中的恋诗等。在文学经典导读的讲座中，则要求主讲嘉宾结合当前热播的一些影视作品和对经典名著的戏说，并与原著相比较来讲解，以帮助现场听众明白原著与戏说的区别，在给讲座增添趣味的同时，也保证讲座的学术性和权威性。选题本身既要有一定的学术性，也要避免过于学术化，嘉宾应当始终围绕经典导读的主旨，讲解每一部经典的成书特点、思想理论及现代价值。这一讲座不同于课堂授课，每一讲都有特定的主题，都有不同的风格；也不像电视讲坛那样，只有演讲而没有问答，缺乏必要的现场互动，而是演讲与问答相结合，知识与学术融为一体。这对主讲嘉宾是一个挑战，所以在具体策划过程中，与主讲嘉宾沟通以确定讲座的主题，就显得非常重要。

3. 嘉宾的选择

图书馆在筹划和举办读书讲座时要合理选择主讲嘉宾。高校图书馆举办读书讲座应该聘请那些学有所长的专家学者作为主讲嘉宾，以保证讲座的可持续性、权威性及针对性。华中师范大学图书馆在确定以"中华经典导读"为选题范围时充分考虑主讲嘉宾的来源：一是本校资源。华中师范大学是国家"211工程"重点建设大学，在人文学科领域拥有雄厚的师资力量，如中国史、汉语言文学、政治学、教育学等在国内高校学科排名均列前茅，这给读书会提供了有利的条件。"中华经典导读"系列讲座的主讲嘉宾，大部分来自华中师大历史文化学院、文学院、国学院等院系，组织者从中选聘深受学生喜爱且有号召力的主讲嘉宾。二是兄弟院校的资源。武汉地区拥有众多的高校，武汉大学华中科技大学、中南民族大学、湖北大学等都有众多的专家学者，也可以成为读书会主讲嘉宾的来源。三是学术会议的资源。学校每年举办许多国际或国内高规格学术会议，图书馆应抓住这些机会，与会议主办方联系，邀请一些与会专家学者担任读书会的主讲嘉宾，让他们与大家分享读书心得。在"中华经典导读”系列讲座中，图书馆“风雅读书会”呈现出鲜明的个性，主要包括四个方面：与近期流行的电视讲坛相比，它更注重知识性与学术性的统一；与高校一般课堂相比，它的受众面更广；与校园其他讲座相比，它具有读书会的特点；与其他高校图书馆阅读推广活动相比，它的系统性更强。因此，这一阅读推广活动已成为华中师范大学图书馆的特色品牌，并产生了一定的知名度和影响。

（二）感受传统文化

我们开展阅读推广活动，目的在于倡导阅读，尤其是读经典，所以经典导读很重要。然而，若是只读经典，就有可能落下“只见树木，不见森林”的毛病。中国传统文化是经典形成的沃土，反过来经典又影响着传统文化的形成与传播。所以在开展活动时，我们从具体的《论语》《史记》《红楼梦》等经典延伸至抽象的中国传统文化，举办了有关中国非物质文化遗产的讲座，在讲座中进行了现场才艺展示、展览、交流等，内容包括楹联、书法、古琴和剪纸艺术等。通过深入浅出的讲解、参观、演示等诸多形式的活动，激发参与者对中国传统文化的兴趣，让他们了解和认识中国传统文化，更深入解读中华经典的内涵。

1.“蓦然回首，那人却在灯火阑珊处尊重传统重温经典”系列活动

在书法艺术交流互动的活动中，中国书法家协会会员、博士生导师陈龙海教授以经典的“天下三大行书”——王羲之的《兰亭集序》、颜真卿的《祭侄文稿》和苏轼的《黄州寒食帖》为例，讲解了鉴赏书法的方法。他认为这些作品之所以得其盛名，不仅仅是因为其精湛的书法技艺，更是其文章里包含的时代环境、个人身世等文化背景。他认为只有知道传统文化的源头，才能真正了解书法，了解艺术评价的标准，就如南朝书家王僧虔在《笔意赞》中所说的“书之妙道，神采为上，形质次之，兼之者方可绍于古人”。在交流和书写环节，陈教授和现场的老教授为参与者挥毫展示了他们的书法功力。在两位大师的带领下，现场的学生也都纷纷试手，陈教授对学生的部分作品也一一进行了点评，还有部分作品由学生互相进行评点。

武术，是中国文化的载体之一。世界武术锦标赛裁判、博士生导师郑勤教授结合太极动作给师生讲解了武术中所包含的儒家、兵家、道家、佛家思想，一边表演一边教大家如何欣赏武术的姿势美、节奏美、劲力美，以及它们和中国古典美学之间的关系，并介绍了武术的基本礼仪以及武术在养生、防御方面的重要作用。最后，郑教授还现场教给大家一套太极操——“十五字功”，使师生们对武术有了更深刻的认识和了解，受益匪浅。

民间艺术永远是一个民族文化中最活跃的文化要素，在系列传统文化活动

中，我们邀请了获得联合国教科文组织与中国民间文艺家协会共同授予“民间工艺美术家”称号的何红一教授，她做了题为“小剪刀里的大世界——中国民间剪纸的当代价值”的交流报告。这次活动包括两部分。第一，通过作品展示、介绍剪纸在世界文化交流中的作用。何教授讲述了剪纸艺术在当代文化交流中的多重功用，并通过在各国作品交流展示活动中的亲身经历与思考，以及剪纸的图片展示示范，将民间剪纸在当代社会生活领域和对外文化交往中的价值一一做了讲解。第二，师生互动学剪纸。何教授和大家一起互动做了一些简单的剪纸游戏，并分享了自己的剪纸作品。

2.“古琴雅集”活动

古代的音乐与诗词之间有着密不可分的关系，让学生了解音乐与诗词之间的关系，有助于提升他们诵读诗词的兴致，增强他们对古典文学的审美情趣。在解读《诗经》和唐诗的活动中，我们增添了轻松愉快的古琴表演。为了这次表演，图书馆邀请了中国古代文学博士、越南古琴表演家阮延俊的古琴团队，他们在檀香袅袅中表演了《平沙落雁》《阳关三叠》《归去来辞》等十首古曲。在表演过程中，有学校广播台的主持人身着汉服，用纯美的声音对每首古曲的词、音韵、意境及古曲背后的故事等，做出唯美的介绍。表演团队中的四位大师，不仅有高超的表演技艺，而且有深厚的中国传统文化功底；不仅较好地诠释了古曲的含义，还一一满足了学生提出的各项要求。所以在演出过程中，有同学自愿上去合奏，与同学点奏曲子并配乐朗诵时，演奏家充分满足了各位学生的要求。这样一场集表演、互动于一体的活动，不仅有助于提高学生的艺术素养，还为“文华阅读季”凝聚了超高的人气。

3.碎片化阅读：换一种与经典相遇的方式

以严肃性与完整性为主的经典阅读活动，总会让人望而生畏，倘若对经典的导读都是正统和权威的说教，经典与普通读者的距离就会越来越远，就会人为制造“浅阅读”与“深阅读”、“碎片化阅读”与“完整阅读”、“娱乐性”与“严肃性”等的对立，实际上将读者逐渐推离经典。我们认为对一部分人来说，经典不仅在于如何读，还在于读不读，“图书数字化的力量让我能够无视文本的次序、长度和可靠程度，随意从中摘取文字和信息”。经典可不可以这样读？对“浅阅读”“碎片化”与娱乐性的批评，其实是对这种阅读方式持否定的态度。事实上，阅读具有私人性，读什么和怎么读由读者决定，“正在读”比“怎么读”更重要。对经典而言，作品还在那里，阅读的本质没有变，只是换一种与经典相遇的方式。基于此，在“中华经典导读”活动的基础上，图书馆结合学校的专业课设置情况和校园文化特点，又进行了一些引人入胜的新探索，以期完成从“浅阅读”到“深阅读”，从“碎片化阅读”到“系统化阅读”的转化。如，“草木情缘——古典诗词中的桂子山植物”活动。

“草木情缘——古典诗词中的桂子山植物”活动的创意主要来源于华中师大“讲华师的故事”。华师的故事已经讲了好多，我们一直想另辟蹊径，讲一个另类的华师故事。正好笔者读到商务印书馆推荐的好书《草木情缘——古典诗词中的植物》，在阅读中颇有感触，我们何不就此做一个专题？有了这个想法之后，搜索学校的课程，竟然发现其中有“桂子山的植物”这门课程，于是就决定在“文华阅读季”经典阅读系列活动中加入这项活动。

这项活动包含两个环节：一是图文展，一是图书展。

这项活动需要的元素很多，为了使展览看起来更有吸引力，我们找到学校专业的摄影组，拍出校园花草树木的图片，再加入桂子山人文因素的植物照片。生命科学院招募志愿者，在照片中标识出植物的名称，并与国学院、文学院古典文学专业的学生一起，从《诗经》《楚辞》“十三经”和汉赋、唐诗宋词、元曲等古代经典中找出与之相对应的古代诗词。内容包括古代名、现代名、植物的特性、古典文学中的植物名称、与古代礼仪相关的植物、植物背后的小故事、植物的药用价值、植物引进史等。在每一幅照片下都有较详细的描述，每一句诗都标明诗句出处和作者。同时，每一幅图片都留有空白，提供便利贴，鼓励学生将所知道的对应这种植物的诗句写下来。有些常见的植物，一时没找到吟诵的诗词，我们就留下空白，希望学生能够补上，或者自己吟诵一首。这项活动需要多方配合，也需要参与者具备一定的植物知识、药学知识和文学素养。在整个活动的准备中，学生既熟悉了相关知识，也学会了多方协调合作。这项活动实现了书画结合、图文结合、古今结合，并且兼顾文化素质教育、自然科学教育、艺术素质教育，拥有好书展览、摄影展览、唯美诗句与生动图片的看点，尤其是这些植物来源于我们身边，更能吸引广大学生的参与。在举办图文展的同时，我们还将图书馆馆藏中有关植物、植物与诗词等相关联的部分图书做了同步的展示。因此，这项活动不但凝聚了人气，还宣传了图书馆的馆藏书籍。

4. 视觉经典阅读：读图时代的阅读推广方式

推广不应仅仅是广而告之，更应让读者摸得到、触得着、放不下，要重视阅读场景的建设，唤醒和保护读者阅读经典的兴趣。在视觉艺术日趋发达的今天，阅读不能仅停留在纸质文本上，影视作品、书画作品、摄影展等作为一种文化传播的重要介质，在校园文化生活中也占据重要的地位。读图是当代社会的阅读特征，过多的文字阐述会失去一些读者。以读图为主，用图片的形式来阐释作品，能简化阅读程序，使读者一目了然。人们在视觉艺术里更能获得愉悦与自由，视觉形式的艺术作品更容易引发读者继续探讨经典阅读的兴趣，所以说读图是阅读推广的另一种方式。

在"文华阅读季"期间，我们不定期举办周末经典影院活动，并且成立"文华观影沙龙"，邀请教师与学生一起欣赏和讨论，共同解读经典影视作品，每周五晚在QQ群上组织交流讨论，同时举办现场观影沙龙，鼓励读者撰写书评。

博物馆和艺术馆，是最能感受文化艺术气息的地方。趁着素有"民间故宫"美誉的荣宝斋湖北分店开业之际，我们联合荣宝斋做了"荣宝斋艺术之旅"的参观活动，带领学生了解了荣宝斋的历史沿革，观看了荣宝斋独特的木版水印手工艺，品味古代大师的笔墨丹青，还感受了当代书画大家现场泼墨的气势。在古今艺术作品的对比欣赏中，感受文化在传承中的超越和创造，体会现代的审美情趣，感受当今艺术的新创意，让每一位前来参观的人都觉得不虚此行。

三、经典阅读活动的延伸

（一）读书沙龙：学生自由交流的平台

读书沙龙活动为阅读推广和读者交流互动搭建了一个新平台，活动具有形式自由、互动充分等特点。沙龙有别于学术讲座，讲座是一群人听一个人讲，从中获得知识和信息，而沙龙则是大家互动，从中获得更丰富的信息或感悟。图书馆可依据不同的主题，设计不同的沙龙形式，不必拘泥于某一特定的模式，充分互动是读书沙龙最大的特点和优势。华中师范大学图书馆"风雅读书会"围绕经典阅读，以本校各院学术部成员和学生志愿者为主体，以图书馆工作人员为辅助，开展了系列读书沙龙活动。这种以书会友的群体阅读活动，得到广大学生的热情支持，参与者通过心得交流，拓宽了个人的心灵空间。除了读书交流之外，读者沙龙还开展了一些辩论会，如"古典书籍通俗化有利于/不利于文化的发展"等。

（二）经典朗诵和诗歌创作大赛

1. 经典朗诵

教育专家认为，"道德""情操""品性""气质"等人文素养，很难教成，要依靠陶冶、熏习、耳濡目染、潜移默化来养成。中华经典诵读活动让学生熟诵于口，濡染于心，使"润物无声"的经典成为提升学生品性和修养的精神养料。

同时一些诗歌、散文或优美的片段，只有在不断吟诵中方能体现其神韵。经典诵读活动的开展有助于学生对文化经典的理解，也有助于提高学生的审美情操。经典诵读活动要求参与者能够将经典名句背诵出来，因为一个能背诵很多经典名句的学生一定是个有思想、有内涵的人。所以开展经典诵读比赛，有助于经典阅读活动的推广。

华中师范大学图书馆开展经典诵读活动，把参赛的范围确定为全校所有在校生，先院系预赛，再复赛，最后决赛，一共三轮，时间跨度两个月。为了美化诵读比赛现场，图书馆要求参赛者穿着适合的服装，现场有投影作为背景，而且表演形式不拘泥于配乐，参赛者可自由选择。因为是图书馆主办，在经典诵读决赛时，图书馆馆员也参加诵读活动，为这项活动增添光彩。

2. 原创诗歌朗诵大赛

这次原创诗歌朗诵大赛，共有校内外30余位选手参加，入选了近70篇原创诗歌。经过初赛比拼，最终有16位选手入选决赛。参赛选手大都围绕“金秋”主题来构思诗歌，或者讴歌母校，或者追忆亲人，或者抒发独特的人生感受，现代自由体诗歌和古典格律诗各放异彩，博得了现场观众的阵阵掌声。在比赛过程中，担任评委的老师和学生分别就律诗创作、语言及情感掌控、朗诵的韵律美做了详细点评。比赛实行10分制，诗歌内容、朗诵技巧各占30%，语言表达和台风各占20%。最终决出一等奖一名，二等奖两名，三等奖三名。这次大赛，激发了参与者对诗歌创作的热情，引起了不少观众的共鸣。

3. 从经典阅读延伸到学术写作指导

从阅读推广延伸至学术写作指导，是“文华阅读季”的一项重要内容。举办这一系列阅读活动，目的不只是进行单方面的文化知识输入，还鼓励读者将学习的内容消化、吸收，并尽可能地再输出出来。开展读者阅读感想交流是一种形式，学术写作指导也是一种重要形式，因此，华中师范大学图书馆针对不同读者对象，推出“论文之道”系列讲座，旨在为在校学生就论文选题、写作规范、投稿技巧等问题答疑解惑；针对文学、史学等传统学科的读者，举办“经典阅读与学术论文写作指导”讲座；还在图书馆自己主办的报纸——《文华公书林》留出一个版面，专门刊登读者的读书感想、书籍评论等。

4. 提升有效阅读的途径

（1）学者谈读书感想

俗话说，榜样的力量是无穷的。优秀学者的读书感受和学习经历，是不可多得的学术财富。借助读书日活动，华中师范大学图书馆邀请校内外著名学者来到读书会现场，与学生面对面谈如何读书。如年逾八旬的熊铁基先生以“我的读书经历”为题，谈他少年时代在书籍稀少的情况下怎样如饥似渴地找书看，青年时代遭逢政治运动又如何找书偷着学习的经历。他用自己一生的读书经历告诉大家，读书方法不需要标新立异，但读书时我们一定要有谦逊的态度。社会学院江立华教授以“读书、思考、写作”为题，与学生进行交流和探讨。然而，阅读是思考和写作的前提，更是一种生活方式。大学生应该明确读书的目的不仅仅是获得更好的工作和更体面的收入，而是享受读书的乐趣，获得求知的快感。

华中师范大学副校长彭南生教授还以“读书与学问”为题，与学生交流读书体会。彭教授认为在人们的心中，自古至今读书和学问都是“二位一体”的关系，只有读好书才能做好学问。他以毛泽东晚年病重仍坚持读书为例，“饭可以一日不吃，觉可以一日不睡，但书不可以一日不看”，告诫同学们要多读书，读好书。他强调在读书时不仅要读有字书，还要读无字书。作为有字书的经典著作固然重要，但也不能忽略自然、社会这些无字书。而在平时生活中，要注意与不同学科背景的人交流，这样才能全面地思考与解决问题。

大学是积累知识、增长才干的地方。有不少学生很好奇，那些“学霸”，尤其是全面发展的同学是如何安排学习时间的，在完成专业课程之外如何选择适合自己的书目，在有限的时间内如何有效学习？针对这些问题，华中师范大学图书馆策划和举办了“书香为伴智慧同行——阅读之星分享交流会”系列活动，旨在回应那些想读书，却不知如何安排时间；爱读书，又不知如何挑选书目；常读书，总感觉收效不甚理想的问题。在广大学生的积极参与之下，这项活动收到了预期的效果。

（2）学长分享读书小秘密

我们请来年长的大学生来分享读书的益处。

（3）漫画：养成读书的好习惯

漫画是当今大学生非常喜欢的一种形式，较之一般的说教更容易让人接受。

在尊重学生阅读习惯的前提下做阅读推广，可以达到事半功倍的效果。如怎样读书？这是一部分有阅读障碍的学生亟须解决的问题，我们筹办系列漫画展，并在前言中写了如下内容。

“读书的好习惯，你准备好了吗？为什么有的人读书效率很高，常常是事半功倍？而为什么有的人埋头苦读，却不得要领，所获甚少呢？这其中最为关键的点，就在于你有没有好的读书习惯。

所谓读书习惯，就是那些经常被我们忽略，却又影响我们学习效率的一些小细节。如前人说："不动笔墨不看书。"读书时随手做点札记是必要的。前人又说："两耳不闻窗外事，一心只读圣贤书。"其本意是告诫我们要专心致志，不要三心二意。还有所谓"刚日读经、柔日读史"的说法，是说读书要有规划。最有趣的是，古人更有读书在马上、枕上和厕上的说法，是说如何抓住点滴的时间来阅读。"

这组漫画以极具现代气息的笔触，生动展示了养成良好读书习惯的几个小细节，如果能将这些细节付之行动，就会大大提高我们的学习效率。请大家切记：一切良好的习惯都离不开恒久的坚持。

四、结语

华中师范大学图书馆的阅读推广活动，以文化经典为主，强调演讲和互动并重，集知识性、学术性、趣味性于一体，通过介绍经典、阅读经典、评论经典等系列活动，让经典走进读者的心灵，滋养在校大学生的心田，在培养大学生正确的世界观、人生观、价值观方面，都发挥了重要作用。这一点从历次讲座的媒体报道中可以看出来。王玉德教授总结了《周易》的三条智慧：崇敬天地，因循自然；运动发展，感应变化；倡导创新，化繁为简。他明确指出《周易》是君子之学，而且阐释了君子应有的人生及君子要学会管理的思想。赵国华教授解读《孙子兵法》，畅谈兵学精髓之"谋略"，从"先知""庙算""利动""全胜""军争""权变"六个方面做了深入浅出的讲解，特别强调"谋略并不等于所谓阴谋、权术、诡计它是人类参与社会活动的能力和方法"，真正的谋略具有无规律性、超时代性、普遍性和灵活性的特点。刘固盛教授深度解析《庄子》，强烈批判车奴、房奴等"不逍遥""不正常"的社会现象，呼吁大学生要享受学习的乐趣，做到"物物而不物于物"。谭邦和教授从历史、文学和文化三个角度解读《三国演义》，呼吁读者打破故有思维，调整阅读心态、文化态度，不要用仰视的角度看待经典文学。

戴建业教授在"生命的激扬与民族的活力——李白诗歌纵谈"讲座中说，大学期间我们首先应该要认识自我，明白自己喜欢什么、能做什么、社会需要什么，这样才能规划好自己的人生，并提醒大家要注重提高自我修养，保持积极乐观的心态，做一个敢于说真话、办真事的"真人"。通过聆听讲座及与主讲嘉宾的交流，大学生不仅丰富了自己的文化知识，也被讲演者本身的学识功底和人格魅力所感染，从而更加热爱阅读了。

经典阅读活动把藏书、读书、辅导、讨论结合在一起，让更多的读者走进图书馆，从而盘活了图书馆的各类资源，提高了文献信息资源的利用率，增进了读者与馆员之间的交流，加强了读者对图书馆的了解，让学生在精神上更亲近图书馆。社会各类媒体进行了宣传报道，如《光明日报》刊登《引领勤读书读好书的风气——记华中师范大学图书馆创新文化建设》,《湖北日报》刊登《华中师大——百年图书馆引领阅读风尚》，华大在线报道《世界读书日——校图书馆端出“文化大餐”》，等等。这提升了华中师范大学图书馆在大众心目中的地位和形象，“好读书，读好书，读书好”成为学校一道靓丽的读书风景线。

在每一次读书会之后，图书馆会做出相应的报道，从而让更多人分享成果。图书馆每举办一场讲座，都会在最短时间内写出报道稿件，发给校园网、图书馆网站及校外媒体。为了保证报道稿件的时效性和专业性，图书馆安排专门的学生记者，从不同角度对读书会活动进行报道。正因为如此，自以经典阅读为核心的阅读推广活动开展以来，有关“风雅读书会”“文华阅读季”的报道多达百余篇，《光明日报》《湖北日报》《长江日报》《南方都市报》《华中师大报》《华中师大研究生报》等纸质媒体及人民网、新华网、凤凰网、中国日报网国际频道、新浪网、搜狐网、雅虎网、中国新闻网、华师新闻网等网络媒体等共计百家，都有相关的报道。这些报道使“书香校园”逐渐变成“书香社会”，产生了极大的社会影响。我们把这些媒体报道的原文、照片、截图等进行搜集和整理，通过多种渠道进行二次报道，我们希望等条件成熟的时候，把那些优秀的新闻稿件整理成册而后出版。

第二节　西南交通大学图书馆经典“悦”读推广实践

一、背景介绍

（一）构建“书香社会”的时代要求

作为人类文明传承和文化传播的重要途径之一，阅读在世界上许多民族和国家都受到重视和推崇。1972 年，联合国教科文组织向全世界发出了“走向阅读社会”的号召，要求社会成员应读书，让读书成为人们日常生活中不可或缺的一部分。1995 年，联合国教科文组织宣布 4 月 23 日为“世界读书日”。

在我国，开展“全民阅读”活动是中宣部、中央文明办和新闻出版总署贯彻落实党的十六大关于建设学习型社会要求的一项重要举措。2006 年以来，在中宣部、中央文明办、新闻出版总署、文化部、国家新闻出版广电总局、教育部、共青团中央、全国总工会、全国妇联等部门的共同倡导下，“全民阅读”活动在全国各地蓬勃发展。2015 年 3 月 5 日，在第十二届全国人民代表大会第三次会议上，国务院总理李克强向大会做政府工作报告时指出，要让人民群众享有更多文化发展成果，倡导全民阅读，建设书香社会。这是继 2014 年政府工作报告中提出“倡导全民阅读”后，第二次将全民阅读写入政府工作报告，并在报告中首次提出“建设书香社会”。由此可见，阅读已成为我国文化发展的重要战略，阅读和阅读推广活动受到中央的高度重视和全民的广泛关注。

（二）加强大学生素质教育的内在要求

早在 1998 年，教育部在《关于加强大学生文化素质教育的若干意见》中就明确提出：“大学生的基本素质包括思想道德素质、文化素质、专业素质和身体心理素质，其中文化素质是基础。我们所进行的加强文化素质教育工作的重点指人文素质教育……提高全体大学生的文化品位、审美情趣、人文素养和科学素质。”其后，为大力推进文化素质教育，教育部采取了多项措施并将其纳入“高校本科教学质量和教学改革工程”中。作为素质教育的一个重要组成部分，阅读经典是完善大学生的人格和知识体系不可或缺的途径。高校有责任和义务开展经典阅读的推广工作，为在校大学生营造良好的阅读环境，提供优质的阅读条件。

作为高校的有机组成部分，图书馆在大学生的人文素质教育、信息素养教育方面承担着重要责任，而其丰富的文献典藏和专业人员，使其在经典阅读推广方面具有得天独厚的优势。开展经典阅读推广，不仅能使高校图书馆进一步提高服务水平，深化阅读指导功能，拓展图书馆的生长空间，还有助于营造积极健康的校园阅读氛围，提升阅读风气，提高大学生的阅读质量和水平，营造先进的校园文化。

二、过程回顾

2009—2013 年，西南交通大学图书馆连续主办了五届“读书日”活动。

活动的主体力量是图书馆青年馆员，推广宗旨是让全校师生享受读书之乐，由“阅读”之行而享受到“悦读”之乐，进而达到“越读”之境。这五届“读书日”活动在组织上、内容上初步构建了阅读活动本土化特色，为下一阶段的经典阅读推广奠定了良好的基础。

西南交通大学图书馆经典“悦”读推广处于西南交通大学阅读推广工作的发展阶段，其标志性事件是 2014 年 1 月 1 日西南交通大学经典阅读推荐书目的正式发布。之后，分别在 2015 年 1 月 1 日和 2016 年 1 月 5 日先后发布了“西南交通大学经典阅读推荐书目”2015版、2016版。

为扩大经典阅读推广的影响力，自2014年1月17日起，西南交通大学学校主页“交大文化”版块设立了“经典悦读”专栏，陆续对西南交通大学师生经典阅读读后感优秀作品进行展示，校内中层领导干部和各学院师生广泛参与，在校内掀起经典阅读的热潮。

2014年—2016年的“世界读书日”前后，西南交通大学都紧紧围绕经典“悦”读推广的重心，开展了丰富多彩的活动。例如，2014年西南交通大学“4·23”世界读书日“悦”读系列活动中“经典的力量”演讲比赛活动，制发经典书籍口袋书、经典阅读调研、“经典悦读·一站到底”知识竞赛、“经典诵读”比赛活动，以及各学院读书类学生组织开展的“经典悦读”主题活动。2015年4月10日，“新梦想·心悦读”西南交通大学“4·23”世界读书日系列活动中师生表演国学经典节目《乐舞吟诵》，百名学生集体朗读经典《劝学》，西南交通大学艺术与传播学院副院长甘霖带领学生表演了《邶风·击鼓》；2015年4月22日，西南交通大学“‘山海原’经典阅读网”成功上线；2015年6月16日，西南交通大学启动了“智慧巡礼”经典导读系列论坛活动。2016年4月23日，“百廿路·万卷书西南交通大学120周年校庆”暨“4·23”世界读书日经典阅读推广系列活动，将学校推荐的96本经典图书以生动的形式图文并茂地呈现在读者面前，引导读者积极阅读，并与西南交通大学电视台合作策划推出了《“书影时光”——经典书目推介》电视节目。同时，在2014年和2015年孔子诞辰纪念日前后，西南交通大学图书馆先后策划了“追祭先贤·传承经典”——西南交通大学2014纪念孔子诞辰2565年“国学风”系列活动以及西南交通大学120周年校庆系列活动之“国学风”9·28孔子诞辰日经典阅读推广主题活动。这两届活动从策划到实施，都以经典阅读推广为主，着力突出国学经典的特色，以传承国学经典作为阅读推广的切入点。

三、经验分享

（一）注重经典阅读推广工作的长效发展

1. 加强校内多元主体合作，共同促进阅读推广

机构之间常常具有差异性或互补性，而基于某种共识或共利基础的合作产生的协同效应，则往往可以创造出“1+1>2”的效果，从而实现合作机构的多方共赢。与校内其他二级单位相比，图书馆和学生之间的联系相对松散，因此图书馆单方面举办的活动，对学生的号召力和影响力都较为有限。也就是说，

单纯依靠图书馆的力量，往往不能深入推进经典“悦”读推广工作，图书馆需要与校内其他二级单位合作。

西南交通大学图书馆在进行经典“悦”读推广过程中，与教学部门、学生工作部门以及部门院系（如校团委、校工会、学生处、教务处、外联处、国际处、党宣部、信息学院、生命学院、机械学院）建立起多元合作关系，共同确定整体性规划，整合各方资源，发挥各自优势，共同策划和举办阅读推广活动，以取得阅读推广的组合效益。多元化合作，不仅解决了图书馆活动号召力和影响力不足的难题，还提高了图书馆在本校学生中的能见度，提升了图书馆形象。

2. 成立专门机构，协调经典阅读推广目标规划

经典阅读推广牵涉的部门和人员较多，若无统一而稳定的组织，势必造成阅读推广的管理和执行上的不顺，造成推广效果欠佳、资源浪费等诸多问题。

鉴于此，西南交通大学在学校层面成立了经典阅读推进工作组，由副校长桂富强担任组长，图书馆馆长高凡担任秘书长。工作组成员有教务处、研究生院校团委、学生工作处、校工会、党委宣传部、文科建设处、对外合作与联络处、校出版社、图书馆等校内单位。

工作组每月召开一次经典阅读推广工作会议，各部门总结汇报经典阅读推广工作的开展情况，并对下一步推广工作进行部署、安排。同时，图书馆也抽调馆内精干力量，成立专门的阅读推广小组，对经典“悦”读推广活动进行统一协调和部署。该小组由青年馆员组成，平均年龄为35周岁，学习能力强，学科背景多元。阅读推广小组的任务是在馆领导的指导下确立阅读推广的战略目标，制订规划和年度阅读推广计划，组织、协调、指导阅读推广工作，并对工作进行全面总结，明确表彰奖励措施。另外，2014年9月，图书馆支持学生成立了图书馆学生管理委员会（简称“图管会”）。图管会以建立和完善图书馆与学生沟通的长效机制，协助馆方进行日常的经典阅读推广工作，营造良好的阅读氛围，提升学生的阅读能力为宗旨。以上组织充分发挥各部门、各人员的特长和优势，大大提高了经典阅读推广工作效果。

3. 建立反馈结果追踪制度，促进阅读推广工作可持续发展

为了进一步提高和延伸经典阅读推广效果，必须注重活动反馈。同时，对于反馈这一重要环节，图书馆不能满足于得到一个反馈结果就终止，而是采取相应的纠正措施并不断追踪，从深层次的推广链中得到更多反馈信息，以便为推广管理体系的发展和完善提供改进依据。

与许多其他高校图书馆一样，西南交通大学图书馆在阅读推广过程中十分

重视反馈机制的建立，注意对推广结果的反馈信息进行收集。推广效果追踪采用信息化管理方式和电子办公方式，如通过微信、留言板、在线咨询等方式，实现读者与图书馆的对接，并将反馈结果及时呈报给相关部门，作为其进一步决策的重要依据。自 2014 年 1 月 1 日推出经典阅读推荐书目之后，西南交通大学图书馆就结合学生的反馈情况以及最近三年图书馆借阅排行榜，依据通识性、经典性、可读性、兼容性、时代性等原则，分别在 2015 年和 2016 年对经典阅读书目进行了两次调整，使经典真正走进学生，让经典书目和在校学生的阅读习惯更为契合。

实践证明，建立反馈结果追踪制度，有利于图书馆根据反馈信息不断促进经典阅读推广模式的创新，从而进一步提高推广效果。反馈结果追踪制度的最终目的是指出存在的问题并提出改进方法，确定相应的改进措施。这是一种依据反馈结果进行责任目标管理的有效方法，有利于促进经典阅读推广的可持续发展。

4. 融入通识教育课程建设，让经典"悦"读推广服务于教学

通识教育课程建设与高校经典阅读推广之间有着不可分割的内在联系。通识教育是提高教学质量进而提高人才培养质量的基础，其课程建设的内涵丰富，并将大学的课堂教学建立在经典阅读的基础上，对大学生人文素养的形成以及创造能力的培养具有十分重要的意义。通识教育课程建设与高校经典阅读推广工作在人才培养目标上是一致的。西南交通大学图书馆在阅读推广的实践中，尤其重视与通识教育紧密配合，把经典"悦"读推广服务融入高校通识教育课程建设中去。

西南交通大学创建于1896年，是我国近代建校最早的国立大学之一，以"唐山交通大学"之名享誉海内外，素有"东方康奈尔"之称。自建校以来，学校即秉持"灌输文化尚交通"的历史使命，培养出一大批学贯中西的"通才"。以 2013 年 9 月 19 日西南交大第 65 任校长徐飞博士在交大新闻网上发表《通识教育再认识》为肇始，西南交大又开始大力推行通识教育。2014 年 3 月 24 日校长办公会审议通过了《西南交通大学通识教育整体方案》。根据学校通识教育方案的规划与课程体系的初步设计，进行通识课程的立项。同年 7 月 1 日，西南交通大学召开通识教育工作研讨会，并同时成立通识教育专家委员会，旨在深入推进通识教育。

西南交通大学通识教育课程体系分为七个模块。模块一：历史文化与人文情怀；模块二：哲学智慧与批判性思维；模块三：艺术体验与审美修养；模块四：

社会科学与责任伦理；模块五：自然科学与科学精神；模块六：生态环境与生命关怀；模块七：交通工程与创新世界。西南交通大学的通识教育课程呈现普适性、深刻性、交叉性、国际性、特色性的特点，强调将人文教育和科学教育有机融合，特别注重学生阅读，提倡扩大学生的阅读视野，并要求学生对人类文明和文化发展过程中产生的经典文本进行深入研读，将经典阅读作为课程考核的方式和手段。

在充分了解学校通识教育精神、课程资源建设需求以及大学生读者的内在阅读需求基础上，西南交通大学图书馆参考主流媒体推荐书单，结合自身馆藏，广泛征求各学科专家、学者的意见与建议，于 2014 年 1 月 1 日出台了兼具通识性、经典性、全面性为一体的西南交通大学经典阅读推荐书目，指导学生选择经典进行深入阅读，帮助在校大学生养成健全的人格，培养学生高尚的精神品格和正确的价值观，增加学生知识的广度与深度，拓宽学生视野，使学生兼备人文素养与科学素养，把学生培养成全面发展的人。其后，分别于 2015 年、2016 年对书目进行部分调整，以期更加契合学校的通识教育课程发展理念。

5. 设立专门课程，让经典“悦”读推广实际指导学生阅读

为使经典阅读推广工作真正落到实处，真正有益于学生阅读能力的提升，西南交通大学图书馆开设了“阅读与欣赏”课。该课程的设立旨在促进经典阅读推广，具体目标为：推介优秀经典读物、协调深浅阅读关系、增强学生自主性和积极性、提高学生的阅读鉴赏能力、提高学生的人文素养。

“阅读与欣赏”课授课教师以本馆馆员为主，采用团队授课模式。授课时，授课教师将主要精力放在推介读物，尤其是经典读物上，采用专题式推介（在调研的基础上，尝试预设多个话题，围绕话题进行推介）、热点推介（根据当时的社会、文化或出版传媒热点进行推介）、随机推介（需要教师始终保持阅读状态，由最近阅读图书展开联想式推介）等模式，并交叉进行。遴选馆员担任该课程的教师，乃是因为馆员具有长期和持续性的实际工作经验积累，在阅读推广上具备优势。

馆员教师同时也是“高校读者”，这意味着他们对经典读物的诉求和高校读者的诉求有着共同之处：如希望读物具有经典性、通识性、趣味性、时代性等特征；并且，授课教师拥有不同的学科背景，采取团队授课的方式，既能避免因个人学科背景所导致的经典读物推介和欣赏偏向的单一化和封闭化，又利于授课教师之间互相学习、共同研究，充分发挥团队的智慧和力量，从实际出发解决实实在在的问题，让课程真正为通识教育和经典阅读推广服务。设置该

课程目的之一是有意识地引导学生从单纯地获得信息的“浅阅读”向获取知识的“深阅读”转变。因此，“阅读与欣赏”课在文本选择上尽量选择经典作品，最主要的参考来源是西南交通大学经典阅读推荐书目中出现的文本。在操作上，基于本校学生多学科的专业背景，选择读物时应注重通识性；基于本校理工科学生占多数的现实，选择读物时应侧重于人文类。

课程授课团队注重将学生课堂参与度与体验感纳入评价的维度中来，考察学生对推介的经典文本的真实反应，如是否感兴趣、能否主动参与话题讨论、能否主动推介读物、能否主动借阅推介读物等。授课团队应坚持既投其所好又有所坚持的原则，设置能够引导学生充分参与的话题，并采用切合其年龄、心理特征的推介方式，引导选课学生主动分享。

调查显示，选课学生有提升阅读能力的诉求，因此该课程的目的之一是将抽象的“能力”落到可以检验的“实际”，操作方法为讲授并交流选书方法和技巧、不同文学作品的阅读和欣赏方法，注重学生的写读结合。

6. 精心打造假期品牌活动，实现经典“悦”读推广日常化

暑假是师生闲暇时间相对宽裕的时期，高校图书馆有效利用这一时间段，开展优质活动，将会促进经典阅读推广的深入发展。西南交通大学图书馆在暑假期间精心组织、策划的“带本书去旅行”活动，有效促进了经典“悦”读推广工作。

自 2013 年首次举办以来，西南交通大学图书馆“带本书去旅行”活动已经连续成功举办了四届。该活动秉承中国古代“行万里路，读万卷书”的优良文化传统，秉持西南交通大学“精勤求学、敦笃励志、果毅力行、忠恕任事”的百年校训，希望学生在阅读和旅行中实现知识的积累、素质的提高以及自我的提升，是对图书馆服务新形式特别是对阅读推广工作的新探索和新尝试。该活动面向西南交通大学全体师生，分为暑假前、暑假中、开学后三个阶段，利用了线上和线下多种宣传渠道，联合学生社团、学院院系和其他职能部门（校工会、校团委）以及校外力量共同举办。活动启动以来，参与范围覆盖到西南交通大学各学院学生及教师。

该活动的实施要点体现在暑假前、暑假中、开学后三个阶段如何在师生选书及阅读方面给予积极协助和指导。

①暑假前：精心编制书目，开展借阅指导。在活动开始前，发布“带本书去旅行”暑假经典阅读推荐书目，并辅以简要的书评或介绍性文字，供活动参与者选择，并为有特殊需求的参与者提供个性化书单，从而使师生选书有章可

循、有据可依，避免盲目和过度随意，能够在有限的时间内尽量对优质读物进行深入阅读。同时，在馆藏纸本有限的情况下，推荐并引导读者使用西南交通大学移动图书馆中的电子图书。

②暑假中：利用微博、微信等新媒体平台，为师生创设阅读交流虚拟社区，让有共同阅读趣味和阅读倾向的师生能够在活动参与过程中随时交流、分享读书心得；并为师生进行深入阅读提供必要的网络检索工具、途径和方法指导，帮助其提高阅读质量，在师生暑假期间的阅读过程中全程给予阅读关怀和跟踪服务。

③开学后：研究实证效果，持续开展活动。为更好掌握师生暑假中的阅读情况和活动效果，开学后组织后续活动和研究。通过征集汇总参加者的“游学漫记”和“行走光影”来了解师生的阅读体验（“游学漫记”为参加者的读书笔记，“行走光影”为参加者在游学中所拍摄的影音资料），并通过网络投票、现场分享和访谈方式对师生暑假阅读的总体表现进行评定，在可行性基础上围绕暑假经典阅读推荐书目继续开展更加丰富多彩的阅读活动。

“带本书去旅行”活动，始终坚持品质第一与服务至上的宗旨，探索了高校阅读推广领域内服务理念与服务形式的创新性和可能性。尤其要指出的是，西南交通大学图书馆在开展“带本书去旅行”活动中，并不是将主要注意力放在活动排场等表面层次上，而是始终坚持品质和服务，利用创意性的活动、经典的推荐书目、周全的服务，对师生的阅读有意识地进行良性引导和积极干预。“带本书去旅行”并非应景式活动，而是一项常规活动，并构建了较为完善的机制，涉及活动的运行、保障、调节、评估等环节，在资源整合、人员配置和经费管理等方面进行了科学规划和安排，从而确保了该活动的科学性、创造性和实效性。

7. 制订结集出版丛书计划，巩固经典“悦”读推广效果

高校主持出版阅读类读物的宗旨是为引领阅读方向，扭转不良阅读习惯，提高大学生群体对经典读物的关注度，最终指引阅读向“深阅读”的回归。在此宗旨指导下，同时更为了持续深入地巩固经典“悦”读推广效果，西南交大策划、组织、出版了经典“悦读”丛书，目前已出版四辑。

西南交通大学成立了专门的经典“悦读”丛书编委会，并且多次召开编辑出版会议，研讨、布置经典“悦读”丛书的编辑、发行、宣传、推广等工作。丛书序言由现任校长徐飞博士亲自编写，经典“悦读”丛书从内容选择、书名、封面设计、内页排版，都倾注了参编人员的大量心血，极大地展示了学校经典“悦”读推广活动的成效。

（二）积极创新阅读推广思维，全面拓展推广路径

1. 转变思维，化"二维推广"为"立体推广"

目前，图书馆进行阅读推广的对象主要为在校大学生，这是一代成长在新媒体环境下的年轻读者，他们对微博、微信、网络视频、社交网站有着天然的亲切感和依赖感，他们获取资源的方式也更加多元、多样、高效。然而当前许多高校图书馆的阅读推广活动普遍存在着一些问题。比如，以图书馆为中心的阅读推广活动忽略读者的阅读习惯和接受体验，推广内容单调，形式单一，无法吸引读者；对读者体验重视不够，缺乏与读者的深层次沟通。以上问题阻碍了阅读推广活动的进一步开展。可见，传统的经典阅读推广活动较为枯燥和单调，已经不能获得读者的青睐，这实质上反映出生长于新媒体环境中的读者对于传统的经典阅读推广思维已经不再认可。

在新的形势下，如何提高读者对于经典阅读活动参与的主动性，是进行经典阅读推广的关键。"知之者不如好之者"，所以在经典阅读推广中，我们应该采取有效措施，激发读者对经典书籍的兴趣，以提高他们参与经典阅读的内在动力。阅读推广不应该是硬性灌输，而应该潜移默化地开展。图书馆必须改变传统模式，化单平面为多元立体，化简单、枯燥为生动多样，尤其要关注活动的互动性，使广大读者能够产生浓厚的阅读兴趣，主动接触，使经典阅读推广重新焕发生机。因此，图书馆应该及时转变思维，尝试"立体推广"。

所谓"立体推广"，是指多角度、多方位、多层次、多渠道、多元化、多方式的推广思维。在此思维指导下，西南交通大学图书馆应该选择最优推广策略，运用最新推广手段，拓展推广渠道，全方位整合各种推广模式，制定长、短期相结合的推广战略目标，深入分析推广对象群体的特征，充分发挥新媒体技术手段，提升推广质量和效果，并充分利用本馆、本校乃至本行业和本地区一切可用的设施和人才，融展览、讲座、表演与互动多种形式为一体，全方位、多层次地进行经典阅读推广活动。这种推广思维指导下的阅读推广工作将更加多元化和人性化，其内容将更具系统性和专题性，更加强调读者的参与性和互动性。

2. 有效路径一：微信平台推广

微信自 2011 年面世以来，凭借自身强大的社交功能，已经一跃成为目前国内最流行的社交网络工具。微信支持文字、图片、语音、视频等多种形式，可以为用户传播更有创意、更加生动的信息，而且更加符合年轻群体的生活方式、交流方式，所以受到在校大学生的普遍欢迎。国内已经有不少图书馆设立

了官方微信公众号，而通过微信进行经典阅读推广，也是目前很多高校图书馆普遍采用的方式。微信可以通过丰富的展现形式，将经典读物以图片、视频、语音等立体形式予以呈现，以提高读者阅读经典的兴趣。同时，微信中基于熟人关系的“朋友圈”功能和转发功能，也有助于形成图书馆经典阅读推广的传播效应。

西南交通大学图书馆通过微信平台，在“悦新书”栏目中，定期推荐经典文本，帮助读者寻找适合自己的经典读物，营造良好的经典阅读氛围。在“悦经典”栏目中，馆员会不定期发布有关创作的经典书评，提高学生对经典书籍的关注度，促进学生之间的交流，这有利于引导更多读者深层次阅读经典，提高大学生的阅读鉴赏能力，也有利于推动大学生经典阅读工作的深入开展。同时通过微信平台进行导读，指导读者阅读经典书籍。此外还根据读者阅读趣味推送经典读物，以提高读者的阅读兴趣。通过经典推荐与经典导读，不但实现了“为人找书”，也实现了“为书找人”，帮助大学生更好地进行经典阅读，这对于促进大学生关注经典、喜欢上经典具有非常重要的意义。同时，西南交通大学图书馆还在“悦图讯”发布与经典阅读相关的活动，如“带本书去旅行”等，通过线上线下互动最大限度地宣传和推广经典书籍，以吸引学生的注意力，从而营造良好的经典阅读氛围。

3. 有效路径二：微视频推广

视频荐书是网络时代新兴的阅读推广活动，是网络视频推广的一种表现形式，通过在视频中对所需推荐的书籍进行推介，并将系列视频短片以各种形式放到互联网上进行传播，从而达到知识推广和文化建设的目标。视频荐书通过多维形式，将文字、图像和声音有机地结合在一起，与传统的推广模式相比，它的宣传效果更好、针对性更强，同时视频荐书节目可跨地域、重复观看，其传播的广度是传统阅读推广方式无法达到的。图书馆视频推广制作成本低，图书馆工作人员、学生都可以制作具有创意的微视频。其次，微视频免费上传到互联网后，又具备互动性和主动性的特点，读者可以通过文字图片等形式对视频进行评论，发布者也可以对评论进行回复。《书影时光》节目中，西南交通大学图书馆携手西南交通大学新闻中心电视台，精心选取了一批曾经或正在西南交通大学工作、学习的爱书人，以经典好书推介的方式，将其拍摄、制作成视频短片，在微信平台和互联网上进行传播。

四、结语

作为校园的文化和信息中心，高校图书馆是开展阅读推广活动的主要阵地西南交通大学图书馆充分发挥各种资源优势，把阅读推广作为长期的工作重点，积极转变阅读推广的思维，多方探索有效的阅读推广路径，通过打造特色文化活动品牌、营造书香校园来培养学生阅读兴趣，提高学生文化素质，进而为推动全民阅读、建设书香社会贡献绵薄之力。

参考文献

[1] 庞勃. 高校图书馆阅读推广服务研究 [D]. 哈尔滨：黑龙江大学，2017.

[2] 刘青青. “双一流”建设高校图书馆微信平台辅助学科研究 [D]. 合肥：安徽大学，2018.

[3] 王天帅. 安徽省双一流高校图书馆社会化阅读推广的调查与分析 [D]. 合肥：安徽大学，2018.

[4] 王文. 面向大学生的安徽省双一流高校图书馆移动阅读服务调查分析 [D]. 合肥：安徽大学，2018.

[5] 奚朝辉. 我国“双一流”高校图书馆特色数字资源建设调查与思考 [D]. 合肥：安徽大学，2018.

[6] 高震. “双一流”建设高校图书馆创客空间建设的调查与分析 [D]. 合肥：安徽大学，2018.

[7] 孟凡芹. 新媒体视角下高校图书馆阅读推广模式的评价研究 [D]. 绵阳：西南科技大学，2018.

[8] 贾荟珍. 基于大学生阅读行为的高校图书馆阅读推广研究 [D]. 天津：天津工业大学，2018.

[9] 陈晖. 高校图书馆数字阅读推广评价研究 [D]. 济南：山东大学，2017.

[10] 付红梅. 地方高校图书馆服务质量的评价研究 [D]. 青岛：青岛大学，2017.

[11] 蒋逸颖. 高校图书馆微信阅读推广现状及改善策略研究 [D]. 湘潭：湘潭大学，2017.

[12] 姜微君. “互联网 +”背景下高职院校图书馆阅读推广促进策略研究 [D]. 杭州：浙江工业大学，2017.

[13] 徐杨可. “双一流”建设背景下的燕山大学图书馆服务变革研究 [D]. 秦皇岛：燕山大学，2017.

[14] 蒋靖璇. 高校图书馆微信公众平台信息服务用户满意度测评 [D]. 湘潭：湘潭大学，2018.

[15] 贾雪. 高校图书馆阅读服务评价及实证研究 [D]. 哈尔滨：黑龙江大学，2015.

[16] 郑毅. 医学院校图书馆阅读推广活动研究 [D]. 长春：东北师范大学，2015.

[17] 孙洁. 基于阅读推广活动的河南省高校图书馆服务创新研究 [D]. 郑州：郑州大学，2016.

[18] 李伟. 基于实践活动分析的国内高校图书馆阅读推广活动优化的思考 [D]. 昆明：云南大学，2016.

[19] 胡杰. 基于数据挖掘的高校图书馆差异化阅读推广系统开发 [D]. 长沙：湖南大学，2015.

[20] 杜开敏. 高校图书馆虚拟阅读社区模型构建研究 [D]. 南京：东南大学，2016.

[21] 刘江荣. 面向大学生需求的高校图书馆移动阅读服务研究 [D]. 南京农业大学，2015.

[22] 刘丽. 高校阅读推广活动研究 [D]. 保定：河北大学，2014.

[23] 刘治超. 高职高专图书馆面向学生的阅读推广活动研究 [D]. 保定：河北大学，2013.

[24] 郑雅娟. 高校图书馆数字阅读推广研究 [D]. 郑州：郑州大学，2017.

[25] 马犍. 馆员与高校图书馆阅读文化建设研究 [D]. 郑州：郑州大学，2013.

[26] 严素霞. 安徽省高校图书馆阅读推广活动调查与分析 [D]. 合肥：安徽大学，2016.

[27] 刘丽萍. 图书馆阅读服务评价及实证研究 [D]. 长春：东北师范大学，2013.

[28] 王笑寒. 安徽省高校图书馆阅读推广研究 [D]. 合肥：安徽大学，2015.

[29] 吴龙. 我国图书馆阅读推广服务研究 [D]. 郑州：郑州大学，2014.

[30] 费陆陆. 新媒体环境下高校图书馆微阅读服务平台建设与推广研究 [D]. 长春：吉林大学，2018.